야 단 법 석

명리학 실무 대강
(命理學 實務 大講)
1券

설 진 관 편저

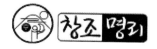
창조 명리

운명의 판도라 상자를 열면서...

설 진 관 (薛 鎭 觀)
1969년 경남 밀양 출생
在野 역학 연구가. 법학석사, 동양학 박사
명리학, 기문둔갑, 팔주법, 매화역수, 진여비결,
사계단법, 하상역법, 사주심역, 추신론 등 연구

청소년 시기에 명리학에 입문한 이래 知天命의 시기를 지내 머지않아 耳順이 됩니다. 돌아보면 지난날 처음 명리학을 입문할 무렵에는 이 학문이 아주 생소한 것이었는데 수십 년이 지난 지금은 명리학이 命我一體가 되어 이제 그 자체가 생활이 되었습니다. 하루라도 명리학을 생각하지 않고 지낼 수 없고, 매 순간 명리학적 논리는 저의 뇌리를 벗어날 수 없으므로 명리학은 생활의 큰 방향타가 되어 왔습니다. 덕분에 필자는 주변분들로부터 과분한 명성과 명예도 얻었습니다. 그러면서도 가슴속 한편에 늘 생각하고 있었던 것은 '내가 명리학의 지식을 세상에 내놓고 떠나야겠다.' 라는 것이었습니다.

기회가 있을 때마다 여기저기 흩어진 필자의 경험이 깨알같이 적힌 메모지와 강의 내용을 주섬주섬 모으고 필자의 강의 내용을 모아 둔 분들의 도움도 받았습니다. 이제는 제법 그럴싸하게 분량도 늘었습니다. 이제는 책으로 엮어 출간하는 것도 좋겠다는 생각과 주변의 의견도 있었기에 출간하기로 결심했습니다. 이제 출간을 위하여 원고 전반을 둘러보니 명리학의 주요 고전과 통변에 필요한 내용을 제법 수록되었다는 마음에 안도감도 들지만 반면에 미처 수록하지 못한 상당수의 내용도 생각나니 또 다른 아쉬움이 남으니 그것은 다음에 출간하기로 합니다.

　인간은 제각각 주어진 진여의 운명이라는 그 틀 속에 갇힌 채 세상에 던져집니다. 그리고 하늘은 인간에게 매 순간 선택의 기회를 주어 스스로의 삶을 창조적으로 만들어 갈 수 있도록 했습니다. 동일한 운명일지라도 다양한 형태의 삶을 말할 수 있는 것도 연결선상에서 말할 수 있는 것입니다. 그렇지만 인간의 사욕과 사심은 신이 주신 선택의 기회를 보지 못할 뿐만 아니라 자신에게 주어진 진여의 운명조차도 보지 못한 채 눈뜬 장님으로의 삶을 살아가고 있습니다. 하늘은 어리석은 우리 인간에게 진여의 운명과 창조의 기회를 찾을 수 있는 하늘의 거울을 엿볼 수 있는 천상의 선물인 '명리학'을 내려 주셨으니 이 얼마나 다행인지 모릅니다. 이제는 명리학을 수학해야 합니다. 그리고 그것을 생활에 최대한 활용할 줄도 알아야 합니다. 아무리 명리학적 지식이 높다고 한 들 실천하지 못하는 것이라면 그것은 허구입니다.

　본서는 위에서 언급한 진여의 운명과 창조의 운명을 밝혀줄 수 있는 善 기능을 충분히 할 수 있으리라 생각합니다.

　세상은 아는 만큼 보입니다. 명리학도 그러합니다. 많이 알면 알수록 바라보는 세상의 폭과 넓이는 그 이상의 것입니다. 그리고 지식은 지배의 수단이 되어서는 안 되며 나누는 것이어야 합니다. 이제 여러분의 손에는 운명의 판도라 상자를 여는 열쇠와 인연하셨습니다. 많은 연구를 거듭할수록 많이 보이는 것이니 꾸준히 정진하셔서 세상 사람들의 운명의 판도라 상자를 열어 보시기 바랍니다.

마지막으로 본서가 세상에 나오기까지 도움을 주신 박상호 회장님을 비롯한 회원님들, 그 외 진관역학회 회원이면서 본서의 출간에 도움을 주신 김초희 창조명리 대표님, 편집을 맡아 주신 윤경선 선생님, 교정을 맡아 주신 문태식 선생님, 부산과학기술대 이남연 박사님, 울산 김건희 동양학 박사님, 필자의 역학 활동을 묵묵히 지켜봐 준 처 성은주 그리고 사랑하는 딸 윤서에게 감사 드립니다.

2023년(癸卯) 어느 봄날
부산 서구 서대신동에서,
설 진 관

추천사

현정 신 수 훈
진여원 원장(경기도 성남)
진여비결 창안
진여명리강론 전5권 등 다수의 저술이 있다.

　동양철학의 한 분야인 명리[命理]학은 음양오행학으로서 인간의
생존과 운명을 다루는 매력 있는 학문이면서 안분지족 수기치인
경세제민의 수양 학문이다.

　누구나 명리를 배우기는 쉬운데 그 심오한 이치를 깨달아 일상의
인생사에 적용하기란 매우 어려운 학문이다. 명리학 관계 서적
[이론]이 중국 고전을 비롯하여 우리나라 여러 명리 학자 주해서
편저까지 합치면 다양한데 십수 년을 두루 학습하고 암기하다시
피해도 실제로 현재의 문제점을 제대로 해결하고 미래의 가상
현실을 예측하기가 쉽지 않다.

　인간은 인간관계 속에서 매 순간 선택하고 결정하며 살아간다.
행복하려고 치열하게 경쟁하며 살아가는 사람들이 〈현명하고 신속한
선택과 결정〉을 위해 명운 상담[예측]을 하지만 그 해법과 대안
방법을 얻기가 매우 힘들다. 오랜 세월 명리학 공부를 한 사람도
명리 이론과 실제 적용이 매우 어려운 것이 명리학의 활용법이기
때문이다. 그런데 이미 〈야학신결〉과 〈진여비결 인연법〉 주해서를
펴낸 바 있는 설진관 선생이 이번에 〈명리학 실무 대강〉을 지은
것은 명리학계에 단비와 같은 희소식이 아닐 수 없다. 명리학의

연원과 발전사는 물론 〈자평진전〉을 비롯한 고금의 제반 명리 학설을 두루 섭렵하고 융합하여 급변하는 오늘날 현실에 맞게 풀이하고 있다. 그 어려운 명리 이론을 실전 상담에 응용할 수 있도록 친절하게 해설한 〈명리학 실무 대강〉은 명리를 공부하고 명리를 활용하지 못하는 학인들에게 확실한 이정표가 되리라 확신한다. 명리는 실전이다. 그러나 그 실전도 명리학적으로 논증할 수 있어야 진정한 역술인이다. 명리 이론과 실전 상담 능력을 겸비한 본서의 발간을 반기고 축하하면서 명리를 공부하는 모든 분에게 일독을 권한다.

癸卯年 봄에
현정 신 수 훈

추천사

박 영 창
現 글로벌사이버대학교 동양학대학 학장
자평진전 평주 번역서 등 다수.

　본서 명리학실무대강은 명리학의 여러 이론을 상담 실무에 활용할 수 있도록 체계적으로 서술한 책이다. 본서의 저자 설진관 박사는 20년 전부터 명리학 연구가로 이름을 날리셨고 진관역학회와 자연의 소리에서 오랫동안 후학을 양성하셨다. 본서의 목차만 보아도 다양한 내용을 담고 있는 역작임을 짐작할 수 있을 것이다. 추천인은 평소 설진관 박사의 탁월한 명리 해석 실력을 알고 있었기에 본서의 목차만 보고서도 알차고 좋은 내용으로 이루어져 있는 실용성이 높은 명리서인 것을 알 수 있었다.

　본서는 음양론, 오행론, 천간론, 지지론, 격국론, 용신론, 형충파해론, 십이운성론, 십이신살론, 내정법, 인연법, 육친론, 추명가 등 명리학을 구성하는 제반 이론을 실무에 활용할 수 있도록 일목요연하게 잘 설명하고 있다. 본서의 내용에는 일반적인 명리학 이론과 함께 설진관 박사의 독특한 견해도 포함되어 있을 것이다.

　명리학은 인간이 생존하는 동안 겪게 되는 여러 가지 상황을 음양오행의 이치에 따라 이론적으로 추산하여 인간이 생존해 있는 동안의 부귀빈천과 길흉화복을 파악하는 학문이다. 그러므로 사후 세계와 영계는 명리학의 연구 대상이 아니며, 명리학은 음양오행론에 기반한 독립적 학문 체계인 것이다.

본서는 명리학의 중요 이론을 실무에 활용할 수 있도록 자세하게 설명하고 있다. 그러므로 본서를 정독하면 명리학 상담 실무에 많은 도움이 될 것이라 믿고 강호 제현에게 일독을 권한다.

2023년 봄에
글로벌사이버대학교 동양학대학 학장
박 영 창 근배

추천사

박 상 호
의학박사
前 부산대학교 정형외과 전임강사
前 한양대학교 의과대학 외래교수
前 도원정형외과 원장
現 진관역학회[鎭觀易學會]회장

　사주 명리학 공부는 대개 운명의 길흉화복 흐름이나 피흉추길의 방편에 대한 궁금증으로 시작합니다. 평소에 접하지 못한 공부이고 쉽게 할 수도 없습니다.

　역사적으로 중국 전국 시대 사상가 추연은 음양오행설을 제창하고 오행설의 기초가 되었다고 하나 저서가 전해지지 않는 것이 명리 공부하는 사람으로서 참으로 안타까운 일입니다. 명리학이 천기누설이라는 이유로 제왕들의 탄압으로 역사는 흘렀고, 최근까지도 명리 공부는 비법으로 소개하고 음성적으로 전수될 뿐이었습니다. 그 이후 인터넷 발달로 정보 전달이 쉬워 대중화가 빨리 일어나 올바른 정보나 지식 없이 무분별하게 책과 강좌가 난무하였고, 그에 따른 부작용과 피해도 발생했습니다. 그때 제가 명리 공부 시작 시절이었습니다. 전국을 다녔는데 어떤 모임에서 설진관 선생님을 뵙게 되어 배움을 청하여 배우게 되었습니다.

　그 이후 여러 가지 어려움도 있었지만 진관 회원님들 협조 덕분으로 오늘날 진관회를 이끌게 되었습니다. 물론 易에 대한 첫 관심 책은 1985년 정다운 스님의 인생 12진법이었지만 인연의 때가 아니었나 봅니다. 설진관 선생님의 제자가 된 지도 15년 훌쩍

지났습니다. 저를 부끄럽게 만든 〈야학신결〉을 시작으로 〈진여 비결 해설〉〈추명가 해설〉이 출판되었고 그 이후에 설진관 선생님께서는 늘 좋은 명리학 책을 생각하셨고 구상하셨습니다.

　금년 초에 〈야단법석 명리학 실무 대강 1, 2, 3권 〉이라는 책 제목을 말씀하시는데 제목에 〈실무〉라는 글에 놀랐고 내용을 보고 또 감탄하였습니다.

　고전 명리를 서술하였고 〈야학신결〉,〈진여비결 해설서〉뿐만 아니라 간명 할 수 있는 금옥 같은 설진관 선생님 강의 내용들이 들어있어서 공부에 걸림이 없으리라 생각됩니다.

　從心所慾 제자로서 스승님께 부끄럽습니다. 그리고 진관회를 대표하여 설진관 선생님께 감사드립니다.

2023. 初春
박 상 호 드림

추천사

김 분 재
前 동아대학교 평생교육원 교수
前 글로벌사이버대학교 동양학과 겸임교수
現 진관역학회 연구위원
現 심안철학원장(경남 진해시 여좌동)

　시중에 역학 서적은 많지만 실제 상담 현장에서 필요한 통변 중심의 이론을 다루는 역학 서적은 많지 않다. 많은 역학인들이 역학 고전 이론서로 입문하여 학습과 연구에 매진하지만 그것이 실제 상담현장에서는 별 쓸모가 없다는 것을 깨닫기까지는 그렇게 오랜 시간이 걸리지 않는다.

　교양으로서의 역학이라면 고전 연구만으로도 그 목적은 달성할 수 있겠으나 역학의 원래 목적은 인간 개개인의 타고난 운명을 파악하여 자신이 살아갈 길을 찾고 피흉취길하며, 나아가 올바른 삶의 방법을 찾기 위함이다. 그러나 피상적 표피적 원론적 내용만으로 가득한 시중의 서적들로는 단언컨데 그 목적을 달성키 어렵다. 인터넷으로 쉽게 자료를 구할 수 있어 누구나 책을 쓸 수 있는 시대이고 약간의 경험과 지식만으로도 책은 양산해 낼 수 있지만 실제 상담 현장에서 절실히 필요한 내용은 소위 비결로 감추어져 공개되지 않으니 시중의 책으로 이런 내용은 알 길이 없다.

　이런 상황에서 상담을 통해 다른 이의 운명을 감정해야 하는 직업 역술인이 볼 만한 책은 더더욱 구하기가 어렵다. 거액을 들여비결을 구입하거나 소위 선생에게 배우기도 하지만 그 효과는 의심스럽고 돈과 시간만 낭비하는 경우도 많다. 다행이 몇 년 전부터 실용 역학 서적을 전문적으로 출판하는 창조명리 출판사에서 그 전엔 비결로 전해지던 실제 역학 상담에 필요한 주옥 같은 내용들을 담은 좋은 서적들을 많이 펴내고 있어 역업 현장의 역학인들로부터 가뭄의 단비 같은 호평을 받고 있다. 특히 그 책들 중 설진관 선생님의 강의록인 야학신결은 시중에 알려지지 않은 수많은 비결들을 담고 있어 책 내용을 실제 역업 현장에서 적용한 결과 신묘한 통변 적중률을 경험한 현장 술사들의 필독서가 되었다. 그러나 당시 그 책이 출판될 때 설진관 선생님을 스승으로 모신 우리 진관역학회 원로회에서는 책의 내용 중 일부 내용에 대해서는 아직은 때가 아니라고 공개를 강력하게 반대하여 실리지 못한 내용이 있는 것도 사실이다.

『야학신결』 이후 6년이 지난 지금 설진관 선생님께서 평생 연구하신 역학 이론을 집대성하여 한국 역학계에 한 획을 그을 역작을 책으로 엮어 내놓으시니 바로 이 '야단법석 명리학 실무 대강'이다. 교정을 위해 원고를 찬찬히 들여다보니, 이 책 한 권으로 역학계의 양지와 음지의 거의 모든 역학 이론을 종횡으로 습득할 수 있을 뿐만 아니라 『야학신결』 때 공개를 반대했던 내용 또한 들어 있는 것을 확인할 수 있었다. 역학인들에게 꼭 필요한 내용을 전달하고픈 스승님의 마음을 읽을 수 있어 이번에는 반대하지 않았으니 깊이 있게 파고들어 연구해 본다면 후학들에게 큰 도움이 될 것이다.

이 책은 방대한 역학 이론의 보고이기도 하지만 이론에 그치지 않고 그 활용 사례를 이해하기 쉽도록 도식으로 자세하게 설명하고 있어 역학인들이 경쟁력 있는 실전 통변술을 익히는데 큰 도움이 되리라 확신한다. 본인이 설진관 스승님에게 23년간 배운 상당 부분의 내용이 이 책 전체에 잘 정리되어 들어 있으니 역업 현장에서 학습과 통변의 어려움을 겪는 역학인들에게 반드시 권하고 싶은 책이다. 좋은 책은 좋은 스승과 같으니, 이 책을 통해 간접적으로나마 설진관 선생님께 배움을 얻기를 바란다.

2023. 初春
진해 심안철학원장 김 분 재

목 차

일러두기

◆본서에 수록된 명조는
입춘 본기 기준과 동지 중절기 기준 모두
혼용하였으니 오해 없기를 바란다.

◆편저자는 火土同宮과 水土同宮을 모두
취하는 입장이므로 화토동궁과 수토동궁을
곳곳에 표시해 두었다.

◆대운 수는 일반적 대운 수가 아니라 7, 3, 1
삼재 대운 수를 기록하였다.

> 寅申巳亥年生 대운 수 - 7
> 子午卯酉年生 대운 수 - 3
> 辰戌丑未年生 대운 수 - 1

제 1 강

명리학의 가치

제1편 명리학이란?

　명리학(命理學)은 오성학(五星學)에서 시원을 찾을 수 있는 학문으로서, 선현들이 북극성을 중심으로 한 오성(五星)이 해와 달이 교차하는 과정 속에서 28수(12지지)로 운행하면서 年, 月, 日, 時마다 관찰되는 성좌의 성쇠와 그들간의 관계를 관찰하면서 인간의 숙명과 운명으로 해석하는 학문을 일컫는다.

 1)하늘은 북극성을 중심으로 삼원으로 펼쳐지고, 그 주변에 있는 북두칠성과 오성은 해와 달의 움직임에 따라 주변을 운행하게 된다.

2)명리학은 해와 달의 움직임에 따른 오성(五星)이 임하는 좌표가 인간을 비롯한 모든 생명체에 어떠한 영향이 미칠 것이라는 전제하에 연구되어 온 동이족 고유의 학문이다.

3)이러한 가운데에서 명리학이라는 것이

　⑴인간에게 주어진 命運이 무엇이며

　⑵과거에는 어떤 일이 있었고,

　⑶향후에는 어떻게 진행될 것이라는 미래에 대한 예측 가능성을 연구한 학문으로써

　⑷수천 년 동안 연구가 된 학문으로 명리학이라는 것이 단순히 점치는 학문과는 조금 다르다. 물론 명리학을 이용함으로써 점학을 겸할 수 있는 것은 당연지사다.

⑸命理學 따로 공부하고, 占學 따로 공부할 수 있다.

명리학을 통해서 명리학 자체만 가지고도 천문, 지리, 인사까지 논할 수 있다.

4)명리학의 깊이가 깊어질수록 다 논할 수 있는데 이것을 이해를 자칫 잘못해 버리면 명리학이 단순히 개인의 팔자를 보는 것에 국한된 것으로만 생각할 우려가 많기 때문에 이 이야기를 처음부터 시작하는 것이다.

5)명리학을 단지 '개인의 生老病死와 관련된 인생살이만 볼 것이다'라고 보는 것은 오류라 생각하고 '명리학은 천문, 지리, 인사에 이르고 占學까지 다 아우를 수 있는 그런 이론이 명리학이다'라고 정의할 수 있다.

제2편 명리학의 효용 가치는 무엇인가?

명리학(命理學)의 효용 가치가 단순히 미래 예측에만 있지는 않다. 명리학이 인간에게 주어진 명운에 다른 미래에 대한 예측 가능성을 제시한 부분에 대해서는 명리학은 상당히 학습하기 좋은 학문이다.

그것만 보아도 명리학은 인문학 최고의 학문이라 할 수 있다. 그렇지만 우리가 단순히 인간의 미래의 예측이란 부분만 한정한다면 점쟁이나 다를 바 없다. 그게 무슨 의미가 있겠는가? 그렇지만 여러분에게 제시하는 방식은 명리학이 인문학적 가치를 가지고서 개인의 인성과 더불어 공동으로 성장할 수 있는 길을 제시해 보고자 한다.

VR이란

■VR : Virtual Reality(가상 현실)

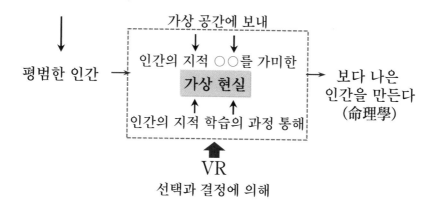

1)가상 공간에서 보다 나은 인간을 만들어 내기 위한 학습의 場을 VR이라 한다. 앞으로 명리학이 이 기능을 해야 한다.
2)명리학의 학습과 명리학을 통한
  (1)그 사람의 선천적인 성향은 무엇이고
  (2)현재 어떤 상황에 처해져 있으며,
  (3)앞으로 향후에 전개될 방식이 어떠할 것이고
  (4)그 속에서 향후에 전개될 방식에
    ①어떠한 인연을 만났을 때 어떻게 전개될 것이고,
    ②어떠한 인연을 만났을 때 어떻게 전개될 것이고,
    ③어떻게 행동을 취했을 때 어떻게 전개될 것이냐에
  (5)여기에 선택과 결정을 통해서 보다 나은 인간으로 창조될 수 있도록 하겠다는 것이 명리학이 더 진일보된 방식이다.
  (6)그래서 과거에는 명리학이

    善緣(先天)에 수여받은 학문: 業의 누적으로 받은 것
         ↓
    眞如의 命理: 業이 투영되어 받은 命理가 眞如의 命理다.
         ↓
    創造의 命理: VR의 과정을 통해 보다 나은 인간으로 발전 개조되는 창조의 命理가 되는 것.

명리학의 분류

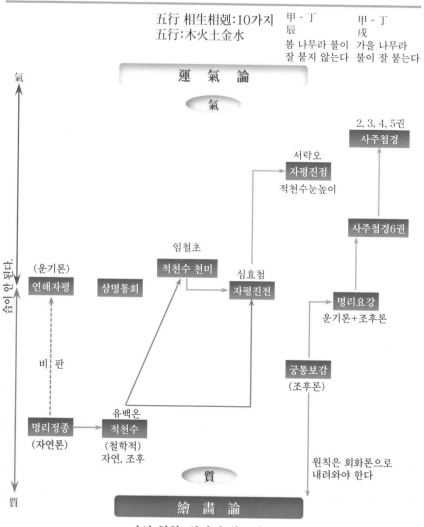

五行 相生相剋:10가지
五行:木火土金水

甲 - 丁
辰
봄 나무라 불이
잘 붙지 않는다

甲 - 丁
戌
가을 나무라
불이 잘 붙는다

자연 철학, 십간의 원초적 모습

제3편 명리학사

제1장 명리학의 시작

사주 명리학은 중국의 전국시대 낙록자의 『낙록자삼명소식부주(珞祿子三命消息賦註)』, 귀곡자의 『귀곡자유문』(이허중이 주석을 달아 '이허중명서'를 저술), 곽박의 『옥조신응진경(玉照神應眞經)』으로부터 시작하여 현재의 자평학으로 이르렀다고 논한다.

일설에는 연주를 본위로 하고 일주와 월주는 보조로 삼는 삼명학인 이른바 고법사주의 형태로 길흉을 추리하다가, 서자평(徐子平)에 이르러 일간을 위주로 하는 지금의 사주 명리학인 즉 자평명리학이 자리 잡았다고 한다.

그러나 필자가 경험한 바를 약술한다면, 명리학이 연주를 본위로 하는 시절에서 일주를 본위로 하는 시대로의 전환이 아니라, 단지 연주와 일주 모두 겸관하는 과거의 방식에서 연주를 겸관하는 방식이 실전되는 바람에 오로지 일주를 기준하여 삼는 형태로 간소화의 시도로 보는 것이 타당하다고 본다.

필자가 명리학에 입문한 이래 수많은 술객들을 만나 보고, 자칭 학자라는 자들도 만나 보면서 자칭 삼명학을 연구한다는 이도 있었으나 그 역시도 여전히 자평학의 기준을 벗어나지

못하다는 것을 알 수 있었다. 이런 점에 비추어 보면 삼명학을
제대로 아는 이는 거의 없다고 보는 것이 타당하다는 결론
이다.

고법사주학이라고 일컷는 삼명학에 대하여는 다음 기회에
강의나 저술로 소개하기로 하고, 오로지 일간을 중심으로 한
현대 명리학인 자평명리학을 중심으로 하여 사주 명리학의
흐름을 살펴본다면 다음과 같다.

제2장 중국과 대만의 명리학

지금의 명리학의 시원으로 대부분 1162년 남송의 서승
(徐升)(서공승, 서대성, 서언승)이 연해(淵海)와 연원(淵原)을
합본하여 저술한 『연해자평(淵海子平)』을 들 수 있는데,
이 책에는 시결론, 신살론, 격국론 등이 방대하게 수록되어
있다.

明의 장남(張楠)은 『연해자평(淵海子平)』과는 대조된 시
각을 드러내면서 동정설, 개두설, 병약설을 중심으로 한
『명리정종(命理正宗)』을 저술했다. 그리고 만민영은 명리학
이론을 모은 『삼명통회(三命通會)』를 저술했다. 그러나 이
『삼명통회(三命通會)』는 『오행정기(五行精紀)』의 내용
상당수 인용한 것으로 보아 아마도 만민영은 『오행정기

(五行精紀)』를 토대로 『삼명통회(三命通會)』를 편찬한 것으로 보인다.

　명의 유백온은 『적천수(滴天隨)』를 남겼는데, 『적천수(滴天隨)』의 ' 통신론 ' 과 ' 육친론 ' 의 문장의 결이 서로 다른 점에 비추어 『적천수(滴天隨)』의 저자가 2인 이상이거나 아니면 2종류의 책을 합본한 것으로 추정한다.

　明나라 말에 작자를 알 수 없는 이가 『난강망(欄江網)』을 남겼는데, 청대 초에 日官에 의해 그것이 『조화원약(造化元鑰)』으로 불리다가 청대 말에는 여춘대가 『궁통보감(窮通寶鑑)』이라는 이름으로 증보하였고, 훗날 서락오에 의해 다시 세상에 알려지게 되었다.

　清나라 초기에 진소암은 『적천수(滴天隨)』를 해설한 『적천수집요(滴天隨輯要)』를 저술하였고, 사주 명리학을 요약한 『명리약언(命理約言)』을 남기기도 했다.

　1776년 清나라 중기에 심효첨은 사주 명리학의 이론이 되는 골격을 간결하면서 논리적인 문체로 서술한 『자평진전(子平眞詮)』을 저술했는데 그 자평진전의 격용법은 『연해자평(淵海子平)』의 현기부(玄機賦)에 설명된 육신의 선악적 개념을 격의 순용와 역용개념으로 발전 계승한 것이다.

1846년에 임철초는 유백온의 『적천수(滴天隨)』에 자신의 주석을 더한 『적천수천미(滴天隨闡微)』를 남겼지만 빛을 보지 못하고 있다가, 1933년에 원수산이 임철초의 『적천수천미(滴天隨闡微)』를 교정하여 다시 발간했는데 그것이 알려지게 되면서 현대 명리학으로까지 전래되어 명리학계의 주요 고전 중의 하나가 되었다. 그리고 원수산은 1912년에 『명리탐원(命理探原)』을 저술하기도 했다.

1933년 위천리는 진소암의 『명리약언(命理約言)』을 교정하여 출판한 후 이듬해 『명학강의(命學講義)』와 『팔자제요(八字提要)』를 남겼다. 훗날 이 책들은 모두 우리나라 박재완에게 큰 영향을 끼쳤다.

1935년에 서락오는 『欄江網(난강망)』에 주석을 더한 『궁통보감(窮通寶鑑)』을 펴냈으며, 같은 해 유백온의 『적천수(滴天隨)』에 주석을 더한 임철초의 『적천수천미(滴天隨闡微)』와는 다른 시각에서 『적천수징의(滴天隨徵義)』를 저술하고 1937년에는 다시 적천수에 주석을 더한 『적천수보주(滴天隨補註)』를 편찬했다. 그리고 1936년과 1938년에는 『자평진전평주(子平眞銓評註)』와 『자평수언(子平粹言)』을 각각 남겼다.

1939년 반자단의 『명학신의(命學新義)』은 명리학과 심리학이 융합되는 발전의 시원이 되었으며, 하건충의 『팔자심리추명학(八字心理推命學)』은 궁위와 십간의 관계를 구체적으로 설명하면서 심리 구조를 설명한 점에 비추어 반자단의 위 『명학신의(命學新義)』를 계승한 것으로 보인다.

제3장 일본의 명리학

일본에 명리학이 전해진 것은 그리 오래되지는 않는다. 그러나 장요문과 좌등육룡에 의해 전해진 중국 명리가의 한 류파인 투파식의 『사주추명술의 밀의』 등 명리학, 기문둔갑, 육임학 등은 그 깊이가 결코 가볍지 아니하다.

아부태산도 상당히 체계적인 격국론을 갖추고 있고, 그가 남긴 『아부태산전집』은 명리학, 육임, 자미두수 등 3편으로 구성되어 있다. 그 외 고목승(고목승)은 아부태산과는 달리 격국에서는 자유로우면서 칠정사여의 영향을 많이 받은 것으로 보인다.

현재는 아부태산과 고목승의 후진들이 깊이 있는 연구를 하고 있다.

제4장 한국의 근대 명리학

해방 전 『사주자해 월령도』가 출간되었는데, 그 내용에는 대부분 명리정종의 주요 내용이 수록되어 있고, 후반부에는 배우자의 성 씨를 알 수 있다는 월령도와 가령장이 실려 있다.

해방 후 주요 명리학서가 없던 중, 1963년 이래 명리학 교재가 솟아져 나오기 시작했다. 1963년 백영관(본명 최영철)의 『사주정설(四柱精設)』을 통해 임철초의 『적천수천미(滴天隨闡微)』의 근간이 되는 주요 이론을 한글 위주의 명리서를 발간하여 그 이슈가 되었다. 어떤 이는 책을 평하기를 일본 아부태산의 책을 요약한 것이라고 하기도 하나 사주정설 내용에는 아부태산의 이론은 한 줄도 없다.

같은 시기에 김우재는 유백온의 『적천수(滴天隨)』를 해설한 『팔자대전(八字大典)』을 출간하였다. 그 후 1964년 이무학은 『명리정문(命理正門)』을 통해 서락오의 『적천수보주(滴天隨補註)』를 국내에 알린 장본인이 되었다. 그러다가 1965년에 신성생은 『천고비전 명리학전서 상·하(千古秘傳 命理學全書 上·下)』를 발간했었다. 이 『천고비전 명리학전서 상·하(千古秘傳 命理學 全書 上·下)』는 『자평진전(子平眞銓)』을 진일보시킨 저술로 평가된다.

이러한 명가들의 노력이 있었음에도 불구하고 우리나라 명리학계는 대부분 중국의 명리서를 요약하거나 번역한 정도에 지나지 않았다.

그러던 중 1969년 이석영은 20년 간의 실제 상담 내용을 바탕으로 『삼명통회(三命通會)』, 『적천수(適天隨)』, 『연해자평 (淵海子平)』, 『명리정종(命理正宗)』, 『궁통보감(窮通寶鑑)』, 명리약언(命理約言) 등의 주요한 내용을 요약하면서, 중국 명리학의 주류인 용신 격국의 틀을 넘는 명리학을 해석하는 방법론인 통변법에 상당히 많은 지면을 할애한 『사주첩경 (四柱捷徑)』 전 6권을 저술하였다. 그 외 그가 저술한 『사주 격국론』은 정식 으로 출간되지 못하고 등사판으로만 남아 있다. 일설에는 이석영의 사주첩경이 신살류로만 되어 있는 명리서라고 주장하는 이도 있지만 이는 헛된 주장이다. 처음 이 책이 출간되었을 당시 사주첩경 2, 3, 4, 5, 7권이 출간되었 는데 이석영이 고인이 된 후 이후 기초 교재가 정식 1권으로 그리고 7권이 6권으로 이름을 변경하여 발간되었다. 처음 사주첩경이 발간되었을 당시에는 6권이 없었고 112문답이 수록된 것이 7권으로 발행되었으나, 당시 발행되지 않은 격 국론이 별권으로 남아 있는 것으로 보아 아마도 4, 5권 용신 격국론에 이어서 6권으로 격국론을 마무리할 의도였던 것 으로 보인다. 이석영의 사주첩경 4, 5권은 용신격국론을 자세히 다루었고 미출간 격국론은 4, 5권을 더욱 자세히 다루었고, 과거 7권인 지금의 6권은 삼명통회를 비롯한 주요 고전 술어를 풀어놓아 명리학의 발전에 상당한 일조를 한 것이다. 그의 저술로는 『역경학』, 『육효첩경』, 『십팔문답』, 『자강진결 (上,下)』가 있다. 특히, 『자강진결(上,下)』은 대정수를 이용한

풀이 법인 점에 비추어 그는 사주 명리학 뿐만 아니라 육효와 대정수에도 상당한 경지에 이른 대학자였다는 것이 증명되는 것이다.

박재완은 1974년에 명리학의 주요 고전의 핵심을 모아 해설한 『명리요강(命理要綱)』을 남겼는데, 『명리요강(命理要綱)』은 명리정종의 병약설과 동정론, 궁통보감의 조후론 및 위천리의 용신법 등이 중심이 된 명리학의 중추적 이론이 요약 정리된 것으로 명리학을 다년간 습득하지 않으면 이해하기 어려울 정도의 난이도가 높은 명리서이다. 박재완의 명리요강이 출간되면서 그간 억부나 격국에 치중되었던 한계에서 명리학 실무 현장에서 조후론의 가치를 확인할 수 있게 되었다는 점은 한국의 명리학계에 큰 기여를 했다고 할 만하다. 과거 최봉수 외 1명에 의해 궁통보감 번역본이 명문당에서 출간된 사실은 있지만 대부분 명리가들은 궁통보감을 단순한 이론서일 뿐 명리학 현장에서의 이용 가치에 대해서는 의구심을 가지고 있었으며 그것을 자유자재로 활용하는 이가 없을 정도이었다. 그런 점에서 박재완의 명리요강은 명리학계에 큰 방향타가 되면서 궁통보감 등 조후론이 다시 수면 위로 올라오면서 일설에 의하면 '명리학 용신의 왕법은 조후론이다.'라는 말까지 나오게 되었다. 1978년에는 위천리의 『팔자제요(八字提要)』의 日柱와 月支에 時柱를 추가하여 보다 분석적으로 해설한 『명리사전(命理辭典)』을 저술하여 명리요강의 『일주희기총론』을 구체화한 명실상부한 동양최초의 명리사전을 완성하였다. 그외 김우제는 『사주대관』등의 저술을 남겼고, 추송학은『사주비전』『영통신서』등 많은 명리 및 육효서를 남겼다.

　박재현은 1970-1990년대에 부산에서 활동했던 역술가로서 박제산, 박도사 등 많은 이름으로 알려져 있고 본명은 광태이다. 정치, 경제 영역에서 많은 일화를 남겨 지금도 회자되고 있다. 초창기 그를 본 이들의 전언에 의하면 그가 하산하여 처음 상담을 할 당시 내방객이 들어오면 사주를 묻지도 않고 즉간했다고 한다. 그러다 보니 많은 이들로부터 神받은 사람이지 않는가 하는 의구심이 일자 하는 수 없이 상담실 서기가 사주 명식을 적어 주면 그 사주 명식을 보면서 상담했다고 한다. 지금도 그가 내방객의 사주 명식이 없이 어떤 방법으로 내방객을 상황을 판단하였는지는 아는 이가 없다. 그가 남긴 필사본 노트에는 명리학 이론이 기록되어 있지만 실제 그간 남긴 일화와는 상당한 거리가 있다. 그러므로 그 필사본만으로는 그의 학문적 세계를 감히 추측할 수는 없다. 그리고 그의 상담 방식의 가장 큰 특징은 맞이하게 될 부부의 인연을 가려내는 데 상당한 적중률이 있어서 그것이 화제가 되기도 했다. 지금도 그의 학문에 대한 관심사가 뜨거워 그가 남긴 간명지 등 자료를 수집하는 연구가들도 있지만 그 대부분은 박도사의 필체와는 거리가 먼 불명의 자료이다.

그가 사용하던 간명지 양식 또한 부산 지역에서 일반화된 간명지 양식 이다 보니 모두가 그의 간명지라고 오해한 듯하다. 그의 곁을 다녀간 역학자로는 정국용, 차예산, 김중산, 남용희 등으로 알려져 있다.

1990년에 이르러 역학을 주요 내용으로 한 월간 잡지 『역학』이 출간되어 송두원에 의해 서락오의 『자평진전평주(子平眞詮評註)』 번역본이 연재되어 소개되고, 같은 시기에 이정래는 명리학 주요 고전인 『난강망』, 『적천수천미』, 『자평진전평주』 전체를 완역하여 한 권으로 묶은 『명리진수전서(命理眞髓全書)』를 발간함으로써 주요 고전이 널리 알려지게 되었다.

1996년에 박영창 『자평진전평주(子平眞詮評註)』를 다시 번역하여 출간하면서 비로소 많은 매니아들이 『자평진전평주(子平眞詮評註)』를 통해 명리학에 입문하게 되었다. 그 후 여러 사람 손에서 다수의 『자평진전(子平眞詮)』 번역서가 발간됐지만 대부분 그간 번역본과 큰 차이가 없거나 서락오의 평주를 뺀 내용으로 출간되는 데 그쳤다.

제5장 역학의 메카 부산의 명리학

1950년 6.25전쟁으로 수 많은 피난민들이 부산으로 모이다

보니, 자연스럽게 전국의 실력 있는 술사들이 부산으로 모이게 되었다. 그러다 보니 부산에는 역술의 고수들이 많다 보니 고전 명리학을 통해서는 찾아볼 수 없는 독특한 이론들이 널리 퍼져 있었으며 그들의 필사본의 사본이 고가로 거래되거나 구전으로 전해지고 있었다.

　1980-1990년대에 부산의 명리학계에는 형제의 수를 아는 법, 부모의 띠를 아는 법, 태어난 시간을 찾는 법, 부부의 인연을 아는 법, 방문한 목적과 당면한 과제를 아는 법, 때로는 현재의 명리가들은 상상조차 못 하는 내용의 수많은 秘訣들이 산재되어 있었다. 그 당시 부산에서 활동하면서 이름이 높았던 이는 최호영, 허남원, 박재산 등이었다. 특히 박재산(박도사)은 인연을 찾는 것으로 유명하여 손님이 많아서 예약을 해야 한다는 소문이 있을 정도로 유명세를 띠었다. 그 외 김중산, 최호영, 김계산, 남용희, 황보탁, 차예산 정도가 이름난 가운데 그 시절 30대의 이인섭이 대가의 대열에 합류할 정도의 실력이었다. 이 당시 부산 지역은 출판을 주로 하는 서울 등지의 분위기와는 달리 제자들 사이에 전해지는 강의 노트나 그들만의 필사본이 주류를 이루었기에 더욱 부산 명리가들의 실력은 베일에 쌓이는 원인이 되기도 했었다.

제6강 2000년대 이후 2023년 현재

그간 명리학사를 주요 저서를 중심으로 써 내려갔다. 그런데

이 시기는 한국의 명리학을 주도할 만한 리더격의 명리학자가 고인이 되자 전국에서는 너도나도 모 대가의 제자이다 라고 하면서 여기저기 광고가 활발하고 때로는 TV방송 출연, 유튜브 운영 등 대중매체에 소개되기도 하는 등 학식을 겸비하기보다는 영리 사업 내지 연예인이 되어 가는 경향이 두드러지면서 소위 한국의 명리학계의 춘추전국시대를 방불케 하는 상황이 되었다. 그리고 인터넷 등 문화 환경이 다변하여 저술이나 단순 유명세, 혹은 수익이 높다는 이유만으로 명리관을 측정하는 도구로 삼기에는 부족하므로, 이 시기의 문화적 환경에서 역학관이 방출되는 저술, 논문, 인터넷 강의, 강의노트 등 다양한 경로를 종합적으로 판단하지 않으면 안 된다. 이 시기의 명리학계는 대략 3부류로 분리되는데 현장에서 명리학 상담을 주로 하는 경우가 첫 번째이고, 명리학 강의만을 전담하는 경우가 두 번째이고, 상담과 강의를 겸하는 경우가 세번 째이므로 이들 모두 종합하여 분류해 보았다.

1. 2005년 원광대학교에 동양학과가 개설되었지만 명리가들이 직접 나선 것은 아니고, 2005년 박영창 등이 동방대학교대학원에서 동양학과 석사과정을 시작한 것이 명리학이 정식 교육기관으로 유입된 계기가 되었다. 그 후 2011년 박재윤이 원광디지털대학교에 학부과정을 개설하고 이듬해 박영창은 글로벌사이버대학교로 옮겨 동양학과를 개설하였다. 비슷한

시기에 공주대학교 대학원 석박사과정의 동양학과가 생기더니 이후 국제뇌교육종합대학원대학교, 경기대학교, 서경대학교 등으로 확산되어 명리학이 사술이 아닌 학문적 가치로 인정받는 데 큰 일조하였다. 이러한 학교 강단의 석·박사 과정의 명리가들의 노력이 있었음에도 불구하고 이론을 적용하는 실무라는 측면에서의 통변의 벽을 넘지 못하고 여전히 고전 명리학에 머물러 있다는 비판이 많다. 박영창은 고전 번역에 능통하여 다수의 명리서를 발간하기도 했다. 특히 그는 한국에 자평진전이 자리 잡게 한 가장 영향력이 큰 학자로 알려져 있으며 현대 명리학자 상당수가 박영창의 자평진전 평주 번역서로 명리학에 입문했다고 해도 과언이 아닐 정도이다.

2. 그런 분위기 속에서도 경기도 성남에서 활동하는 신수훈은 이석영의 명리학을 계승한 후 인연법인 진여비결(眞如秘訣)을 창안하여 세상에 공개하면서 명리학 발전에 공헌하면서 현장에서 적용되는 주요 이론과 50년 역술 인생의 경험을 집대성한 진여명리강론(眞如命理講論) 전 5권을 내놓았다. 진여명리강론 1권에는 동양학자들이 갖추어야 할 덕목을 비롯하여 조후론이 서술되어 있고, 2, 3권은 격국론을 자세히 다루었으며 특히 3권에는 인연법인 진여비결을 수록하여 대단한 명서로 알려지게 되었다. 그뿐 아니라 4, 5권에는 실제 통변 비결과 감정 사례 다수를 수록하여 명리학 이론을 현장에서 잘 활용할 수 있도록 하여 진여명리강론이 명리학의 교과서라고 해도 손색이 없을 정도라고 평가된다.

3. 그리고 경남 진해에서 활동하는 김분재는 용신격국을 중시하는 학계의 분위기임에도 용신격국에 회화사주학(繪畵四柱學), 동정론(動靜論) 등을 겸비하였다. 간결하면서도 분석적인 명조 분석 능력은 그의 학문적 깊이를 말해 주고 그 외 팔주명반법(八柱命盤法) 사계단법(四階段法)을 갖추고 좌지방(坐知方)과 현무결(玄武訣)을 습득하여 한국형 명리학의 구도를 다시 정립한 인물로 알려져 있다. 특히 김분재의 자평진전 써머리는 자평진전을 단숨에 관통하게 하는 논리성을 갖추었다고 알려져 있으며 1996년경부터 부산 고수들 사이에서 유행하던 형충회합해법과 전국의 다양한 역술 이론을 모두 습득한 명리학계의 대학자이다. 다만 저술을 남기지 않고 있다는 것이 큰 아쉬움으로 남는다.

현대 명리학은 경기도 성남의 신수훈과 경남 진해의 김분재의 학통은 지금도 이어지고 있다.

4. 서울의 홍성민은 주요 고전을 두루 섭렵하여 후학들에게 명리학의 학문적 체계를 강조하는 학자이다. 박재범은 적천수, 궁통보감, 자평진전의 균형 있는 조화를 강조함으로써 명리학의 학문적 완성을 추구한다. 박형규는 중국의 맹파명리를 국내에 소개하여 명리학의 새로운 장르를 선보였으며. 김기승은 『과학명리』 등 저술이 있으며 특히 명리학을 통한 선천적성을 연구하였고, 소재학은 오행에 관한 그만의 『석하명리』를 연구하였다. 서울에서 명리학을 강의하는 전소영은 음양오행론과 조후론을 연계한 상당 수준의 명리학자이다.

5. 부산에는 유명세를 띠는 이들이 많지만 그중에서 의학박사 박상호는 명리학에 대한 통찰력이 탁월하여 정확한 간명은 상당한 수준이고, 이지선은 명리학과 천문 지식을 겸하여 실력 있는 명리학자로 알려져 있다. 특히 이들은 필자의 추명가를 해설한 해설서를 발간하여 지금도 『설진관 추명가 해설』은 실무에서 유용하게 읽히고 있다. 이상윤, 황경, 하미경, 이병창은 아직 출판도서는 없지만 명리학 전반에 대한 해박한 지식을 가지고 있는 명리 연구가들이다.

이남연은 법학자이며 명리학자로서 한국 고대사와 천문에 대한 해박한 지식을 기반으로 한다. 윤경선과 김재근도 명리학 이론이 논리적인 점이 큰 장점이며 이들은 김초희 조소민과 함께 필자의 강의록인 명리학 교재 『야학신결』을 편찬하기도 했다.

6. 대구에서 명리학 전문도서 출판사 [창조명리]를 경영하는 김초희는 명리학에 대한 상당한 분석적인 지식을 가졌다고 알려져 있다. 2017년 윤경선, 김재근, 조소민과 함께 필자의 강의록을 수록한 『야학신결(野學神訣)』을 공동 저술하여 현장 실무가들에게는 큰 호평을 받고 있다.

7. 충청 지역에는 1990년대에서 2000년대 초반까지 부산에서 활동하던 이인섭이 제천으로 활동 무대를 옮긴 후 농업에 종사하고 있지만 그는 1991년 당시 월간 '역학'에

연재되었던 서락오의 자평진전평주를 완전 체득한 후 연해자평과 천고비전을 연구하여 그가 남긴 강의록 필사본은 자평진전평주의 허와 실을 짚어주는 수준 높은 격국론이 수록되어 있다. 그외 1996년경 부산에서 명리가 사이에 암암리에 전해지던 형충회합 해법의 명사이기도 하다.

8. 한국의 현대 명리학은 대학이나 대학원에서 강의와 연구하는 부류, 술수 현장에서 활동 중인 술사 부류로 양분되어 발전하고 있다.

   대학 등지에서 연구와 강의를 하는 이들은 1945년 해방 이전까지의 고전 명리서에 대한 이론적 체계를 세우려 할 뿐 한국의 근대 명리학의 중요한 자료인 이석영의 사주첩경이나 박재완의 명리요강 등에 대하여는 그 가치를 도외시하려 한다. 그외 현장에서 통용되는 다양한 술수에 대하여도 고전에 기술되어 있지 아니하다는 이유로 외면하고 있다.

   반면 현장에서 술사로서 활동하는 이들은 주요 고전의 이론을 취사선택하되 상당수의 고전이론은 현실성이 떨어진다는 이유로 경시하고 있고, 오히려 현장에서 얻은 경험을 매우 중요시하는 실용적 방법을 선택하면서 대학 등지에서 연구되는 성과물에 대한 가치를 경시하는 분위기는 날로 깊어지고 있다.

   현장과 학계가 서로에 대한 존중과 견제 속에서 함께 연구하여 앞으로 동양 최고 수준의 명리학이 탄생하기를 기대한다.

제4편 사주 보는 순서

四柱 명조를 세운다.		■입춘 본기 기준+일반 대운 수
만 세 력 (萬 歲 曆)		■동지 중절기 기준+7,3,1대운 수

日干이 무엇인가 확인한다.		■日干 五行에 따른 성향
四柱 主人 파악	月支의 영향	月과 旺相休囚의 관계 및 格의 상태

財星의 성향을 본다.		■財星으로 처, 재물, 부친의
처, 재물을 파악	父親 상황 파악	상황을 파악한다.

官星의 성향을 본다.		■월급받는 사장은 官星의
男:벼슬, 직업, 자식	女:벼슬, 남편상황	동향을 살핀다.

印星의 성향을 본다.		■인성=도장-거래=권리
모친 상황, 권리 관계	권리	印星多는 食傷剋, 무위도식은 아니다. 임대인(전월세)

比劫의 성향을 본다.		■比劫이 많으면 주위에 사람이
형제, 교우 관계 분석	주변인의 관계 분석	많다. - 선거에 유리. 劫財 - 財가 나간다.

食傷의 성향을 본다.		■자영업은 食傷이다.
사업, 취미 생활, 적성	여성은 자식, 적성	적성은 무엇을 할까? 로 하고 싶은 것이 적성이다. 적성은 五行 因子를 봐라.

■**상담하는 이유는 대체로 아래의 순서와 같다.**

첫 번째 : 현재 당면한 문제 상담.

두 번째 : 평생 사주를 보기 위한 상담.

세 번째 : 일 년 신수를 보기 위한 상담.

※사주를 볼 때 먼저 문점객의 성격, 성향을 먼저 말하고 사주의 특징을 말한다.

①나이 든 사람은 대개 당면 문제를 물어 오는 경우가 많고 ②젊은 사람은 재물과 연애사를 많이 물어 본다.

■**野學神訣(창조명리, P.30)** 육신 구조도를 암기해야 한다.

장인(正印, 印綬), 장모(食神), 장인 애인(食神), 조부(偏印), 조모(傷官), 조부 애인(食神), 외조부(傷官), 외조모(偏官), 외조부 애인(正官), 외조모 애인(食神)

■**사주의 글자를 파악하는 순서**

日主① →日支② →月支③ →月干④ →時干⑤ →時支⑥ →年支⑦ →年干⑧ →配星干⑨ →配星支⑩

따라서 日支가 重要하다. 나의 상태를 파악한다.

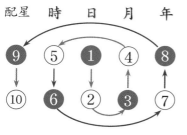

배우자의 年柱를 강조하고 있다.

■나①을 기준으로 日支②로 향하고, 다시 ②에서 ③을 향하는 등 마지막으로 배우자 ⑨에서 ⑩으로 마무리한다.

■당면 과제 풀이

⑴가게가 언제 나가는가?

　①時支 三合, 冲 될 때이다.

　②가게 전월세 계약은 時支로, 가게 매매는 月支로 본다.

⑵이사는 언제 가는가? 年支나 日支 合 될 때이다.

⑶언제 돈 생기는가?

　①財庫가 刑冲 될 때(地藏干 透干 合)

　②寅申巳亥는 사건 문제라고 한다.

⑷취직은 언제 되는가?

　①財生官이 될 때.

　②官이 庫에 있으면 冲하는 해.

⑸남자가 언제 바람피우는가?

　①比劫運에 남편 바람피운다.

⑹아버지 언제 돌아가시는가?

　①月干이 合될 때.

　②財星이 絶地에 갔을 때.

　→月 天干이 合될 때이다.

⑺어머니는 언제 돌아가시는가?

　①大運에서 인수를 깨는 財運이 왔을 때.

　②財運에 月支가 合될 때.

⑻天干이 合, 合去 되는 것과 隱神(은신)운을 잘 봐야 한다.

　은신의 根이 지지에 있어야 한다.

사주의 내면구조(궁위)

時柱	日柱	月柱	年柱

시주	일주	월주	연주
서	남	동	북
실	화	묘	근
가게, 점포	방	건물	토지
자식, 배우자 (처가, 시댁), (외가)	나, 배우자	부모, 형제 (친가)	조상
부하 직원	본인	중견 간부, 연결책	사장
자식 방, 창고, 화장실 등	안방	마당, 거실	대문
후세	현세	업연(業緣)	전생
뒷배경, 이곳, 도구(또는 교통수단)	주변	원거리 + 근거리	원거리
우(右)		좌(左)	
우 . 앞	우 . 뒤	좌 . 앞	좌 . 뒤

※ 필수암기사항

형(刑)	충(沖)	파(破)	해(害)	합(合)
시비 송사 이별	변수, 변화 이별	다시(再), 반복	갈등, 골육상전, (럭비공과 같은 변수), 가볍게 때로는 대형 사고	만남, 인연

* 사주의 궁위에 형충파해합 어느 것이 오느냐에 따라 통변이 달라진다.

	시주	일주	월주	년주
구분	가게, 점포의 재산권 (매매계약사)	방	건물, 직장, 가게, 점포	토지
	자식, (처가, 시댁)	나, 배우자	부모, 형제 (친가)	조상
	자식이나 가게에 관련된	본인, 배우자에 관련된	부모, 형제에 건물에 관련된	조상, 토지에 관련된
형	시비, 송사, 이별이 일어난다.			
충	변수, 변화, 이별이 일어난다.			
파	다시(재결합)라는 일이 일어난다.			
해	갈등, 골육상쟁이 일어난다.			
합	만남, 인연이 일어난다.			

통변연습 - 1

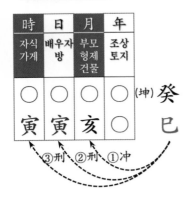

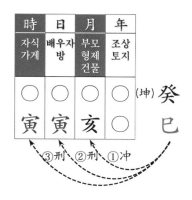

③時支 자식궁이 寅巳刑이 된다.

㉮자식궁이 寅巳刑이 된다.

㉯이 자리는 자식이면서 가게를 의미한다.

㉰자식이나 가게에 시비, 송사가 일어난다.

※각 궁에 刑沖破害合 어느 것이 들어오느냐에 따라 해석을 달리한다.

제 2 강

陰陽과 五行

제1편 음양론

제1장   상호 보완적, 상대적, 창조적 기능과 닮아 가는 氣勢가 있다.

움직임
動

1)그림과 같은 크기의 陽이라는 것이 있는데

2)그림과 같은 만큼의 陽이 움직여 가면

※이 세상에는 陽 하나만 존재가 가능할까요?
　절대 존재하지 않는다. 이 세상의 모든 만물
　에는 陰과 陽이 결합되었을 때 완성체가 된다.

움직임
動

※불완전체가 되어 있다면 완전체를 이루기 위해
　끊임없이 움직이기 시작한다.
　어떤 것이 움직이는지는 조금 후에 소개한다.

3)우리 눈에 보이지 않지만 陽과 같은 크기와
　움직임의 陰이 있다는 것을 절대 잊어서는
　안 된다.

※지금 이 공간에 45명 가량이 앉아 있는데
　보이지 않는 또 다른 이만한 공간에 45명
　가량의 여러분이 앉아 있다는 것이다.

상승

※보이는 세계보다(人) 보이지 않는 세계가(鬼)
　더 무섭다.

4)우리 눈에 陽이라는 것이 ◗만큼 보인다면
　보이지 않는 ◖만큼의 陰이 반드시 존재한다.

하강

5)이 세상에는 陰과 陽이 같이 공존하는데
　陽이라는 것이 그림과 같이 상승한다면

陰이라는 것은 그림과 같이 하강한다.
즉 상대적(반대의 개념) 대조적이다.

陽의 공간	陰의 공간
陽의 움직임 만큼	陰의 움직임이 있다
보이는 공간	보이지 않는 공간
보인다	안 보인다

7)陽이 그림처럼 들어가면 陰도 같이 들어간다.
陽이 그림처럼 튀어나오면 陰도 같이 튀어
나온다.

왜 그럴까? 존재하기 때문이다.
존재란 것은 陽의 기운과 陰의 기운의 가치가
동일선상에 있는 것이다.
陽의 기운과 陰의 기운의 가치가 불균형하게
되면 부존재가 된다.

8)따라서 陰과 陽은 상승과 하강의 기세로 서로
반대가 되지만 그 모양은 닮아간다.
陰과 陽은 서로 조화를 이룬다.
부부는 서로 좋아 陰과 陽이 만나 결혼한 것이다.
→ 서로가 닮아 간다.

陰과 陽의 모습은

상호 보완적인 모습이 있고,

창조적인 모습이 있고,

서로 닮아 간다는 뜻이 있다.

陰과 陽의 성향(기세)은

陽의 氣運은 상승하는 반면

陰의 氣運은 하강한다.

9)陰陽은 반대의 모습으로 가는 것 같아도 서로 안정성을 위해 상호 움직이고 있는 것이다.

상호 대조적이라는 뜻이 있는 반면에

상호 보완적이란 뜻도 있고

서로 창조한다는 뜻도 있고

서로 닮아 간다는 뜻도 있다.

■ 易은 하나의 陰과 하나의 陽으로 성립된다.

■ 太極이 陰陽으로 나뉜다.

■ 陰陽은 존재의 상대적 관계이다.

⑴밤낮, 남녀, 음지 양지, 天地, 水火 등

■ 陰陽은 존재의 상보적 관계이다.

⑴서로를 보완하고 의지하며 존재한다.

⑵그러니 서로의 존재를 인정하고 서로의 다른 점을 이해하면서 따라가고 보완한다.

■陰陽은 서로가 유기적인 관계이다.

⑴뗄레야 뗄 수 없는 관계이다.

⑵서로 상보적이며 유기적인 관계로써 서로 연결되어 간섭하고 상응하며 공명한다.

■陰陽은 상응하면서 서로를 유인한다.

⑴陰과 陽이 서로 유인하고 화합하면

⑵무궁무진한 조화가 나타나는 것은 서로를 닮아 나오기 때문이다.

■陰陽은 창조성이다.

⑴다 닮아 나되 더 새로워진 것을 창조하는 것이 陰陽의 존재 이유이고 기쁨이 된다.

■陰陽은 眞理이다.

⑴易은 존재(事物) 현상의 발생, 변화, 발전의 원인을 설명하는 원리이니 陰陽을 떠나서는 진리나 존재를 말할 수 없다.

⑵陰陽의 理法을 깨달아 陰陽의 조화와 흐름을 통찰하고, 陰陽의 법칙대로 균형을 거머잡고 살아가는 易人은, 天人妙合의 眞理를 얻은 사람이요, 홍익인간의 정도를 펼 수 있는 자격을 갖춘 사람이다.

■易經(周易)은 陰陽의 변화를 좇아 吉凶을 예측하는 古書이면서도 陰陽의 이치에 근본을 둔 義理의 書 道德哲學의 書이다. 周易은 陰陽論이다. 陽의 변화에 따라 陰이 변화되어 가는 과정을 추리한 것이 周易이다.

제2장 동이족이 바라본 하늘의 모습

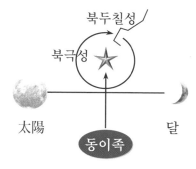

※북극성을 중심으로 한 것이 신앙의 출발이다.
북극성 주위로 북두칠성이 있는데 동이족에게 북극성과 북두칠성을 빼놓고 동이족을 설명할 수 없다.

※태양과 달이 운행하면서 하늘이 움직인다는 것이 동이족의 사상적 원류이다.

※모든 종교(유불선)가 동이족 사상에서 파생하였다. 도가 사상, 유가 사상 등.

※따라서 동이족은 천문에 대하여 지대한 관심을 가지고 있다.

※기독교의 창세기 이야기는 수메르인들의 전설 이야기이다.

※무 : 无 ┌ 无 – ∞(無限大)
           └ 無 – 없다, Zero, Empty

※새가 운다에서 "운다" 는 울린다는 것으로 새가 살아 있다는 것이다.
에너지 파장 → 울린다 → 영향을 끼친다 : 척(恨)을 짓지 마라.

제3장 │ 陰陽은 상대적이기도 하나 절대적이기도 하다.

■地支 陰陽

天干의 陰陽 → 상수 역학(순서 나열)

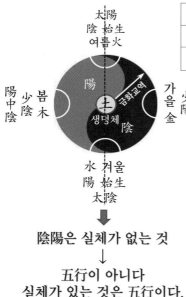

甲	乙	丙	丁	戊	己	庚	辛	壬	癸
1	2	3	4	5	6	7	8	9	10
+	-	+	-	+	-	+	-	+	-

太陽
陰 始生
여름火

陽

土
생덕체

陰

金火교여

金火교여

陽中陰 少陰 봄木

陰中陽 少陽 가을金

水 겨울
陽 始生
太陰

■世 : 중심, 기준
應 : 世가 받는 반응(환경)
→ 陰陽, 動靜 관계
■地支는 타고난 성향

↓

陰陽은 실체가 없는 것
↓
五行이 아니다
실체가 있는 것은 五行이다.

제4장 │ 양팔동 음팔동의 허구

陰 陰 陰 陰

乙 丁 癸 乙 坤

巳 亥 未 亥

陰 陰 陰 陰

(1)天干은 乙丁癸로 陰五行으로 되어 있다.

(2)地支는 陰陽의 순서로 보아 모두 陰으로 이뤄졌다고 보았다.

子	丑	寅	卯	辰	巳	午	未	申	酉	戌	亥
+	-	+	-	+	-	+	-	+	-	+	-

⑶그러나 양팔동 음팔동 용어는 잘못이다.

①地支에서는

　㈎冬至에서 陽이 始生하고,
　　夏至에서 陰이 始生한다.

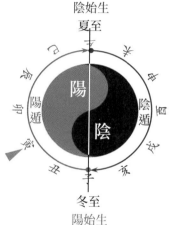

　㈏冬至에서 夏至 前까지 陽의 기운으로 陽遁(양둔)이라 하며
　　夏至에서 冬至 前까지 陰의 기운으로 陰遁(음둔)이라 한다.

　㈐따라서

　　陽은 子, 丑, 寅, 卯, 辰, 巳가 되며
　　陰은 午, 未, 申, 酉, 戌, 亥가 된다.

子	丑	寅	卯	辰	巳	午	未	申	酉	戌	亥
+	+	+	+	+	+	-	-	-	-	-	-

　㈑그러므로 巳는 陽이다.

②天干은 실체가 있는 것으로 五行이지 陰陽이 아니다.
　陰陽은 地支에만 존재하는 것이다.

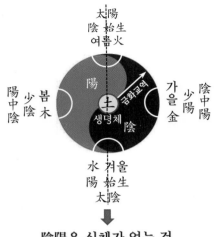

그런데 天干의 五行을 陰陽으로 간주한 것이 잘못된 것이다.

따라서 사주 명식에서 양팔동, 이나 음팔동이니 논하는 것은 원리에 맞지 않는 말이다.

⬇

陰陽은 실체가 없는 것
↓
五行이 아니다
실체가 있는 것은 五行이다.

제2편 오행론

동이족은 하늘에서 오성(五星)을 관찰했다.

고인들이 하늘을 바라보니 낮에는 태양이 반짝이고 있고, 밤에는 달이 반짝이면서 세상을 다스린다고 생각했다.
그래서 태양과 달이 우리 인간을 다스린다고 여겼다.

그리고 밤하늘에 수많은 별들이 있지만 그중 5가지 별(오행)에 집중했다.
그 다섯의 별들을 木星, 火星, 土星, 金星, 水星이라 이름했다.

제1장 五星

木, 火, 土, 金, 水로 하늘에 떠 있는 다섯 개 별들의 存在, 그 자체로 五星은 다섯 별들의 존재적 가치일 뿐이다.
⑴이 별들을 가만히 관찰해 보았더니 밤하늘의 달도 마찬가지이지만, 이 달이 초승달에서부터 상현달, 하현달, 그믐달 등으로 달 모양이 바뀌듯이
⑵하늘의 五星의 변화와 이동 궤도를 관찰할 수 있었다.
⑶고인들은 이 별들도 숨을 쉰다고 생각을 했었다. 즉 생명체라고 생각을 하였다.

(4)사람 자체만 본다면 고깃덩어리에 불가한 *存在* 그 자체 이지만 그 *存在*가 숨을 까딱까딱 쉬며 살아 있다는 것을 발견하였다.

(5)그래서 살아 있음을 行이라는 글자로 표현을 하였다. 살아 있음을 표현한 것이다.

제2장 | 星, 行

예를 들어 집 밖에 나갔을 때 물고기가 하나 있다고 할 때

(1)그 물고기가 죽어 있다면 물고기 그 자체인 "星"에 해당 하는 것인 즉 *存在* 그 자체에 불과하지만

(2)살아 있는 물고기라면 "行" 의미를 부여하여 살아서 움직이는 역동적인 모습을 그려 낸 것이다.

제3장 | 五行

(1)木, 火, 土, 金, 水로써 살아 있구나 해서 五行의 변화를 살피게 된다.

(2)살아 움직이면서 이 五星들 간의 부딪히고 밀어주고 하는 관계 五行을 관찰하기 시작한 것이다.

(3)五星:하늘에 떠 있는 별들의 *存在* 그 자체를 星이라 한다. 五行:별들이 살아 숨 쉬고 있는 모습을 行이라는 의미를 부여하였다.

⑷五星을 바라보며 五行을 관찰하기 시작하였고 그 五行의 변화하는 모습을

　①달과 같이 점점 커지는 모습과 점점 작아지는 모습에 비유하여

　②木星이 밝아지는 모습과 어두워지는 모습을 각각 陽의 운동, 陰의 운동으로 구분하였다.

⑸이 세상 만물은 없음에서 있음이 나온 것이 아니라

　①옛 古人들의 관찰 시점에서는 하늘에 있는 木星을 발견함으로써 있다는 것을 확인하였다.

　②있다는 것의 전제하에 빛이 밝아지고 어두워지는 것을 살핀 것이지 없다는 것에서 있다는 것이 나올 수 없다.

　③그래서 東洋의 思考는 있다는 것에 전제를 두고 시작한다.

五星	木, 火, 土, 金, 水	존재의 가치일 뿐이다	
五行	木, 火, 土, 金, 水	살아 움직이는 모습	
달	커지는 모습	陽 : 밝아지는 것	소멸되지 않는다.
	작아지는 모습	陰 : 어두워지는 것	
동양의 사고	발견, 있다, 존재	生命 ∞ 윤회 =无 (無×)	

또 밤하늘을 가만히 관측하니 밤하늘에 북극성이 보이고 북극성을 중심으로 눈에 잘 띄는 4가지 큰 영역의 별무리들이 보이더라.

보이는 것이 어느 방향인지는 모르겠더라. 그래서 편의상 동서남북이라 하고 밤하늘의 방향이 정해졌다.

따라서 밤하늘의 방향이 동서남북으로 구분된

(1)북녘 하늘을 바라보니 별자리가 형성된 덩어리가 자라도 아닌 것이 거북이도 아닌 희한한 것이 있어서 이를 이름 붙이기를 현무(玄武)라고 했다.

(2)남쪽 하늘을 바라보니 별 덩어리가 새인 것 같은데 참새도 아니고 독수리도 아닌 뭔지 모르지만 이름 붙이기를 주작(朱雀)이라 했다.

(3)서쪽 하늘을 바라보니 별 덩어리의 모습이 고양이도 아니고 개도 아닌 것으로 자세히 보니 호랑이 모습과 같아 백호(白虎)라 했다.

(4)동쪽 하늘을 보니 도마뱀도 아닌 것이 뱀도 아닌 것인데 입에 무엇을 물고 있고 발톱이 있어 이를 龍이라 하고 청룡(青龍)이라 했다.

이처럼 青龍, 朱雀, 白虎, 玄武가 항상 북극성을 중심으로 동서남북에 포진하고 있다.

그러나 고인의 입장(우리 土이란)에서 1인칭 관측자 시점에서 하늘을 관찰했으니 그것이 동양학의 시작이다.

그래서 우리가 요일을 정함에 있어서도 어떻게 만들어졌는지 보면 日月 사이에 木, 火, 土, 金, 水가 水, 木, 火, 金에 대한 陰陽 運動이 있다.

제4장 요일의 구성

우리가 활용하고 있는 요일은 日月과 木, 火, 土, 金, 水로 구성되어 있다.

이 陰陽 運動에서 木火의 영역을 陽이라 하고, 金水의 영역을 陰이라 하여
⑴陽과 陰의 변화하는 모습에서 정적인 모습이 河圖라 하면
⑵動的인 모습은 洛書이다.

日	月	火	水	木	金	土
陰陽 운동		陰陽 太陽과 太陰의 陰陽 운동		陰陽 少陽과 少陰의 陰陽 운동		完成. 7일째 陰陽 운동 완성. 土로 돌아간다.

陰陽 운동이 완성체인 土로 돌아 간다는 것이다.

그래서 이 순서를 고인들이 갖다 넣은 것이다.

日, 月, 火, 水, 木, 金, 土요일 일곱 번째 되는 날에 土로서 완성된다는 것이다. 이것이 세상만사의 근원이고 세상의 모습인 것이다. 동양인이 생각하는 우주관과 세계관을 학문적으로 정립된 것이 동양학이다.

제5장 | 동양인의 역철학 1

古人들이 밤하늘을 보았을 때

⑴木, 火, 土, 金, 水가 2가지 모습으로 보이더라.

＊사람도 청년기, 중년기에 따라 자기 모습이 다르게 보인다.
  39세까지 파릇파릇했는데 40 넘어가니 늙어 노안부터 오고 밤에 잠이 없어지고 50 넘으니 새벽에 일어나게 되는 것 처럼 다르게 되더라. 변하더라.
  달의 모습도 바뀌어 있더라.
  달의 모습이 바뀌듯이 五星도 2가지 모습으로 보이더라.

⑵日月의 글자가 모여 易(Change) 즉 변화되어 간다.

＊日 태양을 중심으로 하여 모습이 바뀌더라.
  태양이 중심이다(太陽曆).
  →이집트, 태양신. 태양에게 기도하는 민족.

*月 달을 중심으로 하여 모습이 바뀐다고 보았다.

달이 중심이다(太陰曆).

→터키, 태음력 (국기가 달), 달에게 기도하는 민족.

(3)五星 木, 火, 土, 金, 水가 각각 빛을 내면서 2가지 모습으로 보이는데 이를 甲乙丙丁戊己庚辛壬癸로 그 모습을 표현한 것이다.

이것이 天干이 出現하기 시작한 것이다.

五星	五氣(빛을 낸다)			天干	五行
木	번쩍 번쩍 번쩍 힘차게 빛나는 모습	陽	陽干	甲	木
	반짝 반짝 반짝 약하게 빛나는 모습	陰	陰干	乙	
火	번쩍 번쩍 번쩍 힘차게 빛나는 모습	陽	陽干	丙	火
	반짝 반짝 반짝 약하게 빛나는 모습	陰	陰干	丁	
土	번쩍 번쩍 번쩍 힘차게 빛나는 모습	陽	陽干	戊	土
	반짝 반짝 반짝 약하게 빛나는 모습	陰	陰干	己	
金	번쩍 번쩍 번쩍 힘차게 빛나는 모습	陽	陽干	庚	金
	반짝 반짝 반짝 약하게 빛나는 모습	陰	陰干	辛	
水	번쩍 번쩍 번쩍 힘차게 빛나는 모습	陽	陽干	壬	水
	반짝 반짝 반짝 약하게 빛나는 모습	陰	陰干	癸	

제3편 음양오행과 천간 지지론 1

제1장 ║ 五行 = 五星 + 五氣

五行 = 五星(아기:육체) + 五氣("응애" 아기가 소리 내어 우는 것)

→아기의 육신과 소리가 살아 움직이는 것을 五行이라 한다. (고서에 동양학을 五星學, 五氣論, 五行論이라고도 한다) 五行(편의상, 실제는 五星) 木(甲乙), 火(丙丁), 土(戊己), 金(庚辛), 水(壬癸)들이 밤하늘에 時間에 따라 반짝임이 달라지는 것을 발견했다.

예를 들어 木星의 반짝임을 보면
子時에 보이는 木星의 반짝임과,
丑時에 보이는 木星의 반짝임과,
巳時에 보이는 木星의 반짝임이 모두 다르게 반짝이고 있는 것을 보았다.
즉 五星이 움직이는 시간, 공간, 장소에 따라 다르게 보이더 라는 것이다.

백두산에서 보는 목성, 금강산에서 보는 목성, 한라산에서 보는 목성의 모습이 미세한 차이를 가지고 다르게 보이는 것이다.
이런 五行들이 시간, 장소, 방향에 따라서 미세한 차이가 있게 보이는데, 동양인이 보았을 때에는 일정한 좌표점이 있더라. 이 좌표점을 12가지로 분류했는데 그것이 子丑寅卯辰巳午未申酉戌亥이다.

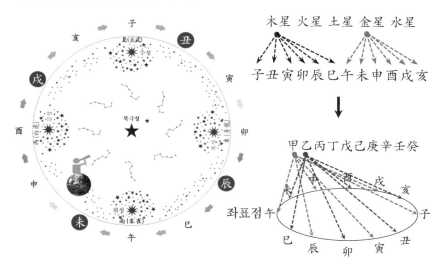

■子時와 亥時에 밤하늘을 쳐다보니 즉 북녘 亥, 子方을 봤더니 玄武가 있으면서 水星이 가장 반짝이고 있었다.
　그래서 亥, 子 좌표점에 시간, 장소, 방향에 따라 水 五行을 배치한 것이다.
　이는 亥, 子는 水가 아니라는 것이다.
■寅時와 卯時에 밤하늘을 쳐다보니 즉 동녘 寅, 卯方을 봤더니 청룡이 있으면서 木星이 가장 반짝이고 있었다.
　그래서 寅, 卯 좌표점에 시간, 장소, 방향에 따라 木 五行을 배치한 것이다. 이는 寅, 卯가 木이 아니라는 것이고 시간, 장소, 방향을 말하는 좌표점인 것이다.

■巳時와 午時에 밤하늘을 쳐다보니 즉 남쪽 巳, 午方을 봤더니 주작이 있으면서 火星이 가장 반짝이고 있었다.

그래서 巳, 午 좌표점에 시간, 장소, 방향에 따라 火 五行을 배치한 것이다. 이는 巳, 午가 火가 아니라는 것이다.

■申時와 酉時에 밤하늘을 쳐다보니 즉 서쪽 申, 酉方을 봤더니 白虎가 있으면서 金星이 가장 반짝이고 있었다.

그래서 申, 酉 좌표점에 시간, 장소, 방향에 따라 火 五行을 배치한 것이다. 이는 申, 酉가 金이 아니라는 것이다.

■그런데 특이한 것이 丑, 辰, 未, 戌方을 보니 土星이 모두 관측되었다. 이를 土로 분류하였다. 따라서 丑, 辰, 未, 戌方에 土 五行을 배치한 것이다.

따라서 辰戌丑未 자체가 土가 아니란 것이다.

단지 辰戌丑未방향에 土를 배치했다는 것을 말한다.

제2장 ▍ 동양인의 역철학 2

天干은 五星의 움직임인 五行을 열 가지로 분류한 것 十干을 말한다. 地支는 시간, 장소, 방향을 좌표점으로 나타낸 것이 十二地支로 그 좌표점에 五行을 배치시킨 것이다.

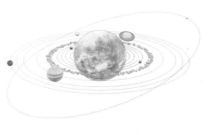

子, 丑, 寅, 卯 … 亥는 별이 아니다. 따라서 五行이 아니다.

단지 시간, 장소, 방향에 五行을 배치한 것이다.

※인간은 필요에 따라 윤회를 거듭한다.

그리고 그 윤회를 위해서 생산을 한다(자식을 둔다 - 아들).
윤회는 씨를 따라 윤회를 반복한다(생물학적 유전자의
전이는 모계 중심이나 씨는 아들(남성)에게 간다.

※현대 사회에 아들이 없는 경우에 윤회의 필요가 없다. 단
윤회를 할 경우 천 년의 세월을 기다려야 한다. 딸만 있는
경우는 윤회의 대상이 아니다.

※결혼을 하지 않고, 자식을 두지 않는 경우가 많다→ 이것이
개벽이다.

개벽 … 여름(火)에서 가을(金)의 계절로 음의 세계로 들어
간다. 그런데, 천지가 개벽하면서 일시 혼란이 오고 어느
지혜로운 동방의 지도자(火生土, 土生金으로 土)가 미륵,
정도령이 나타나 세상을 구제할 것이다 라고 하는데
그것은 잘못이다.

■陰陽은 절대적이다 → 地支 陰陽. 天干의 陰陽 → 상수 역학
（순서 나열）

甲	乙	丙	丁	戊	己	庚	辛	壬	癸
1	2	3	4	5	6	7	8	9	10
+	-	+	-	+	-	+	-	+	-

五行:木火土金水 → 실체 有
陰陽:木-發散의 의미 → 실체 無

木:少陽 - 실체가 없음 - 陰陽
木:나무 - 실체가 있음 - 五行

五行	陰陽	河圖의 잘못된 표현
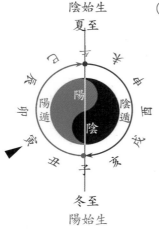		

陰始生
夏至

陽遁 陽 陰 陰遁

陰

子
冬至
陽始生

命理學者만이 地支의 基準點을 寅으로 보고 있으나 모두가 子를 기준으로 해야 한다.

①地支에서는

㈎冬至에서 陽이 始生하고,
　夏至에서 陰이 始生한다.

㈏冬至에서 夏至 前까지 陽의 기운
　으로 陽遁(양둔)이라 하며
　夏至에서 冬至 前까지 陰의 기운
　으로 陰遁(음둔)이라 한다.

㈐따라서
　陽은 子, 丑, 寅, 卯, 辰, 巳가 되며
　陰은 午, 未, 申, 酉, 戌, 亥가 된다.
　地支를 子를 陽, 丑은 陰, 寅은 陽,
　卯는 陰 등으로 분류하는 것은
　올바른 분류법이 아니다.

㈑그러므로 巳는 陽이다.

〈틀린 그림〉

甲乙丙丁戊己庚辛壬癸
〈올바른 그림〉

②天干은

實體가 있는 것으로 五行이지 陰陽이 아니다.

陰陽은 地支에만 존재하는 것이다.

그런데 天干의 五行을 陰陽으로 간주한 것이 잘못된 것이다.

■世 : 중심, 기준

　應 : 世가 받는 반응(환경)

　→ 陰陽, 動靜 관계

■地支는 타고난 성향이다.

■象意: 어떻게 (글자를) 추론하여 쓸 수 있는가?

　상담 시 어려운 것이 "내 직업을 어떤 것을 하면 좋습니까" 라는 질문이다.

　어떻게 답을 해 줄 것인가.

⑴먼저 상담자가 하고 싶은 직업을 물어보아야 한다.

⑵직업은 四柱 地支와의 인연 관계가 있는가를 본다.

　직업은 주변 환경과 부모의 영향이 크다.

⑶하고 싶은 직업에 해당되는 因子가 地支에 職業 因子가 있으면 된다(연결이 되는 경우).

■나의 기억 속으로 올라가는데

1)검은 터널을 지나서 도달한 곳이 보랏빛 향기가 그윽한 곳이었다.

영적 깨달음 — 사하스라라 차크라
통찰력 — 아쥬나 차크라
평화, 지식, 지혜, 헌신 — 비슈다 차크라
혈액 순환 — 아나하타 차크라
소화, 감정 신진대사 — 마니프라 차크라
성적에너지 — 수바티슈타나 차크라
본능, 감정, 육체적 건강 — 무라다라 차크라

  ⑴거기에서 나의 모습은 일정한 소리로도, 보랏빛 향기로도, 때로는 음영으로 나의 모습이 있더라.

  ⑵너가 너가 아니고, 내가 내가 아니고, 내가 내 모습을 보니 나 아닌 또 다른 존재의 모습으로 나의 모습이 있더라.

  ⑶다니는 나의 모습에 가벼움도 없고 무거움도 없고,

  ⑷때로는 그윽한 향기로써, 때로는 그윽한 한줄기 빛으로써, 나의 모습은 다양하게 빛나더라.

  ⑸그리고 향기처럼 뭉쳤다가 흩어지고, 흩어졌다 뭉쳐지는 것이 나의 모습이더라.

※사유를 많이 하는데 간혹 사유한 것이 문헌에 발견하기도 하는데, 그러면 내가 사유한 것이 틀린 것이 아니구나, 나처럼 사유한 사람도 있구나, 또한 즐겁기도 하다. 그래서 내가 사유하고 본모습이 틀린 것이 아니다 라는 생각을 하고 있다.

2)인간의 모습을 土라고 이야기한다면

　⑴지금 현재 내가 추정하는, 나의 모습이 때로는 향기처럼, 빛처럼, 소리로, 소리로 빛으로 향기로 다변화 되고 있더라.

　⑵내가 내인 것은 내가 아니고, 너가 너인 같은 너가 아니구나 라고 그럴 수 있어요?

　⑶내 기억이 맞다면 나라는 존재는 적어도 몇 가지 빛인지는 몰라요(요즈음 과학적으로 이론으로 微粒子가 되겠지만).

　⑷몇 가지 미립자인지는 모르지만 흔히 동양학에서 말하는 물성을 이야기하면 이것이 五行이 아닐까　내가 본 기억으로는 몇 가지인지 세어 보지 못했다.

　⑸그렇지만 東洋學에 집어넣는다고 한다면 나의 모습은 5가지가 모두 투영된 모습을 현재를 말하는 것이다.

미립자(빛), 다양한 형태, 氣

木　火　土　金　水
5　　4　　2　　최대 5
　　　　　　　　　최소 2

午
巳　　未
　　3
辰　　　　申
卯　土　酉
寅　나　戌
丑　子　亥

곳, 쪽, 때

　⑹그래서 이런 다양한 모습, 미립자의 모습, 내가 5가지, 4가지, 3가지, 2가지가 결합될 수 있는 다양한 형태의 나의 모습 - 향기, 입자, 소리

　⑺그래서 눈으로 보여지는 면만 내 것이냐, 눈에 보이지 않는 면도 나의 모습일 수 있다.

⑻나의 모습, 본연의 모습은 한줄기 빛으로 존재할 수 있다는 가능성이 나름으로 갖고 있다. 그것이 나의 모습이다.

⑼그래서 요것을(미립자, 다양한 형태, 5가지의 빛) 흔히 말하는 氣라고 한다면

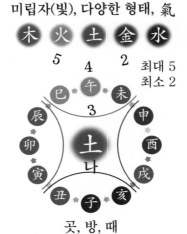

미립자(빛), 다양한 형태, 氣

곳, 방, 때

①氣가 모인 것이 "나" 인 것인데 나는 五運六氣로 존재하는 것이다.

②이러한 나의 모습은 地支 라는 곳, 쪽, 때 亥, 子, 丑, 寅, 卯, 辰, 巳, 午, 未, 申, 酉, 戌를 통해서 내가 변화 되어 가는 것이다.

③이러한 나의 모습은 이 다섯 가지 기운이 함축된 것이다.

④그러기 때문에 자식을 생산해도

㉮자식이라는 육신을 내가 낳을 수 있지만

㉯자식을 형성하는 이 氣 전체는 다섯 가지 중에 어떠한 것이 올지는 나도 모르는 것이다. 따라서 내가 내 자식을 내 마음대로 할 수 없는 것이다. 단지 내 마음 대로 할 수 있는 것은 DNA만 전달하는 것 뿐이다.

㉰그 외의 것은 나도 단지 추리할 뿐이다. 알 수 없다.

⑽그러한 것을 무엇으로 알 수 있느냐 하면 이 기운이 어떻게 투영되어 있느냐를 통해서만 내가 너를 판단할 것이다.

이 다섯 가지로 우리가 알 수 있는게 五行으로 이야기하면 그렇지만 더 있을 수도 있는지 몰라.

①그런데 동양학을 하는 입장에서는 다섯 가지이다.

②명상하면서 사유하면서 본 것은 몇 가지인지를 모른다. 카운팅을 못했다.

③그렇지만 다양한 형태의 모습을 보았다.

때로는 웅장한 천둥소리와 같았고, 때로는 꽃 향기처럼,

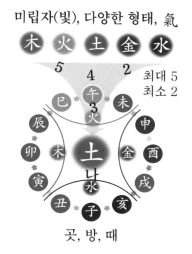

⑾그런데

亥子丑에, 寅卯辰에, 巳午未에 , 申酉戌에 이르러서

①亥子丑에서는 여기에 있는 것 중에서 水의 氣運이 그윽하고,

②寅卯辰에서는 여기에 있는 것 중에서 木의 氣運이 그윽하고,

③巳午未에서는 여기에 있는 것 중에서 火의 氣運이 그윽하고,

④申酉戌에서는 여기에 있는 것 중에서 金의 氣運이 그윽하고,

⑤土는 透干해 있었는데 이 土가 四季에 두루 있었다 라고 말하면 얼마나 좋을까마는

⑥이 土는 무엇과 함께 같이 움직이더라.

　㈎그것이 같이 움직임으로서 生命力을 가지더라.

　㈏그것을 水하고 土를 같이 잡는다(水土同宮).

　㈐水와 土가 같이 움직인다는 것을 사람들이 믿지 않는

이유는 土剋水인데 어떻게 같이 움직이냐? 따라서 火生土가 자연스러워 火와 같이 움직인다는 일반적인 생각을 가지고 있기 때문이다(火土同宮).

⑦水土가 같이 가야 생명력을 이어간다.

그래서 생명체라는 것은 다섯 가지 기운이 깃들어지는 가운데 水라는 응축력을 가지고 있는 것이다.

⑿木은 어떤 성질이 있는가?

金은 어떤 성질이 있는가?

현재의 木, 金은 진행 상태이다.

①木은 발산하는 과정인데 氣運이 발산하면서 가장 정점에 이르면 어떤 모습일까?

→ 火의 상태가 되고 증발되어 없어진다(無).

②金은 수렴하는 과정인데 氣運이 수렴하면서 가장 정점에 이르면 어떤 모습일까?

→ 水의 상태가 되고 딱딱한 상태가 된다.

※대개 金을 딱딱하다고 생각하는데 水가 딱딱한 것이다. 水를 액체로만 생각해서는 안 된다.

③水는 金 氣運이 가장 응축된 상태로 딱딱한 상태이다. 火는 木 氣運이 가장 발산된 상태로 증발된 상태이다.

→ 이를 비약적으로 이야기하면 水는 있음(有, 엑기스)과
 火는 없음(無)으로 나타낼 수 있다.
④공기와 딱딱한 상태로 보았을 때
 내려가는(하강, 수렴) 과정에 있는 것이 金이라는 것이고
 올라가는(상승, 발산) 과정에 있는 것이 木이라는 것이다.
 木과 金은 사실은 형태가 불완전한 상태를 말한다.
 火와 水는 형태가 완전한 상태를 말한다.

木	火	金	水
불완전 상태	완전 상태	불완전 상태	완전 상태
상승, 발산	상부에 머문 상태	하강, 수렴	딱딱함 (엑기스)
	떠 있는 모습		가라앉은 모습

⑬亥子丑에서 水의 기운이 가장
 旺하다고 느낀다.
 ①水라는 것은 기운의 정체된
  모습을 말하는 것이다.
  亥子丑 자체가 水가 아니다.
 ②寅卯辰에는 木이 살고
  巳午未에는 火가 살고
  申酉戌에는 金이 산다.
 ③그러면 土는 무엇인가?

곳, 방, 때

 ㈎이 土를 四季에 분산해 놓았다고 이야기한다. 그런
  것이 아니다.

㉠亥子丑은 전부 다 水의 영역이다. 亥(水), 子(水),
丑(土)가 아니다.

亥子丑은 水가 포장된 상태를 말한다.

㉡寅卯辰은 전부 다 木의 영역이다.

寅(木), 卯(木), 辰(土)가 아니다.

寅卯辰은 木이 포장된 상태를 말한다.

㉢巳午未는 전부 다 火의 영역이다.

巳(火), 午(火), 未(土)가 아니다.

巳午未는 火가 포장된 상태를 말한다.

㉣申酉戌은 전부 다 金의 영역이다.

申(金), 酉(金), 戌(土)가 아니다.

申酉戌은 金이 포장된 상태를 말한다.

㉤辰戌丑未에는 四季 분산의 뜻이 없다.

구분	亥子丑	寅卯辰	巳午未	申酉戌
방향 (방합)	같은 무리	같은 무리	같은 무리	같은 무리
기운	水가 그윽	木이 그윽	火가 그윽	金이 그윽
영역	水의 영역	木의 영역	火의 영역	金의 영역
상태	水가 포장	木이 포장	火가 포장	金이 포장
土역할 (창고)	水를 정체, 가둔다	木을 정체, 가둔다	火를 정체, 가둔다	金을 정체, 가둔다

㈏亥子丑에서 丑은 水를 정체시키는 곳이다.

㉠丑은 水의 창고가 되는 곳이다 → 水가 자유롭지 못하다.

ⓛ水의 활동 영역은 申에서 辰까지이다.

ⓒ水의 활동은 申에서 부터 시작하여 辰에서 끝난다.

④水의 영역은 申에서 辰까지인데
水의 영역 속에서도 亥子丑으로
시작과 마무리가 되는 것이다.

⑤水 입장에서
첫 번째 수장은 丑이고 두번째 수장은 辰이다.

⑥水 입장에서는 丑과 辰이 좋지 않다.

丑과 辰에 있는 水는 자유롭지 못하다. → 開庫가 필요하다.

※地藏干에 水가 있는 곳, 잠기는 곳은 丑, 辰이다.

丑과 辰에 있는 水는 開庫가 필요하다(水庫: 丑, 辰).
다른 地支도 同一하다.

※庫는 사실 두 가지 모습을 가지고 있다 – 方合의 끝을
놓치고 있다.

⑦壬日干이

㈎丑運(因緣)을 만나면

ㄱ亥子丑 수도권 영역에 있어 강한 중에 활동하다 갑자기
庫를 만나는 경우이다(탄핵, 가택 연금 상태).

ㄴ强한 중에 있는 경우라 庫 丑에 대해 강한 반발을 한다.

㈏辰運(因緣)을 만나면

ㄱ약한 중에 辰 水庫를 만나 맥없이 무너지게 된다.

ㄴ내가 갈 때가 다 되었구나 하고 받아들인다(수긍한다).

■하늘의 기운이 가장 영향을 많이 보이는 것은

1)地支의 성향을 받으니까 地支 영향을 많이 받는다 하여 地支라고 하는 것이지

2)그러므로 天干의 것이 강한가? 라는 질문은 틀린 것이다.

3)그러면 왜 질문을 했느냐 하면 "甲子가 있으면 子中 旺한 글자와 天干의 甲은 어느 것이 센가?" 라고 질문해야 한다.

甲
子
癸
己

(1)子 中에 있는, 子 中에 있는 強한 글자와 天干의 甲 둘 중에 어느 것이 強한지 뭐라고 대답할 수 없다.

(2)지나치게 많은 글자와 旺한 글자가 어느 것이 더 세냐? 이것도 사실은 알 수 없다.

甲 ○
子 寅
癸
己

(3)그런데 月이라는 기준을 주었을 때는 달라진다.

①기준점 月이 주어야 한다.

②寅月에 甲이 強한가? 子 中 癸水가 強한가?
甲이 強하다 → 寅月 春에는 木이 旺하다.

(4)그래서 日干이 四柱 네 기둥에서 가장 영향을 받는 글자는

①月支이다(通說) → 日支 → 時支 → 年支의 순이다.

●실제로는 年支의 기운을 가장 많이 받는다.

①年支 영향이 가장 크다(좋은 가문, 부잣집, 가난한 집 출생에서 달라진다). 年支의 영향을 가장 적게 받는다는 것이 現在의 통설이다.

②年支를 알면 무지개 연못인지, 태평양인지를 알 수 있다.

　(연못:미꾸라지　태평양:고래 잡는다 – 환경의 차이)

③따라서 年柱가 제일 중요하다.

　(奇門遁甲 :上元, 中元, 下元 甲子를 판단한다)

※文字에 현혹되지 마라.

⑤四柱 地支 因子와 그 四柱가 처해 있는 大運의 地支 因子와 큰 연관이 되어 있다.

연못 밖: 위험

환경　大運 地支 因子　➤　직업유추
　　　四柱 地支 因子

○ 戊 ○ 己　73 63 53 43 33 23 13 3　연못 안 :사주명리, 대운지지 因子
○ ○ 寅 酉　午未申酉戌亥子丑　마음껏 발휘할 수 있도록 도와주는 것이 역학자이다.

①亥子丑 大運으로 흐른다. 水 환경에 빠진다.

②法과 관련된 직업, 진로 → 법학 전공, 직업

※인연이 있는 곳에 머물러서 최선을 다하라.

　하늘에서 주어진 것에 따라가라.

　연못에 있을 때가 행복하다.

　子가 수족관, 亥는 연못이라면 환경이 다르다.

■象意: 申子辰 → 水局 → 포목(원단)으로 유추할 수 있어야 한다.

　象意를 몰라서 申子辰은 水局이라는 것에만 한정되면 안 된다.

제3장 ｜ 육십갑자(六十甲子)

밤하늘에 떠 있는 것이 五星(木火土金水)으로 甲, 乙, 丙. 丁,
戊, 己, 庚, 辛, 壬, 癸 十干이다.
十干의 시작은 甲부터 시작한다.
地支는 子丑寅卯辰巳午未申酉戌亥인데 子부터 시작된다.
天干과 地支를 순서대로 연결한 것이 六十甲子이다.

제4장 ｜ 천간의 별들이 지구로 내려올 때 곳, 쪽, 때의 인연을 가지고 오게 된다.

⑴곳쪽때의 因緣으로 세상을 살고 하늘로 갈 때는 土 육신
  (肉身)은 버리고 나의 精神(天干)은 그대로 가지고 간다.
⑵이를 반복하는 것이 윤회(輪廻)이다.
⑶윤회의 반복은 완성의 단계로 가기 위함이다.
⑷河圖洛書를 완성하기 위함이다.

제5장 ｜ 하도(河圖)와 낙서(洛書)

⑴生剋이 아니라 오로지 陰陽의 운동을 표현하고 있다.

①河圖:전체적인 體의 그림

②洛書:어떤 방향으로 운동하고 있는지를
      역동적으로 표현하고 있는 것이다.
      (卍:완성)

⑵끊임없이 윤회를 통해서 완성으로 가기
  위해 사람은 다양한 경험을 하게 된다.
  지구에서는 학습의 과정이다.

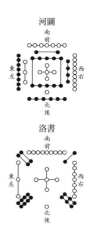

第6장 易

⑴天地人 → 완성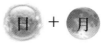

⑵春夏秋冬 → 4계단(근묘화실) → 세부적(寅卯辰) → 辰 土
  완성. 완성되는 시간적 타임

⑶春夏秋冬이 큰 우주라면 寅卯辰은 작은 우주이다.
  모든 만물에는 土 생명체, 결정체가 있고 완성이 된다.

⑷근묘화실
  지금 현재 나의 모습은 시간적 분류로 사계단의 근묘화실
  로 설명한다.
  그 시간의 진행 단계를 설명한다.

제7장 ｜ 천간 지지의 체성 구조

天干	地支
像	象
가시화된 것	가시화되지 않는 것
보이는 세계	보이지 않는 세계
눈에 보이는 것은 陽 그림으로 형상화시킬 수 있다.	**눈에 보이지 않는 것은 陰** 봄, 여름, 추위, 덥다, 寅時, 북쪽 등을 그림으로 형상화시킬 수 없다.
천간의 모습은 볼 수 있고 천간 그림으로 형상화 시킬 수 있다.	地支의 모습으로 암시되고 있는 것이지 地支는 보이지 않는 것이고 만져지지 않는 것이다.
천간은 계절이나 시간이 아니다.	地支는 다만 보고 추측할 수 있다. 계절은 형상화되지 못하지만 옷차림으로 봄, 여름, 가을, 겨울을 유추할 수 있다.
천간은 象으로 설명 가능하다.	地支는 장소, 방향, 시간을 느끼는 것 + α 로 象의 의미를 유추(추측)하는 것이다.
천간에 象意를 부여하여 설명할 수 있으며, 육신 의미를 부여한다.	象意 예-1 : 子 :물, 액체, 잉크, 바다, 음료, 식용유, 아이, 어두움, 淫行, 음흉, 법률, 도덕, 도적, 속임 등등
	象意 예-2 : 丑:콘크리트, 금융, 창고, 무기, 자갈, 돌무덤, 철재, 무기고 등등
	象意 예-3 : 寅 호랑이, 동물, 활동, 교육, 성장, 건축, 통신, 신문, 방송, 아나운서, 건축물, 학교,대학, 교수, 가르침, 언론, 경계, 군인 등

五行	木		火		土		金		水		空	亡
十干	甲	乙	丙	丁	戊	己	庚	辛	壬	癸	○	○
十二支	子	丑	寅	卯	辰	巳	午	未	申	酉	戌	亥

위와 같은 순서로 가서 마지막에 癸亥가 되어 60개가 되는 것이 六十甲子.

■ 子는 시작이다. → 萬物의 시작점은 子이다. → 冬至이다.

子는 시작이다 − 陰과 陽의 균형이 깨어지는 곳이다.

子時, 丑時, 寅時, 卯時, 辰時 …… 순서가 된다.

■ 天干과 地支는 같이 간다.

⑴ 天干 따로 地支 따로 가지 않는다. 그런데 대운 간지에서

天干	甲	5년
地支	子	5년

天干 즉 大運을 5년씩 나누어 運을 본다는 이도 있는데 어불성설이다.

간지를 합하여 10년으로 가야 한다.

⑵ 만물은 존재한다. 만물이 존재할 때 어디에 기인하는가?

만물이 존재하는데 기인하는 것은 곳, 쪽, 때이다.

곳, 쪽, 때가 없으면 만물이 존재하지 않는다.

사람:10년 전과 10년 후의 모습은 다르다(시간, 때).

적도, 한국, 북극에 살 때의 피부의 색이 다르다(방향, 쪽).

친가에서 자식으로, 학교에서는 선생으로, 가정에서는 부모로(곳, 장소)

⑶따라서 地支 곳쪽때가 없으면 만물이 존재하지 않는다.

　①地支를 동반하지 않고 즉 곳쪽때를 제외하고는 세상의 만물이 존재한다고 볼 수 없는 것이다.

　②하늘에 떠 있는 五星이란 것은 五氣로써 五行의 존재의 모습은 地支에 귀착하지 않고는 어떤 존재를 드러내지 않는다.

　③그러면 天干 따로, 地支 따로 하여 있을 수 없다.

　④地支를 동반하지 아니하고, 즉 장소, 방향, 시간을 제외하고는 세상의 만물은 존재할 수 없는 것이다.

　⑤地支를 반드시 동반해야 만물이 존재한다.

　따라서 大運을 天干과 地支를 5년씩 나누는 것은 있을 수 없는 것이다.

■天干과 地支의 만남에는 일정한 법칙이 있는데 이것이 六十甲子이다.

⑴甲의 天干 모습은

　甲子, 甲寅, 甲辰, 甲午, 甲申, 甲戌 6가지 모습으로 들어오고

⑵乙의 天干 모습은

　乙丑, 乙卯, 乙巳, 乙未, 乙酉, 乙亥 6가지 모습으로 들어온다.

⑶즉 일정한 법칙으로 천간의 모습이 들어오는데 이것이 60가지 이다.

■子가 시작이고 1이다.

⑴나이는 1살로 시작한다. 시작은 1이다. 순서로 펼친다.

子	丑	寅	卯	辰	巳	午	未	申	酉	戌	亥
1	2	3	4	5	6	7	8	9	10	11	12
첫 번째	두 번째	세 번째	네 번째	다섯 번째	여섯 번째	일곱 번째	여덟 번째	아홉 번째	열 번째	열한 번째	열두 번째

⑵東洋的 思考는 "있다"는 것에서 시작하므로 "있다" 라는 1에서 시작이다.

※西洋人의 개념:不存在(없음 0)에서 시작하고 개수로 정한다.

0, 1, 2, 3, 4, 5, 6, 7, 8, 9,~ 이 된다.

東洋的 思考	西洋的 思考
서수 개념 (순서)	기수 개념(개수)
存在의 기준을 두고 순서를 펼친다	不存在의 기준에서 갯수를 정한다

존재	五星에 子, 丑, 寅....의 시간, 공간, 장소가 있다.
부존재	시간(때), 공간(쪽), 장소(곳)가 없다.

空:빌 공

빌 →바라다 →끝이 없다. ∞, 무한대, 无, 자연스러운 것 =道

道=辵(흰 도포 입은 노인)+首(우두머리)→흰 도포 입은 노인
(우두머리)의 말은 믿을 만한 것이다.

bless(신의 가호를 빌다. 바라는 것)의 뜻이다.

숫자 0, 1, 2, 3, 4, 5, 6, 7, 8, 9의 숫자에서

①東洋의 "○"의 개념은 "空" = ∞이고 "있다"의
개념이다.

②西洋의 "○"은 없다는 개념이다.

虛:빌 허: "비다. 없다"의 뜻이다.

```
  1 ~ 9
   ∞
 (변화)
```

■五行

木	火	土	金	水	五行
甲 乙	丙 丁	戊 己	庚 辛	壬 癸	五行이 밝아졌다가 어두워지는 모습을 표현

■易學의 오류

⑴陰陽에서 五行이 왔다고 하는데 이는 잘못이다.

⑵五行을 陰陽으로 분류한 것이다(실제 陰陽을 분류한
것은 아니다).

①별들의 밝아지는 모습과 어두워지는 모습을 보고 밝아
지는 것을 "상"이라 하며, 어두워지는 모습을 "사"
라고 하였던 것이다.

②하지만 그 별 자체는 소멸되거나 하지 않고 발전되거나
변화되어 가는 것뿐이다.
그래서 "无"의 글자를 쓰는 것이 옳은 것이다.

■五星이 地球에 내려와 그 五星의 기운을 뿌린다.
⑴地球라는 土에 五星의 기운이 내려온다.
⑵地球를 구성하고 있는 것은 하늘의 木氣, 火氣, 土氣,
金氣, 水氣가 地球를 구성하고 있는 요소가 된다.
⑶地球라는 土와 土星의 土氣와는 다른 것이다.

①地球의 土는 地球 그 자체를 말한다.
②五行의 土는 하늘의 土星에서 내려온
土氣를 의미하는 것이다.
③그래서 地球라는 土 생명체에 木火土
金水의 五星의 기운이 서리게 되어
地球를 구성하는 요소가 된 것이다.
④일반적으로 하늘 五星의 별 중에서 사람이 내려왔다는
말을 많이 하게 되는데 밤하늘에서 즉 하늘에서 사람이
내려왔다고 말을 많이 하는데
㉮그 하늘을 옛날에는 "알" 이라 표현을 하였다.
여기에서 알바지 → 아버지라 부르게 된 것이며
하늘의 씨를 받은 것을 의미한다.
㉯어머니는 정신을 키워 주시니 땅을 "얼" 얼머니
→어머니라 부르게 된 것이다.

⑤하늘에서 내려온 기운을 흙이라는 땅이 이 기운을 모아서 생명을 길러 낸다.

㉮숨을 까딱까딱 쉬면서 하늘 기운을 대지의 땅을 길러 낸다.

㉯이 땅이 길러내는 모습이 陽(숨을 들이마심)과 陰(숨을 내쉼)으로 나타나게 된다.

■四季(四象)

⑴陽과 陰을 다시 두 개로 나누면 陽도 2개, 陰도 2개로 나눌 수 있게 된다.

⑵이것이 四象이며 다시 八象(八卦)로 나누게 되는 것이다.

⑶陰陽 → 四象 → 八象(八卦) → 十二支

⑷여기 八象에서 새로이 의미를 부여한 것이 되는 것이다.

巳午未
辰卯寅
申酉戌
양둔　음둔
丑子亥

⑸陽:子 丑 寅 卯 辰 巳 … 양둔 (冬至에서 夏至까지의 기간)

陰:午 未 申 酉 戌 亥 … 음둔 (夏至에서 冬至까지의 기간)

⑹地支에서 陽 運動, 陰 運動을 한다.

天干에는 陽 運動, 陰 運動을 하지 않는다.

⑺地支에서 陽運動, 陰運動을 하므로

㉮하늘에 떠 있는 五星의 기운이 숨을 까딱까딱 쉬면서

㉯이 五星의 기운이 변화되어 가는 것이다.

⑻하늘의 기운이 땅으로 내려오면서 세상 모든 만물에
다섯 가지 기운이 깃들어져 있는 것이다.

이 세상 모든 물질에는 五行의 기운이 깃들지 아니한
것이 없더라.

이것이 東洋學의 사고가 된 것이다.

⑼地支가 흘러가면서 春夏秋冬이 일어나게 된다.

⑺陰陽 → 四象 → 八卦

⑽이 地支가 나타내는 것은 곳쪽때를
의미하게 된다.

⑺方向, 時間, 場所

⑻天干:根本(물질의 근원적 요소)

地支:곳, 쪽, 때

⑾ 地支의 분류

①木星	寅卯辰(春)에서 왕성하다.
②火星	巳午未(夏)에서 왕성하다.
③金星	申酉戌(秋)에서 왕성하다.
④水星	亥子丑(冬)에서 왕성하다.
⑤土星	春夏秋冬에 모두 들어가 있다. 春夏秋冬에 항상 밤하늘에서 빛이 나고 있는 것이 土星이다. 다른 별보다 빛의 밝기가 미약하다. 다른 4개 별들의 빛보다 밝기가 격렬하게 일어나더라.

火土同宮 水土同宮	①별의 변화 모습이 미약하여 관측하기 힘들었다. ②그 과정에서 火星과 함께 변화가 잘 이루어지더라 한 것이 "火土同宮"으로 의미를 붙이게 되고 ③또 다른 시각에서는 水星과 土星이 같은 변화를 이루더라 해서 "水土同宮"으로 의미하게 되었다.

제4편 음양오행과 천간 지지론 2

제1장 | 陰陽五行

1 | 五行 = 五星 + 五氣

古人(先賢)이 하늘을 쳐다보니 5개의 별이 있더라.

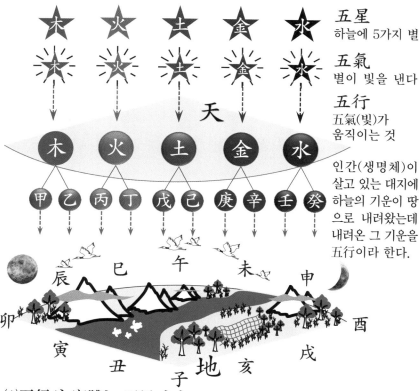

五星
하늘에 5가지 별

五氣
별이 빛을 낸다

五行
五氣(빛)가
움직이는 것

인간(생명체)이
살고 있는 대지에
하늘의 기운이 땅
으로 내려왔는데
내려온 그 기운을
五行이라 한다.

(1)五行의 實體는 五星이다.

(2)인간뿐만 아니라 모든 만물들을 지배하는 것은 五行이
   지배한다. 인간이 보고 느끼고 생각하는 모든 만물에는

五行의 기운이 깃들지 아니한 것이 없다.

⑶이러한 五行의 기운이 깃들어 있는 만물의 존재,

　①이 존재가 生老病死를 거듭할 때

　②이러한 生老病死를 거듭하는 거쳐간 원칙과 법칙과
　　원동력이 陰陽의 이치가 깃들지 아니한 것이 없다.

⑷五行의 기운이 깃들지 아니한 것이 없고 이 제각각의
　五行의 氣運들은 陰과 陽의 시시때때로 변하는 四季의
　변화에 따라서 生老病死의 움직임 토대로 움직인다.

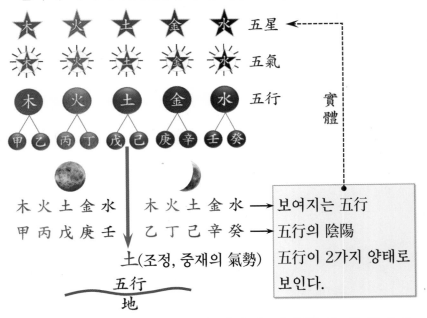

①해님의 세상(陽의 세계)과 달님의 세상(陰의 세계)에서
　보이는 것은 다르게 보이나 실제는 같은 것이다.

②五行의 실체는 五星으로 같은 것이다(밤의 지구, 낮의
　지구는 같다).

※달을 숭배하는 민족은 태음력,

　해를 숭배하는 민족은 태양력을 쓴다.

　태양력과 태음력은 다르다. 이를 보완하는 것이 윤달이다.

※태양, 태음 2가지를 지내고 있는 것이 우리 민족이다.

　⑴太陽은 란(卵) 해모수, 박혁거세, 주몽 등으로 太陽을 숭배하였다. 節氣는 陽曆이다.

　⑵정월 대보름에는 달에 기도를 한다. 달을 숭배하였다.

　⑶해와 달이 교차되면서 날짜의 변화를 살폈다.

■陰陽五行 색상

區分	陰陽		五行					天
	陰	陽	木	火	土	金	水	紺
色相	紺	赤	靑	赤	黃	白	黑	紺
	감색	빨강	청록	빨강	황색	백색	흑색	紺
종류	6가지 (적색은 공통)							감색

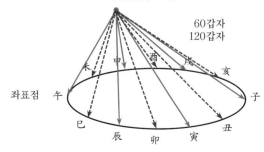

甲乙丙丁戊己庚辛壬癸

60갑자
120갑자

좌표점

2 | 五行의 기세(氣勢)

(1)오기(五氣)의 성상

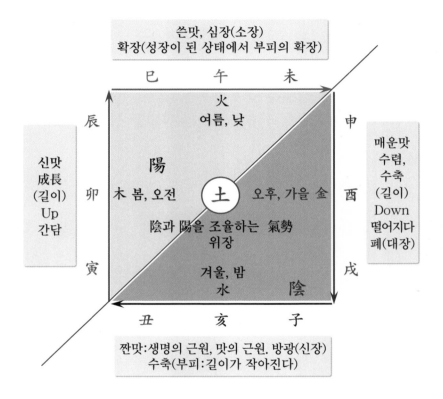

※어린이 키의 成長은 봄에 활발하다. - 길이의 성장(봄)

※어른은 여름에 살이 찐다. - 부피의 확장(살)(여름)

※사람은 봄, 여름, 가을에는 서 있어도 된다.

水는 水平으로 흐른다. 따라서 겨울에는 누워야 한다.

反對가 되면 火가 나빠진다 - 눈. 안경을 낀다.

※임신 3개월이 되면 신맛이 당긴다(木이 성장).

　3月은 辰이고 봄이라 맛으로는 신맛에 해당한다. 따라서 신맛이 당긴다.

※水:生命의 근원

　아이 →배 속에 액체 상태(정자와 난자)

　木: 간이 형성. 간으로 성장할 수 있는 것.

　火: 심장이 형성된다.

　金: 폐가 형성된다. 호흡을 한다.

　水: 신장(방광)이 형성된다.

　土: 위장이 만들어진다.

　최종적으로 뇌가 형성된다.

⑵水 - 智:지혜, 시비지심, 옳고 그름

　木 - 仁:신하의 도리, 측은지심, 상대 배려(발산)

　火 - 禮:하늘에 禮를 갖추어야 한다. 사양지심, 겸손.

　金 - 義:무관은 지킬 줄 알아야 한다. 불의를 보면 부끄러움과 함께 분노를 느낌.

　土 - 信:하늘의 뜻을 전하는 전달자의 모습으로 신뢰를 바탕으로 한다.

■구세대와 젊은 세대 간에 대화가 어렵다.

이유는 삼강오륜을 알고 실행하려고 하느냐에 따라 차이가 생긴다.

삼강오륜(三綱五倫)

⑴삼강(三綱):

陰陽을 뜻한다.

①군위신강(君爲臣綱), 부위자강(父爲子綱), 부위부강 (夫爲婦綱)

②이것은 글자 그대로 임금과 신하, 어버이와 자식, 남편과 아내 사이에 마땅히 지켜야 할 도리이다.

⑵오륜(五倫): 오상(五常) 또는 오전(五典)이라고도 한다.

仁義禮智信으로 木火土金水를 뜻한다.

《맹자(孟子)》에 나오는

①부자유친(父子有親), 군신유의(君臣有義), 부부유별 (夫婦有別), 장유유서(長幼有序), 붕우유신(朋友有信) 의 5가지로,

②아버지와 아들 사이의 도(道)는 친애(親愛)에 있으며, 임금과 신하의 도리는 의리에 있고, 부부 사이에는 서로 침범치 못할 인륜(人倫)의 구별이 있으며, 어른과 어린이 사이에는 차례와 질서가 있어야 하며, 벗의 도리는 믿음에 있음을 뜻한다.

3 | 五行의 상호 작용

五行의 相生相剋圖

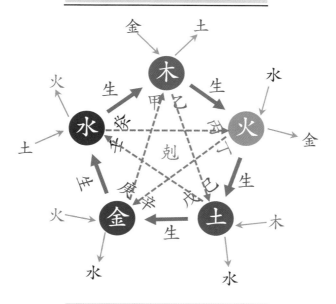

五行의 다른 異說(六合論)

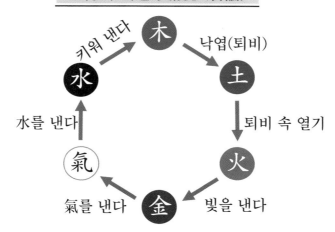

■세상은 四象으로 변화되어 간다.

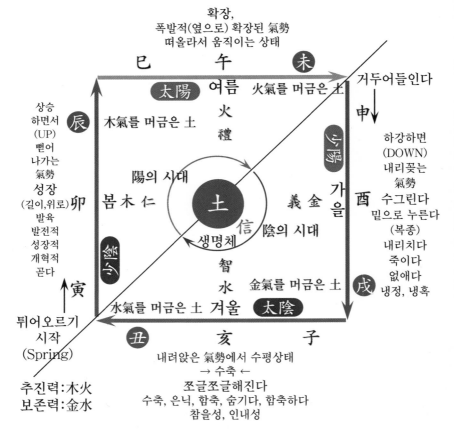

辰戌丑未는 土의 기세를 가지고 있다.

(1)辰:木氣가 있는 土   (2)未:火氣가 있는 土

(3)戌:金氣가 있는 土   (4)丑:水氣가 있는 土

土(생명체)

1)눈만 껌뻑껌뻑→눈치 보다, 상대의 마음을 헤아리고 있다.

2)사계절에 모두 배치되고 있다.

3)어느 편(木, 火, 金, 水)도 못 들고 눈치만 본다.→ 중립(예:스위스)

■사람의 성정은 日干의 五行과 태어난 月로 알 수 있다.
日干과 月支가 그 사람의 성향, 성정이 된다.

○ 戊 ○ ○   1)日干 戊 : 土의 성정을 가진다.
○ ○ 寅 ○   → 신뢰감, 타인 배려.
          2)月支 寅 : 木의 성정을 가진다.
          → 발전적, 개혁적, 성장적

○ 癸 ○ ○   1)日干 癸 : 水의 성정을 가진다.
○ ○ 巳 ○   →수축, 은닉, 참을성, 지혜
          2)月支 巳 : 火의 성정을 가진다.
            →폭발적

■陰陽 적용(大運)의 예
⑴大運이 봄, 여름, 가을, 겨울 大運으로 흘러간다고 하면
  ①만약 여름 大運에 태어났다면 이 사람은 어떤 성향이
    있을까?
  →뻗어 나가고 확장하려고 하는 사람으로 일을 벌리는
    사람이다.
  ②만약 겨울 大運에 태어났다면 이 사람은 어떤 성향이
    있을까?
  →일을 펼치려고 하지 않는 사람이다.

③만약 가을 大運에 태어났다면 이 사람은 어떤 性向이
    있을까?

→일을 거두어들이려 하고 수확하려고 하는 사람이다.

④만약 봄 大運에 태어났다면 이 사람은 어떤 성향이
    있을까?

→세력을 뻗어 나가려고 하는 사람이다.

⑵농부가 씨앗을 언제 뿌렸는가에 따라 결과가 달라진다.

①봄에 씨앗을 뿌리면

→세력을 짝 뻗어 나간다.

②여름에 씨앗을 뿌리면

→급속도로 이루어진다. 급진적이다. 일을 급하게 한다.
    세력도 뻗어 나가지 않은 가운데 살만 찌기 시작한다.
    무리다.

③가을에 씨앗을 뿌리면

→살도 찌지 않았는데 벌써 거두어들이려고 한다.

④겨울에 씨앗을 뿌리면

→아예 크지도 못한다.

※人生에도 春夏秋冬이 있고, 자연계도 春夏秋冬이 있고
    모든 만물에 春夏秋冬이 있다.

세상 모든 것이 陰과 陽으로 이루어져 있고 陰과 陽은
춘하추동으로 분류된다.

■世上은 四象으로 이루어져 있다.

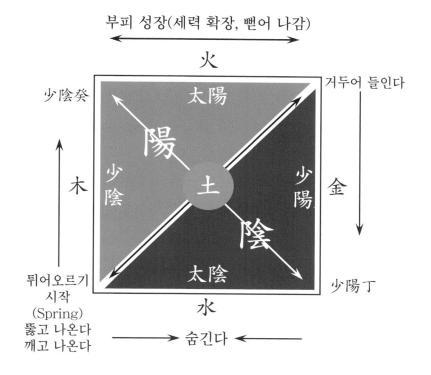

⑴陰과 陽은 공존하며 보조적, 창조적, 유기적, 상보적 기능이 있다.

　①陽이 있으면 陰이 있고, 陰이 있으면 陽이 있다.

　②보이는 것이 있으면 보이지 않는 것이 있고, 보이지 않는 세계에 대해서는 보이는 世界로 말미암아 보이지 않는 세계를 추리하고

　③보이지 않는다고 하여 생각하지 아니하지 않는다.

　→ 보이지 않는 것도 생각한다는 것이다.

⑵陽이 존재하려면 무엇이 있어야 하는가?

　①그러면 陽이 있다면 陽이 존재하기 위해 陽 중에 陰이
　　있어야 한다.

　②즉 木火가 陽에 속하므로 이 陽 속에 陰이 있어야 한다.

　③寅卯辰巳午未를 陽이라 하는데

　　巳午未를 큰 陽 즉 太陽이라고 하면

　　寅卯辰은 陽 속에 陰이 된다 이를 少陰이라 한다.

　④太陽 속에 少陰이 있다. 陽과 陰이 함께하고 있다.

⑶陰이 존재하려면 무엇이 있어야 하는가?

　①그러면 陰이 있다면 陰이 존재하기 위해 陰 중에 陽이
　　있어야 한다.

　②즉 金水가 陰에 속하므로 이 陰 속에 陽이 있어야 한다.

　③申酉戌亥子丑를 陰이라 하는데

　　亥子丑을 큰 陰 즉 太陰이라고 하면

　　申酉戌은 陰 속에 陽이 된다 이를 少陽이라 한다.

　④太陰 속에 少陽이 있다. 陰과 陽이 함께하고 있다.

⑷ 따라서 陽 중에 陰이 있고 陰 중에 陽이 있다.

　다시 陽 중에 陰이 숨어 있고 陰 중에 陽이 숨어 있다.

→이를 四象이라고 한다.

　세상 만물은 陰과 陽으로 이루어져 있고 다시 작은 陰과
　陽으로 이루어져 있다.

※四象을 大運에 적용한다.

　木:성장　　火:확장　　金:수렴　　水:저장

1) 육신 기본 개념

2) 간지합화법

⑴甲己合土　　⑵乙庚合金　　⑶丙辛合水　　⑷丁壬合木
⑸戊癸合火

3) 지지합(육합)

⑴子丑合土　　⑵寅亥合木　　⑶卯戌合火　　⑷辰酉合金
⑸巳申合水　　⑹午未合 → 변화가 없다(午未合火가 아니다).

4) 삼합

⑴申子辰 水　⑵寅午戌 火　⑶亥卯未 木　⑷巳酉丑 金

■日主는 성향(本性의 모습), 月支는 환경을 나타낸다.

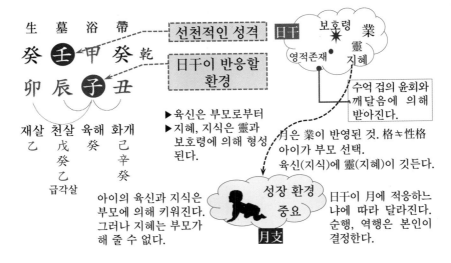

生 墓 浴 帶

癸 壬 甲 癸 乾
卯 辰 子 丑

재살   천살   육해   화개
乙   戊   癸   己
             癸   辛
       癸   乙   癸
      급각살

선천적인 성격

日干이 반응할
환경

日干   보호령   業
       靈
영적존재   지혜

수억 겁의 윤회와
깨달음에 의해
받아진다.

▶육신은 부모로부터
▶지혜, 지식은 靈과
보호령에 의해 형성
된다.

月은 業이 반영된 것. 格≠性格
아이가 부모 선택.
육신(지식)에 靈(지혜)이 깃든다.

아이의 육신과 지식은
부모에 의해 키워진다.
그러나 지혜는 부모가
해 줄 수 없다.

성장 환경
중요

月支

日干이 月에 적응하느
냐에 따라 달라진다.
순행, 역행은 본인이
결정한다.

※日主의 성향   지혜는 선천 업, 지식은 후천의 육신

구분	성향	현대적 표현	비고
木	仁	인자함, 어짐, 사랑, 배려(교육자 多)	증오심, 분노, 恨
火	禮	예의	과장, 포장, 허례허식, 무례함(후레자식)
土	信	믿음(종교인 多)	배신감을 가장 많이 느낀다.
金	義	옳고 그름, 실천, 주장, 충성, 명예, 혁명적, 혁신적(군인)	'역적' 소리를 많이 한다.
水	智	지혜, 말을 아낀다.(속인다)	속을 드러내지 않는다. 음흉하다.
동양의 모든 思想이 이 五行의 성향에서 시작된다.			

▶木 日主의 사람 성향
 ①어질다.
 ②화(증오심)를 잘 낸다.
▶火 日主의 사람 성향
 ①禮를 갖춘다. 禮를 갖추므로 허례허식, 과장, 포장을
  좋아한다.
 ②무례하다는 소리를 잘한다.
▶土 日主의 사람 성향
 ①믿음, 신뢰감이 많아 종교인이 많다.
 ②배신감을 가장 많이 느낀다.
▶金 日主의 사람 성향
 ①옳고 그름이라 충성, 명예를 존중하며 군인이 많다.
 ② "역적" 이라는 소리를 많이 한다.
▶水 日主의 사람 성향
 ①지혜로워 다시 생각하고 말을 아낀다, 속을 알 수가 없다
  (속인다).
 ②음흉하다, 속을 드러내지 않는다.

▶月支는 외부적 환경이다.

※伏吟(복음)
 ⑴日, 時가 중요하다 → 冲이라 動한다.
 ⑵月柱가 伏吟이면 부모 형제궁이므로 친정 식구 중에
  문제가 있다.

■月支의 格으로 日主의 성향을 분석한다.

⑴月支의 格으로 日主의 주변적(환경적) 요인

⑵順逆用

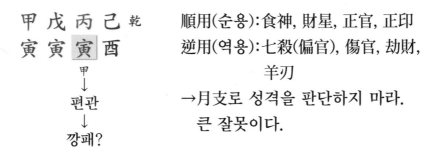

甲 戊 丙 己 ^乾
寅 寅 寅 酉

甲
↓
편관
↓
깡패?

順用(순용): 食神, 財星, 正官, 正印
逆用(역용): 七殺(偏官), 傷官, 劫財,
　　　　　羊刃
→月支로 성격을 판단하지 마라.
　큰 잘못이다.

※명리학의 고서로 자평진전, 적천수, 난강망을 이야기할 수
　있으나, 제각각 이론은 다르다.

구분	자평진전	현장
㉠	合 안 된다	合 된다
㉡	合 안 된다	合 된다.

명리학 고전은 제각각의 이론을 가지고 있고 자평진전이 항상 옳다고 할 수 없고, 실전 현장에서도 다르게 나타난다. 즉 子平眞詮에도 문제가 많다.

※명조는 立春 기준의 명조이다.

立春基準

癸	壬	甲	癸	乾
卯	辰	子	丑	

冬至基準

癸	壬	甲	甲	乾
卯	辰	子	寅	

(1)그러나 冬至 기준으로 하면 명조가 달라진다.

①年柱가 달라지므로 大運도 달라진다.

②立春 기준 명조는 癸丑年으로 역행의 大運, 冬至 기준 명조는 甲寅年으로 순행의 大運이 되어 명조의 운세 풀이는 전혀 다르게 된다.

입춘, 本氣, 10大運으로 보는 각도와 보이는 시야

가려진
命造

(2)입춘 기준의 명조 풀이에서 제대로 되지 않는 것이 있어 이를 특수한 예외적인 경우로 돌린다(예외 없는 법칙은 없다). 즉 입춘 기준으로는 통변이 되지 않는 사각지대가 있다는 것이다.

冬至, 中節氣, 三才 大運, 水土同宮으로 보는 각도와 보이는 시야

완전한
命造

(3)이 사각지대를 볼 수 있게 기준점을 바꿔 보는 각도를 달리하면 보이는 시야가 넓어진다.

보이지 않는 부분을 볼 수 있게 된다.

冬至, 中節氣, 三才 大運,
水土同宮으로 보는
각도와 보이는 시야

완전한
命造

基準點:

①年：立春 기준 → 冬至 기준

②月：本氣 기준 → 中氣 기준

③大運：1~10運 → 7, 3, 1運

④火土同宮 → 水土同宮

위와 같이 기준점을 바꾸어서 보아야
회화론 이론이 맞게 된다.

⑷기준점에 대한 근거는 어디에 있는가?

가려진   완전한
命造   命造

①年은 立春, 月은 本氣 기준 이론은?
  현대 명리학 대부분.

②火土同宮, 水土同宮에 대한 이론은?
  모두 활용해야 한다.

제2장 │ 간지 체성론(干支 體性論)

1 │ 易을 공부한다는 것은 自然을 공부하는 것이다.

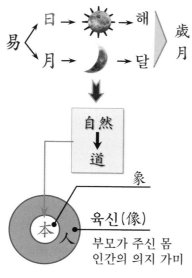

智慧는 先天 業, 知識은 後天의 육신

■ 易이란 밤과 낮의 변화인데 이는 日과 月로 태양과 달로 말할 수 있다.

태양과 달 즉 밤낮이 계속 바뀌어 가는 것이다.

밤과 낮이 바뀌어 가는 것을 우리는 歲月이라 한다.

■ 歲月은 돌이킬 수 없다.

내 意志로 歲月을 돌이킬 수 없는 것이다.

※ 내 의지가 수반되지 아니한 영역을 自然이라 한다.

■ 태어난 그대로의 모습, 저절로 되는 것이 自然이다.

■ 인간의 흔적, 행위 즉 人을 들어 낸 것이 本이며 이것이 自然 이고 道인 根本(본)인 것이다.

■ 인간은 하늘에서 내려왔다. 부모의 몸을 통해서 나온 것 이다.

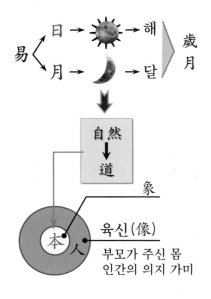

象

육신(像)
부모가 주신 몸
인간의 의지 가미

그래서 사람이 死亡한 경우
"돌아가셨다, 귀천하였다"
라고 한다.
즉 하늘로 되돌아 갔다는 말
이다.
하늘로 돌아간다는 것은 육신이
아닌
本이 하늘로 되돌아 가는 것
이다.

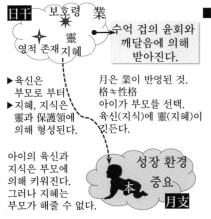

智慧는 先天 業, 知識은 後天의 육신

■사람은 살을 찌워야 하는데
근본 즉 本을 살찌워야 하는
것이다.
※우리는 자연 그대로인 本을
象이라 하는데 本(象)에 살
찌워야 한다.
그러나 인간은 육신에 살을
찌운다.
명예, 지위, 권력, 돈 등등

古人(先賢)이 하늘을 쳐다보니 5개의 별이 있더라: 五星

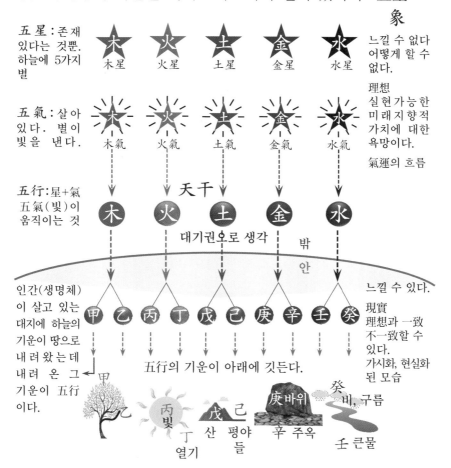

象

五星 : 존재 있다는 것뿐. 하늘에 5가지 별

五氣 : 살아 있다. 별이 빛을 낸다.

五行:星+氣 五氣(빛)이 움직이는 것

木星 火星 土星 金星 水星

木氣 火氣 土氣 金氣 水氣

天干

木 火 土 金 水

느낄 수 없다 어떻게 할 수 없다.

理想 실현가능한 미래지향적 가치에 대한 욕망이다.

氣運의 흐름

대기권으로 생각

밖 안

인간(생명체) 이 살고 있는 대지에 하늘의 기운이 땅으로 내려 왔는 데 내려 온 그 기운이 五行 이다.

甲乙丙丁戊己庚辛壬癸

五行의 기운이 아래에 깃든다.

느낄 수 있다.
現實
理想과 一致
不一致할 수
있다.
가시화, 현실화
된 모습

甲乙 丙빛 丁열기 戊己산 평야들 庚바위 辛주옥 癸비구름 壬큰물

甲對甲,乙,丙,丁,戊,己,庚,辛,壬,癸
~
癸對甲,乙,丙,丁,戊,己,庚,辛,壬,癸

天干對天干 → 象論
※상황, 현상 → 사회성

地支 陰陽 → 四季 → 八象(八卦)
子丑寅卯辰巳午未申酉戌亥

작용,실제 일의
전개 → 내면
(속마음, 심리)

※四季에 따라 六神(五行)의 변화를
　볼 수 있다.

※四季에 따라 十干의 변화가
　달라진다.

■地支+地支 → 12신살,
　天干+地支 → 12운성

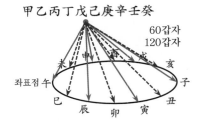

■하늘에 다섯 가지 별이 있는데 이 별을 五星이라 한다.

1)五星 자체는 존재를 말하는 것으로 단지 있다는 것을
　말한다.

2)五氣:五星에서 다섯 가지 기운이 나오는데 이를 五氣라고
　한다.
　五氣는 (木星~水星이)살아 있다는 것을 말한다.
　살아 있다는 것은 氣로써만 말하는 것이지 존재 그 자체를
　말하는 것이 아니다.
　(예:환자가 누워 있다는 것은 살아있는 것이다. 맥박이 뛰고
　심장이 뛰는 것을 氣라 한다)

3)五行: 五星과 五氣를 합해서 行이라 하며 五行이라 한다.

■이 世上의 萬物에는

1)五行의 기운이 깃들지 아니한 것은 없다.

2)이러한 五行의 기운이 깃든 것을 四時 변화에 따라 움직이게끔
　한 원리 그것이 陰陽이다.

3)그래서 陰陽에서 五行이 나왔다는 이야기는 陰陽과 五行의
  기능적 역할이 다른데 같은 것으로 잘못 이해하고 있다.
4)陰陽에서 五行이 나왔다는 것이 아니고 陰陽은 五行을
  움직이게끔 하는 동력이다.

■陰陽은 五行이 깃든 만물을 생로병사에 따라서 움직이게끔
  하는 동력이다.
  이 세상의 만물에 五行이 깃들어지지 않는 만물이 없는데
  이러한 五行이 깃들어지는 만물을 생육 변화하게 하는
  동력이 陰陽이다.
  인간 및 모든 생물체는 사시 변화에 따라서 변화되어 가고
  움직인다.

■五行의 氣運이 내려오면서 기운이 어디에 깃드는가 하면

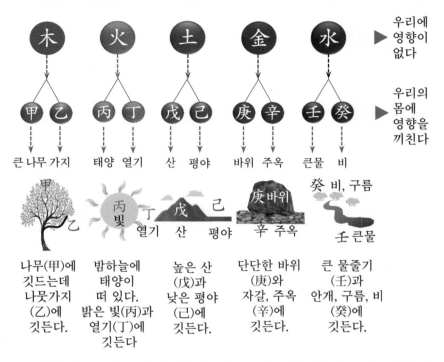

→하늘에 떠 있는 木火土金水라는 五行의 氣運이 우리 인간의 눈에는 甲乙丙丁戊己庚辛壬癸라는 10가지 제각기 다른 모습으로 보인다.

→이것은 우리가 어떻게 할 수 없는, 人爲가 가미되지 않는 원래의 모습이다.

우리는 어찌할 수 없고 여기에 따라야 하며 우리는 자연에 순응하면서 따라가야 한다.

■自然은 보면서 예측이 가능하지만 인간의 마음은 예측 불가능하다. 인간의 마음은 나이와 상관이 없다.

2 | 천간의 체성 요점

天干	체성 요점
甲	정직하고 인자하며 리더격인 성정
乙	생존형으로 끈질긴 성정
丙	상냥하고 명랑하며 솔선수범형으로 선도하고 봉사하는 성정
丁	이웃을 보살피며 대화를 즐기는 성정. 남의 가슴에 비수 꽂는다.
戊	진실하여 믿을 수 있는 성정
己	현실을 수용하고 환경에 잘 적응하는 성정
庚	무서운 집념과 곧은 의지를 지닌 개혁적인 성정
辛	섬세하고 아름다우며 주장은 날카로워도 깨끗한 성정
壬	치밀하고 실천적이며 지적인 성정
癸	이기려는 성정(위에서 아래로 누른다)

3 | 천간의 체성 통변

자식 나 부모 조상
時 日 月 年
己 丙 辛 壬
丑 子 丑 子
　　癸

■이 명조의 조부모, 부모, 본인, 배우자, 자식은 어떤 사람인가?

※궁위로 보는 것이 원칙이고 약식으로 보는 것

⑴祖父母

①궁위로는 年柱로 壬子이다.

자식	나	부모	조상
時	日	月	年
己	丙	辛	壬
丑	子	丑	子

나타난 것이 天干의 壬水이다.

②壬의 체성이므로 치밀하고 실천적이며 지적인 분이다.

자식	나	부모	조상
時	日	月	年
己	丙	辛	壬
丑	子	丑	子

(2)父母

①궁위로는 月柱로 辛丑이다.

나타난 것이 天干의 辛金이다.

②辛金의 체성이므로 섬세하고 아름다우며 주장은 날카로워도 깨끗한 사람이다.

자식	나	부모	조상
時	日	月	年
己	丙	辛	壬
丑	子	丑	子

(3)本人

①궁위로는 日柱로 丙子이다.

나타난 것이 天干의 丙火이다.

②丙火의 체성이므로 상냥하고 명랑하며 솔선수범형으로 선도하고 봉사하는 사람이다.

※丙은 남에게 베풀기만 하고 도움을 전혀 받지 못한다.

남이 나를 바라보기를 원한다.

자식	부부	부모	조상
時	日	月	年
己	丙	辛	壬
丑	子	丑	子
	癸		

(4)배우자

①宮位로는 日支로 子 中 癸水이다.
나타난 것이 지장간의 癸水이다.

②癸水의 체성이므로 이기려는(위에서 아래로 누른다) 사람이다.

자식	부부	부모	조상
時	日	月	年
己	丙	辛	壬
丑	子	丑	子
	癸		

(5)자식

①궁위로는 時柱로 己丑이다.
나타난 것이 天干의 己土이다.

②己土의 체성이므로 현실을 수용하고 환경에 잘 적응하는 사람이다.

③六神으로 보면 偏官이다. 偏官은 壬水이다.
자식 壬水는 치밀하고 실천적이며 지적인 기운을 가진 자식이다.

④따라서 자식은 궁위의 己土 + 六神의 壬水 2가지 성정을 가진다.

⑤현실을 수용하고 환경에 잘 적응하는 치밀하고 실천적이며 지적인 자식이다.

4 | 사주 명식 실시 – 만세력(多數説)

⑴年: 立春　　⑵月: 本氣　　⑶日: 夜, 朝子時로 나눈다.
⑷時: 30분

※朝子時, 夜子時

夜子時	子	朝子時
卯日		辰日
23:30 ~	30	~ 01:30
7일		8일
밤 子時		새벽 子時
庚丁○○ 子卯○○		壬戊○○ 子辰○○

⑴夜子時
　①태어난 시간이 23:30분에서 24:30분 사이를 말한다.
　②24:30분을 넘기지 않았으므로 卯日이 된다.
　③卯日 子時로 사주를 세운다.

⑵朝子時
　①태어난 시간이 24:30분에서 01:30분 사이를 말한다.
　②24:30분을 넘었으므로 辰日이 된다.
　③辰日 子時로 사주를 세운다.

※夜子時, 朝子時 구분하지 않기도 한다.

5 | 사주 명식 실시 – 입춘/동지, 본기/중절기, 시간

아래의 기준으로 사주를 찾는다.

구 분	입춘,본기설	동지, 중절기설	비 고
年 기준	立春	冬至	
月 기준	本氣	中節氣	
日 기준	+30분	+30분	23:30~23:29
時 기준	+30 夜, 朝子時 있음	+30 夜, 朝子時 없음	+30
火土/水土	火土同宮	火土, 水土同宮 모두 사용	

예)양력 2016년 12월 28일 23시 32분 남아 출생인 경우
(立春: 2017. 2. 4. 00:34분, 冬至: 2016. 12. 21. 19:43분)
子는 시작이다. → 萬物의 시작점은 子이다. → 冬至이다.

구 분	다수설	참조	소수설	참조
年 기준	丙申	2017.2.4 立春 以前	丁酉	2016.12.21 冬至 以後
月 기준	庚子	大雪 以後	庚子	中節氣 冬至 以後
日 기준	甲申	+30, 23시32분	乙酉	+30, 23:32분, 日변경
時 기준	甲子	夜子時 적용	丙子	23:30분 以後는 日변경
大 運	3	일반 대운수	3	寅申巳亥年生:7 子午卯酉年生:3 辰戌丑未年生:1
命 造	甲甲庚丙 子申子申		丙乙庚丁 子酉子酉	

제3장 ‖ 육친(六親)

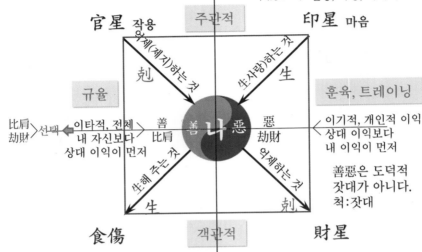

偏官:강력한 통제 -강권적
正官:부드러운 통제 - 훈육적

偏印:지나친 사랑, 집착, 부담, 피곤
　　거짓, 간섭, 계모 같은 마음
印綬:正印:권장, 사랑, 어머니

官星 작용　　　주관적　　　印星 마음

剋 억제(제지)하는 자　　　生자랑)하는 자 生

규율　　　　　　　　　　　　훈육, 트레이닝

比肩　선택　이타적, 전체　　善　善 나 惡　惡　이기적, 개인적 이익
劫財　　　　내 자신보다　比肩　　　　劫財　상대 이익보다
　　　　　　상대 이익이 먼저　　　　　　　　　내 이익이 먼저

　　　　　　　　　　　　　　　　　　善惡은 도덕적
生혜 주는 자 生　　　剋 억제하는 자　　잣대가 아니다.
　　　　　　　　　　　　　　　　　　척:잣대

食傷　　　객관적　　　財星

食神:맹목적, 극렬하게, 오바액션, 근면,　　偏財:강력하게 제어, 집착
　　성실, 미련스러울 정도, 기술, 노동　　正財:적절한 관계　　　[내 것]
傷官:적절하게, 계산적,눈치, 창작,　　　　소유의 대상
　　발명, 고안, 디자이너

보건복지부　　　　　　　　국세청

偏:치우칠 편 → 극렬하게, 강력하게 → 집착
正:바를 정　 → 적절히 → 안정

偏印	장점	지극한 사랑
	단점	지나친 사랑(나태해질 수 있다) - 떠먹이다
印綬	권장, 사랑	
偏官	회초리, 때림 → 강권적	
正官	이비야, 지지, 때찌(하지 마) → 훈육적	

食神	극렬히, 열심히, 미련스러울 정도, 융통성 부족, 근면, 성실
傷官	적절히, 요령껏, 뒷담화(C8C8), 저항 의식, 창조적, 기술, 개발
偏財	극렬한 제어(집착) ➡ 내 것(Have, control)
正財	적절한 관계 유지

※나의 지배적 의사의 향유(財)
※남자 중심에서 보면

연애(偏財)	인연(正財)
집착	적절한 관계 유지
더 많은 이득을 위해 집착	때가 되면 나온다
(투자, 투기 모험)	월급

偏官:무관, 교도관, 군경
　　　일반 회사(감사 기능)
正官:행정직, 일반 회사

평생 교육, 인문학
偏印:종교, 신앙 – 범위외 분석
印綬:학교 공부, 교과부

食神:단순 노동, 조용해진다
傷官:머리 많이 쓴다,
　　　골 때리는 일 발생
　　　가는 데 마다 일 많다.

偏財:놓치기 싫음, 절대 소유 집착
正財:조금 마음 놓을 수 있는 것
※Have(내 것, 내 소유, 배타적
　　지배권) 욕심, 끈을 놓지 못한다.
　　자식도 포함된다

※甲日干男 → 戊○年에 因緣 여자를 … 집착, 추적 (偏財年)
　　　　　　　己○年에 因緣 여자를 … 인연, 신뢰 (正財年)
※개인이 접하는 大運 따라서 감정이 달라진다.
　大運 – 歲運 – 日辰

1 | 比食財官印 - 比를 중심으로 한 성향 판단

■比를 "나(我)=日主 "라고 가정하여 본다.

⑴比(나)를 기준하여 2가지 무리로 나눌 수 있다.

比(我, 나) 분류	
印星의 生을 받는 比	食을 生하는 比
印 → 比 머릿속에 思考를 먼저 하는 사람.	比 → 食 머릿속에 思考보다 행위가(act) 먼저 일어나는 사람.
①印星 多해 조심스러운 사람. ②이성적 반응. ③배려심이 많다. 　희생과 손해를 감수한다.	①食傷이 多해 판단,결정이 먼저 앞서는 행동(Act)하는 사람. ②감성적, 본능적 반응. ③배려심이 적다, 자기중심적 행위, 이익을 추구한다.

⑵위 성향을 더욱 두드러지게 하는 무리

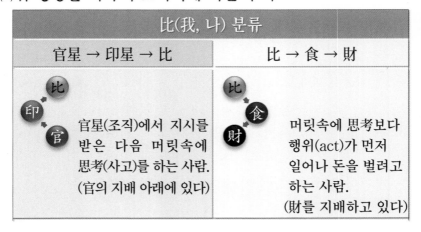

比(我, 나) 분류	
官星 → 印星 → 比	比 → 食 → 財
官星(조직)에서 지시를 받은 다음 머릿속에 思考(사고)를 하는 사람. (官의 지배 아래에 있다)	머릿속에 思考보다 행위(act)가 먼저 일어나 돈을 벌려고 하는 사람. (財를 지배하고 있다)

2 | 比(我, 나) 성향 분류

❶官星→印星→比, 內	❸比가 빠진 무리	❷比→食→財, 外
머리 속에 思考(사고)를 먼저 하는 사람이다. 印星 多하면 조심스러운 사람	답습의 능력이 뛰어나다.	머리 속에 思考보다 행위 (act)가 먼저 일어나는 사람이다.
①조직의 지시에 의해 사고하는 사람. ②수동적이다. ③조직적 생활(회사원, 공무원 등).	①창의력이 뛰어나다.	①돈 벌기 위해 행동이 앞서는 사람. ②능동적이다. ③사업, 자영업
戊 寅 甲 官 丙 印 (戊) (比) 일지 지장간에 正氣 官, 印이 있어 조직 생활 한다.		乙 巳 丙 食 庚 官 (戊) (財) 일지 지장간에 正氣 食이 있고 財가 있어 사업한다.

3 | 동양의 사고(思考)

天上에서 내려온 기운이 생명을 다하면 무한대의 순환 운동에 따라서 끊임없이 윤회를 반복하게 되는 것이다.

1) | 존재(有) → 탄생 → ∞ 윤회 → 완성(空)

2) | 태어나면 즉시 한 살로 시작하는 것이 동양적 사고방식이다.

3) | 동양적 사고와 서양적 사고 비교

동양적 사고	서양적 사고
서수 개념 (순서)	기수 개념(개수)
존재의 기준에서 시작 순서를 펼침	부존재의 기준에서 시작 개수를 정함

존재의 기준 개념에서 살피는 시각이 있어야 사서삼경 등의 고전들을 이해할 수 있다.

4 | 지지(地支)

(1)地支에는 춘하추동이 있고 天干에는 춘하추동이 없다.
　예)子月:겨울　　甲月:?
(2)天干의 글자로 계절을 논하는 오류를 범해서는 안 된다.
　①天干은 하늘 그대로이기 때문에 계절을 논할 수 없다.
　②地支로만 계절을 논할 수 있다.
(3)地支는 계절, 곳쪽때(장소, 방향, 시간)만 존재한다.

5) 천간(天干)

⑴밤하늘의 별들은 서로 별들의 전쟁을 끊임없이 하고 있다. 木星이 나타났다, 火星이 나타나고 다시 土星이 순차적으로 나타난다.

⑵木星이 밝게 빛날 때에는 土星의 빛이 어두워지고, 火星이 밝게 빛날 때에는 金星의 빛이 힘을 잃어버리게 되더라.

⑶木星이 나타나면 火星이 따라오고, 火星이 나타나면 土星이 따라오고 하는 하늘의 일정한 법칙이 있더라.

⑷五星에 일정한 自然의 법칙이 존재하고 있음을 古人들이 발견하였다. 이것을 五星 그 자체가 아닌 五行인 살아 움직이는 그 자체로 보았기에 五行의 相生相剋이라 한다. 즉 五星의 相生相剋이라 하지 않는다.

6) 오행(五行)의 생극(生剋)

⑴人間 그 자체는 五星이라 말하고 움직이는 모습은 五行이라 한다.
  ①살아 움직이는 모습은 五行이라 하며
  ②살아 움직일 때 비로소 相生相剋이 일어난다.
 ⑵天干에서 十干이 나왔다.
  ①地支에서 十干이 나온 것이 아니다(甲≠寅).
  ②天干과 地支는 고향 자체가 다른 것이다(丙≠巳).
  ③巳라는 것은 地球의 陰陽의 변화에 따른 장소, 방향, 시간에 따라 자연적으로 배열해 놓은 것일 뿐이다.
  ④하늘에서는 木火土金水 관계만 이야기하면 된다.

7) 천지(天地)

天	存在	살아 움직이는 五星		
	五星→	五行 →	木火土金水	
地	陰陽→	季節(四象)→	八象 →	十二地支
		太陽-여름 少陰-봄 少陽-가을 太陰-겨울	초여름, 한여름 초 봄, 한 봄 초가을, 한가을 초겨울, 한겨울	巳午未-火火土(陽陰土) 寅卯辰-木木土(陽陰土) 申酉戌-金金土(陽陰土) 亥子丑-水水土(陽陰土)
		때(季節)를 의미		나타남(陽) 어두워 감(陰) 완성됨(土)
	명리학은 동이족의 문화이다.			

⑴ 四象으로의 분화에서 다시 八象으로의 분화로 팔괘가 완성되었다.

명리학에서는 四象에서 十二地支로 다시 분화가 되었다.

→만물의 탄생의 시작은 陰陽에 있다.

⑵ 東洋的 사고에서 절대적인 주체는 天地人 三才 思想이다. (三才：天地人)

"나"라는 것이 存在하려면 아버지와 어머니가 있어야 한다.

아버지의 陽과 어머니의 陰이 있어야 결과물이 탄생한다.

⑶ 東洋의 사고에서는 하나, 둘, 셋의 天地人 三才 思想이 東洋 思想의 주체가 된다.

①韓民族은 삼 박자 文化가 있다.

②그러나 중국은 한 박자, 日本은 두 박자 문화이다.

⑷모든 만물은 天(陽) 地(陰) 人(土)의 완성이 근본이 된다. 三才 思想. 그래서 계절마다 土가 들어가 있는 것이다.

8) 십이지(十二支)

⑴地支의 계절마다 土의 글자를 추가하다 보니 八象에서 본의 아니게 十二支가 되었다.

⑵韓國人의 사상에 맞추다 보니 12개가 된 것이다.

9) 음양(陰陽)

⑴存在 → 無限大 (※存在:나타남 →사라져 감)

⑵寅은 나타남을 의미하니 甲木이 지장간에 들어가게 된 것이다(陽).

卯는 어두워져 가는 것이니 乙木이 지장간에 들어가게 된 것이다(陰).

辰은 土로써 완성되는 것을 의미한다(土).

⑶地支는 곳쪽때(장소, 방향, 시간)가 있게 되는 것이다.

⑷天地

區分	生剋	生剋 原理	개념
天 알 五行	生剋 有	天干은 서로 만날 수 있어 生剋이 가능.	공간적, 한 공간, 자전
地 얼 陰陽	生剋 無	地支는 서로 만나지 못한다. 동 시간대에 같이 존재할 수 없다.	시간적, 곳쪽때, 공전

①地支는 동 시간대에 서로 공존할 수 없기 때문에 地支의 生剋을 논해서는 안 된다. 예)卯가 未를 剋할 수 없다.

②天干은 同 공간 속에서 공존을 하기 때문에 生剋이 가능하다. → 별들의 전쟁.

③天(알)

㈎모든 생명은 하늘에서 내려왔다.

그래서 알 탄생론이 생성된 것이다.

㈏日干이 戊土일 경우 하늘의 土星의 기운을 強하게 받아서 탄생한 것이다.

㈐木 日干은 木星의 기운을 強하게 받아서 세상에 탄생한 것이다.

10) 형손재관부(兄孫財官父)

⑴自身(日干)의 기준에서 최초로 相生, 相剋의 관계를 논한 것이 兄孫財官父이다.

⑵兄孫財官父 → 比食財官印

⑶육신 표출은 五行의 相生相剋으로 분류하는 것이며 陰陽으로 분류하지 않는다.

①古人들은 五行의 相生相剋으로 六神을 표출한다고 하였다.

②따라서 五行인 天干으로 육신 표출을 해야지 地支로 육신 표출을 하여서는 안되는 것이다.

③지장간으로 육신을 표출해야 한다.

11) 五行의 변화

(1) 五行의 발전

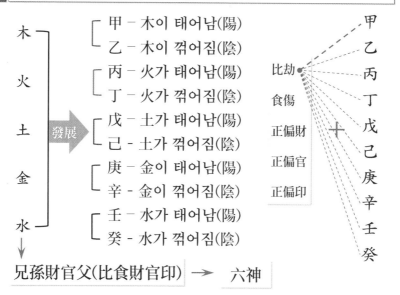

兄孫財官父(比食財官印) → 六神

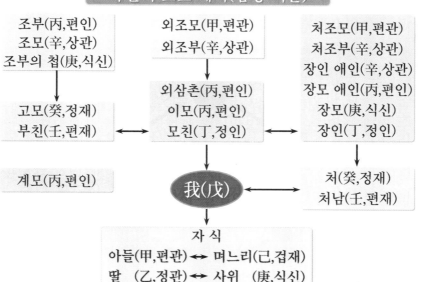

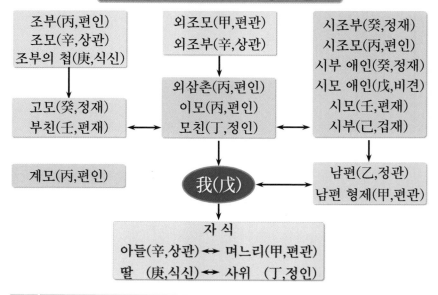

육신 구조도 예시(여명 기준)

조부(丙,편인)
조모(辛,상관)
조부의 첩(庚,식신)

외조모(甲,편관)
외조부(辛,상관)

시조부(癸,정재)
시조모(丙,편인)
시부 애인(癸,정재)
시모 애인(戊,비견)
시모(壬,편재)
시부(己,겁재)

고모(癸,정재)
부친(壬,편재)

외삼촌(丙,편인)
이모(丙,편인)
모친(丁,정인)

계모(丙,편인)

我(戊)

남편(乙,정관)
남편 형제(甲,편관)

자 식
아들(辛,상관) ↔ 며느리(甲,편관)
딸 (庚,식신) ↔ 사위 (丁,정인)

(2) 十干 구분

①木의 변화된 甲, 乙은 밝아오는 것과 어두워지는 것으로 분류하여

②甲을 陽木, 乙을 陰木이라 구분하게 된 것이다.

(3) 陰陽의 어원

①陽陰은 밝아 오는 것이 있고 어두워 가는 것이 있기에 陽陰으로 정하였고 밝음이 있기에 어둠이 있다는 것을 알고 陰陽陰陽으로 부르게 된 것이다.

②十干의 순서를 陰陽陰陽으로 보아야 하지 않는가 하는 자들도 있지만

③陰陽의 어원에는 어둠이 있고 밝음이 있음을 상징하는 의미가 내포되어 있다.

(4)　十干 관계

①比肩이라 해도 다 똑같은 比肩이 아니다.

아버지라 해도 각자 다른 성향의 아버지들이 있는 것이다.

②친구라 해도 다 성격이 다른 친구들이다. 여친이라 해도 모두 다 성향이 다르다.

즉 각각의 十干 입장에서 바라보는 육신의 성향 다 다른 것이다.

③甲이 偏官인 庚을 본 경우와 乙이 偏官인 辛을 보는 것은 다 다른 것이다. 아주 복잡다단한 것이다.

④十干의 관계성을 모두 다 이해하고 있어야 한다.

⑤十干論(十干 대응결)을 알아야 한다.

十干 관계론 정리 설진관 선생님 참조.

(회화론:조후가 포함된 회화론)

(5)　天干

①하늘에서는 아버지인 五行을 주셨고 다시 十干으로 분화하였다(十干으로 분화).

②아버지들(五行)이 언제 바뀌는가?　어디에 갔을 때 바뀌는가?

③가족들 속에서 나의 모습, 친구들 입장에서의 나의 모습, 직장 내에서의 나의 모습들이 각각 다 다르다.

④내가 언제, 어떻게, 가느냐에 따라서 모습이 각각 변화하게 된다.

⑤하늘이 변하는 모습은 곳, 쪽, 때에 따라서 모습이 바뀌게
된다.

⑥하늘의 기운이 땅으로 내려와서 土를 형성하는 木火土
金水가 된다.

이 하늘이 변화된 모습이 春夏秋冬에 따라서 변화되어
간다.

(6) 天干과 관련된 통변의 팁

十干을 왜 알아야 하는지는

①甲~癸 十干은 개별적인 특색이 있는데 이것이 日干에
자리 잡고 있으면 나의 특성, 성향을 거기서 읽을 수
있기 때문이다.

②丙이 月干에 자리 잡고 있으면 부모 형제의 전체적인
특성, 성향, 뜻을 丙을 통해서 읽을 수 있기 때문이다.

③壬이 時干에 자리 잡고 있으면 자식, 아랫사람, 후손에
대한 특성, 성향, 뜻을 壬을 통해서 알 수 있다는 것이다.

그러므로 十干 의미를 알아야 하기 때문에 다음과 같이
설명하고자 한다.

| 甲 | 딱딱하다. 견고하다. 고집불통이다. 대쪽 같다. | |

나무

①딱딱한 느낌이고 갑갑하다. 견고하다.
  경직되어 있다.
②위로 성장하는 특색이 있어 대쪽 같다.
③딱딱하다. 견고하다. 고집불통이다. 경직되다. 대쪽.
  甲과 鳥를 합치면 鴨(오리 압) 字이다. → 오리는 부리가
  딱딱한 새를 나타내듯이 甲은 딱딱하다. 견고하다. 경직
  되어 있다. 대쪽과 같다는 것을 나타낸다.
④생각은 많이 하나 행동력이 약하다.
⑤피부 바깥은 거칠고 속은 여리고 약하다.
⑥남에게 약하게 보이는 것을 싫어하므로 때로는 과장되게
  보이려 하기도 한다.
⑦자기 보호 본능이 아주 强하다.
⑧甲은 첫머리이므로 어떤 조직이든 머리(두목)의 역할을
  많이 한다.
⑨甲은 土를 좋아한다.

| 乙 | 자유스럽다. 의지적이다. 속박을 싫어한다. |

새

①새(새가 앉아 있는 모양),
  나무(줄기가 뻗어 나는 모양), 바람에 흔들리는
  갈대, 연한 수풀, 싹이요, 넝쿨이고, 화초 등을 말한다.

②날아다니는 새로 겁이 많고 자유스러워 속박을 싫어한다.

③乙 일주의 사람은 여행, 쇼핑, 산책을 즐기는 성향이 있다.

④甲이란 나무(木) 위에 새가 날아와 둥지를 틀고 살아가므로 새는 甲에 의지할 수밖에 없어 의지적이다.

⑤乙은 새이고, 隹(새 추)로 나무(木)에 둥지를 트는 모양을 그린 글자가 隹 + 木 = 集(모을 집)으로 나무 위에 새가 앉은 모양이다.

乙이 甲을 만나면 모으다, 모이다, 집합하다, 집계하다는 뜻이 있다.

⑥의지적인 성향이 있으며 속박을 싫어하지만 자유스럽게 놓아 주어도 새는 다시 집으로 돌아온다(의지적이므로).

丙	자만심. 연예인. 베푼다. 퍼 준다.	태양

①남 좋은 일을 한다. 변덕스럽다. 즉흥적이다.

②丙은 하늘의 太陽이라 하늘 높이 떠 있다. 남들이 나를 우러러봐야 하고 나에게 절을 해야 하고 나는 숭배받아야 한다는 그런 환상에 빠져 있다.

즉 나는 존중의 대상이라 자만심을 가진다. 연예인이다.

③丙은 솥뚜껑에 비유되어 남을 먹여 주기 위해 밥을 하고 요리를 한다는 의미이다.

④밥을 퍼 주므로 남에게 좋은 일을 시킨다. → 퍼 준다. 남에게 좋은 일을 한다.

⑤밥을 하고 요리하므로 미식가가 많다.

⑥밥을 하면 금방 물이 넘치기도 하고 타기도 하여 된밥, 진밥, 탄밥, 죽 등 여러 가지의 밥이 금방 되므로 즉흥적이다.

⑦어떤 밥이 될지 예측이 되지 않고 솥뚜껑이 들썩이므로 뚜껑이 열렸다 닫혔다 하여 변덕스럽다.

⑧낮에만 일을 하고, 밤에는 사라지므로 남보다 게으르다.

 날카롭다. 집중력이 있다. 치밀하다. 남의 가슴에 못질한다. 촛불 정

①丁은 망치로 때리는 못 모양의 못정이다.

망치로 때리면 못은 나무를 파고 들어간다.

못의 끝은 날카롭다. 집중력이 있어 파고드는 성질이 있다.

→ 집중하다. 치밀하다. 남의 가슴에 못질하다. 날카롭다는 뜻이 있다.

②등불, 장작불, 횃불, 쇠를 녹이는 불, 별, 달, 등대, 야광을 뜻한다.

③어두운 밤에 등불과 같이 자상한 마음으로 남에게 길을 잘 알려 준다.

남이 뭐라 하든 자기 하고 싶은 대로 해야 직성이 풀린다.

④부드러운 성격이나 내심은 급하다. 남의 허물은 잘 지적 해 낸다.

⑤丙을 보면 빛을 빼앗기므로 최고는 될 수 없고 야행성이 많다.

戊 도전적, 온후하다. 때에 따라 전투적이다.

①戈(창 과)+厂(방패)가 결합된 글자가 戊이다.

　창은 공격적이며 도전적이고, 방패는 방어적이다.

　戊는 공격과 방어 모두 들어 있어 포용적, 공격적이다는

　뜻이 있다.

②포용적인 면과 도전적인 면을 가지고 있다.

③큰 산으로 우뚝 솟아 장엄하나 고독한 모양이다.

④자기중심적이고 고집이 세다.

⑤풍파가 닥쳐도 의연하게 대처하며 흔들림이 없다.

⑥큰물을 만나야 그 진가를 발휘하며 무리 중에 중심적 역할을

　하려 한다.

⑦土氣가 적당하면 신용과 약속을 잘 지키나 약하면 믿음과

　신용이 없다.

⑧土는 信이므로 태과하면 과신이다.

己 보수적 　　　　　　성벽

①성벽의 모양이다.

②성벽은 수성하기 위해, 지키기 위해 있다.

　따라서 지나치게 보수적이다.

③도로, 밭(田), 뻘 흙, 오솔길.

④글자의 모양은 서로 등을 맞댄 형이다.

포용력이 강하여 잘 받아들이는 장점이 있다.

그러나 수습, 정리하는 힘이 약하다.

⑤인내심이 강하며 투기보다 안정성이 길하다.

⑥생각이 많고 넘겨 짚길 잘하나 우유부단하여 기회를 놓치는 경향이 많다.

⑦상대를 나처럼 만들려 하는 경향이 많다.

⑧세력이 강한 쪽으로 잘 붙는다.

⑨자기 보호 본능이 잘 발달되어 있다.

庚 보수적 종

①庚은 종교 시설의 종 모양과 비슷하다.

庚은 단군의 뜻을 가졌는데 단군은 제정일치 사회의 정치 기능으로 관직, 정치, 군인을 뜻한다.

제사 기능으로 종교를 뜻한다.

②종교 시설에서 종을 쳐서 시간과 때를 알려 주므로 종교, 무속인, 역학을 말한다.

③절벽, 암석, 도끼, 칼, 망치, 공장에서 일하는 사람들이다.

④개혁의 성질이 강하며 풍운아 기질이 있다.

辛 보석, 보검, 잘났다. 공주병, 왕자병 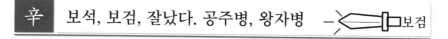 보검

①보석과 보검(엑스컬리버)의 모양이 辛으로서 잘났다.

최고라는 성향이 있어 공주병, 왕자병이 있다.

②辛 일주는 어떤 면이 있느냐 하면 꾕 머리라 하는데 자기
 딴에는 머리를 굴리며 수작을 부리지만 남이 보기에는
 그 수가 훤히 들여다보인다.

③상황에 대한 적응을 잘한다.

④십자가(十) 위에 서 있는(立) 사람으로 희생자, 순교자의
 뜻이 있다.

⑤열매, 면도칼, 회칼, 금속품 등을 말한다.

⑥기억력이 좋고 청결함을 좋아하며 물 壬을 좋아한다.

 壬 법(法), 책임감 강하다. 희생적이다.
남들 눈에 융통성 없어 보인다.

①壬의 뜻은 흙 토(土) 위에 빗물이 흘러가는 모양 丿를 따온
 것이 壬이다.
 丿(빗물이 흘러간다)+土(흙 지표). 水+土=壬.
 壬水 물은 다른 말로 氵로 나타내고, 흙 土이며 厶는 크다는
 뜻이다.
 土+厶는 去로 큰 흙이 되고 큰 흙 위에 氵물이 흘러간다는
 뜻으로 氵+土+厶 = 法이 된다(큰 흙 위에 물이 흘러간다).
 법과 관련된 직업, 법률가(판검사, 경찰관, 법무사)에 壬
 일간이 많다.
 ※癸 일간이 법 공부를 하려면?

▶土運(특히 戊土)이 들어와야 한다.

▶아니면 배우자를 土의 인연을 만나야 한다.

②법규를 잘 지킨다. 규정대로 법대로 하는 성향이 있고 책임감이 강하다.

③호수, 바다, 강 등을 뜻한다.

④큰물이라 생각이 깊고 지혜롭다.

癸   연애. 이중성.

①물레방아가 돌아가는 모양이다.

안(밀회 장소)과 밖(운치가 좋다)이 다르다.

②물레방아가 있는 물레방앗간은 바깥 풍경과 방앗간 안의 풍경은 다르다.

겉은 운치가 있는 풍경인데 속에는 남녀가 연애를 하고 있다.

겉과 속이 다르고 이중적인 모습을 가진다.

③물레방아가 계속 돌아가니 머리를 잘 굴린다.

지혜로운 사람, 수리에 밝은 사람, 계산적인 사람이다.

④비, 이슬비, 눈(雪), 안개, 수증기, 구름, 눈물.

⑤내성적이며 유동적이나 높은 곳으로 나아가려는 뜻이 강하다.

⑥변화에 능한 성질이며 유약한 것 같으나 강하다.

⑦여름, 더울 때의 癸는 만인에게 필요한 존재이다.

(7) 地支

①地支는 곳(場所), 쪽(方向), 때(時間)+글자의 象意가 있다.

　㉮十二地支에는 象意가 있으나

　㉯天干에는 象意가 없다.

②곳, 쪽, 때의 다른 모습은 八卦이다. 八卦에도 象意가 있다.

　㉮地支의 象意가 因字論이다.

③天干에는 生剋이 있으나 地支에는 生剋이 없다.

　㉮地支는 四象이기 때문이다.

　㉯周易의 乾卦+乾卦 … 64卦이다.

④地支는 子가 子를 만났을 때, 子+丑, 子+寅 …의 작용법을 공부해야 한다.

　㉮天干은 十干 관계(甲+甲, 甲+乙, 甲+丙…)+六親 관계(比肩+比肩, 比肩+劫財,+食神…)등의 조합을 제대로 깨우쳐야 한다.

　　天干:十干 관계+六親 관계 2가지를 제대로 깨우쳐야 한다.

　㉯地支는

　　刑冲破害合 + 十二神殺의 관계를 살펴야 한다.

　　地支:合刑冲破害 + 十二神殺

　　冲:陰陽의 조화. (剋이라 보지 마라.)

　　刑:어긋나서 깨어져 벌을 받는 것.

　　破:찢어져서 버리고 다시 조합하는 것.

害:방해

合:연결성, 三合은 어떤 목적성의 조합이다.

⑥合刑冲破害

㈎三合

목적을 두고 연결(申子辰은 水를 염두에 두고 合하나 실체는 없다)

※方合은 合이 아니다.

四季를 구분하기 위한 인위적인 분류일 뿐이다.

이론상 존재하는 것이지 실제 작용하는 힘은 없다.

㈏刑

㈀법적 분쟁 시비, 사고, 건강 문제,

㈁마음이 불편하다, 남이 나를 해한다, 안 해도 될 것을 한다.

㈐冲

㈀정면충돌, 변화, 만남과 헤어짐, 이동

㈁긍정적 개선(못 받아들이면 상대의 간섭으로 오해하게 된다) 잘하라는 잔소리

㈑破

㈀무산, 포기, 다 된 밥에 코 빠뜨린다.

㈁다시~(재조립)

㈒害

㈀작용력이 약하다.

㈁방해(약간의 장애, 약간의 방해꾼), 월장을 건드리다, 충동질하다.

㈏自刑

㈀크게 흉하지 않지만 우물쭈물하다가 흐지부지, 결국 잘 안 된다.

㈁기대가 크면 실망도 크다.

　예:辰辰→뻘밭에 빠진 것처럼 계속 늦어지고 지연된다.

구분	통　　　　　　　　변
刑	법적 분쟁 시비, 사고, 건강 문제
冲	정면충돌, 변화, 만남과 헤어짐, 이동
破	무산, 포기, 다 된 밥에 코 빠뜨린다.
害	작용이 약함
自刑	크게 흉하지 않지만 우물쭈물하다가 흐지부지, 결국 잘 안 된다. 기대가 크면 실망도 크다. (예:辰辰→뻘밭에 빠진 것처럼 계속 늦어지고 지연된다.)

⑦十二神殺

十二神殺 키워드 정리

地殺	代表, 주도권(형식적)	驛馬	가자 가자(이동), 변화… 예술, 창조
年殺	용돈, 대기, 꾸미다.	六害	임시, 스피드(급하다)
月殺	감시, 한계, 월급	華蓋	오래되다(Old), 꾸준히
亡身	恨, 아쉬움, 미련, 실패	劫殺	강제, 빼앗다. → 겁탈
將星	長, 주도권(실질적)	災殺	수사, 뒷조사
攀鞍	숨겨 두다(은닉)	天殺	마비, 정지→ 곰 만나 꼼짝 마 …깜짝이야, 휴업

⑧害의 발생

㈎월장(月將)

　㈀월장+어디에 곳, 쪽, 때에 있는가?

　㈁월장을 時위에 두고 본다.

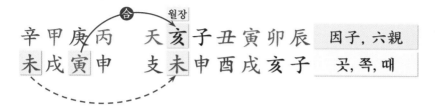

辛甲庚丙　天亥子丑寅卯辰　　因子, 六親
未戌寅申　支未申酉戌亥子　　곳, 쪽, 때

㈃天干:因字, 六親

地支:곳(장소), 쪽(방향), 때(시간:시, 일, 월, 연)

※因子는 회화론(상론)과 인자론을 참조할 것.

㈁害는 월장을 건드리는 것이다.

월장을 충동질하고 자극하는 것이 害이다.

→ 害가 만들어진 이유이다.

㈂月將과 十二神殺

月將+驛馬	항상 마음이 분주하고 정착하지 못한다.
月將+天殺	하고자 하는 일에 장애가 따른다.
月將+年殺	뭐든지 과대 포장 하고 꾸미려 한다.
月將+地殺	自己가 자주 나서서 다 하려고 한다.
月將+亡身	매사 불평불만이 많다.
月將+攀鞍	항상 은닉하고 숨기려 한다.
月將+六害	항상 임시방편으로 대충대충 하려고 한다.
月將+華蓋	꾸준히 뭔가 일을 하려고 한다.
月將+劫殺	자꾸 남의 것을 빼앗으려 한다.
月將+災殺	자꾸 남 뒷조사하고 남의 약점을 캐내려 한다.
月將+將星	매사에 공익을 앞세우고 정의롭다.
月將+月殺	항상 기본 생계를 걱정한다.

12) 易

⑴하늘의 五星이 내려와서 변화되어 가는 과정,

地支가 변화되어 가는 과정,

陰陽이 변화되어 가는 과정을 易이라 한다.

⑵하늘의 五星을 天干으로 분류하였다.

①五星의 기운을 머금은 것이 天干이다.

②하늘의 天干이 세상에 내려와 머문 것을 土라고 했다.

⑶하늘이 날 낳으시고 흙(土)을 빚어서 내가 사람을 만들었다…

①生命(土) 속에 五氣가 모두 들어가 있다.

②인체 내의 오장과 육부를 의미한다.

③五行이 子丑寅卯辰巳午未申酉戌亥에 따라서 변화되어 가고 있다. 이 변화되어 가는 것을 易이라 한다.

⑷土의 변화, 八卦의 변화, 十二地支의 변화를 판단하는 것이 사주 명리이다.

그래서 天干과 地支의 상호 관계성을 이해하지 못하면 간지의 해단을 할 수 없다.

이 관계에 따라 변화되어 가는 것을 易이라 한다.

⑸中央 土(생명체)가

①卯의 자리에 있다가 子의 좌표로 이동할 때 하늘이 시끄러워진다(子의 좌표에서 卯의 좌표로 갈 때도 동일하다).

②금년이 午라면 午 좌표점에서
시작을 했는데
未→申으로 가면 驛馬가 되니
문화, 예술, 이동의 일들이
생기는 것을 보고 驛馬라 이름
하게 되었다.

13) 八卦

八卦의 변화를 64卦로
살펴 본다.

14) 地支

⑴地支는 亥子丑 즉 丑이 올 때 삼변련이 된다. 丑이 와야
완성이 된다.

⑵寅卯辰의 辰은 완성, 巳午未의 未는 완성, 申酉戌의 戌은
완성이다.

⑶그래서 四季에는 土가 다 들어가 있다. 옛 先人의 지혜가
담겨 있다.

⑷봄, 여름이 확산하고, 가을, 겨울이 수축하는 가운데 中央
土는 숨을 쉬게 된다.

　①하늘에서 생기를 불어넣은 것이 陰陽이다.

　②들숨(陽)과 날숨(陰)

⑸각 五行으로 이루어진 中央土에다 陰陽을 불어넣으니 완전한 생명체가 된 것이다.

※易學은 韓民族의 얼이 담겨져 있는 학문이다.

15) 天干 + 地支

⑴하늘의 기운이 땅으로 내려와 땅의 변화와 움직임에 영향을 받는다.

⑵土는 사람이자 생명이다.

⑶十二地支는 생명(인간)에게 주어지는 生氣이다.

⑷내가 앉아 있는 자리(향기)에 따라 生命(인간)이 달라진다.

　하늘(天干):알리바바, 땅(地支):양탄자, 地藏干:새끼 알리바바

16) 天干의 신분

⑴天干이 地支에 무엇을 타고 오는가에 따라 天干의 格(신분)이 달라진다.

⑵天干+地支 神殺이 무엇이냐에 따라 그 天干은 그대로 영향을 받는다.

⑶알리바바(天干)가 타고 다니는 양탄자(地支)는 비밀 창고이다.

　양탄자 밑에 새끼 알리바바가 들어 있다(地藏干＝天干).

⑷地藏干에도 地支 神殺의 영향이 그대로 작용한다.

　地支=곳쪽때 - 刑沖會合, 十二神殺

⑸天干과 地支의 자리는 반드시 同柱(기둥)로 보아야 한다.

　同柱로만 곳쪽때(양탄자)의 영향을 받게 된다.

알리바바 → 癸 壬 辛 甲
　　　　　 ↕ ↕ ↕ ↕
양탄자 → 巳 申 未 子
十二神殺 → 劫殺 地殺 天殺 將星

①癸水만이 巳 劫殺의 영향을 받는다.
②壬水만이 申 地殺의 영향을 받는다.
③辛金만이 未 天殺의 영향을 받는다.
④甲木만이 子 將星의 영향을 받는다.

제4장 合刑冲破 육친별 통변

나를 統制 指示
上級者, 地位者

확인, 認證, 증여
(이름 변경, 保險 契約)

말, 行爲, 表現
Action, Work

소유물, 목표, 결과치
돈, 결과, 아랫사람, 장난감

<比肩 자존심
劫財

甲乙의 結晶物이 庚辛(열매)이다.
→ 太陽이 있어야 키울 수 있다.
가을에는 太陽이 너무 强하면 터져 버린다.

甲 戊 丙 己
寅 寅 寅 酉
甲 甲 甲

①木이 많다 - 五行
②아직은 한기가 남아 있다 - 十干+調喉
③水도 감당할 수 있다
④戊土가 충분히 감당할 수 있다.

1 合

運路(운로)와의 動靜 관계를 적용

2 刑

(1) 불편(쓸데없는 행위) → 사고, 송사

(2)

區分	六親	불편함(쓸데없는 행위) → 사고, 송사
刑	比劫	형제, 자존심에 불편함을 느낀다.
	食傷	행위, 역할, 경제 활동에 불편함을 느낀다.
	財星	소유물, 마누라에 사고, 송사의 불편한 일이 생긴다.
	官星	나를 통제하는 지휘자, 감독자, 회사, 법인에 문제가 발생한다.
	印星	인증, 등기(文書)에 사고, 송사 발생 (부도 문서)

3	沖

(1)긍정적 개선(충고) → 간섭으로 오해 → 오해, 갈등

(2)

구분	육신	긍정적 충고 → 간섭으로 오해 → 오해, 갈등
沖	比劫	형제, 자존심에 긍정적 충고로 오해, 마음의 갈등이 생긴다.
	食傷	행위, 역할, 경제 활동에 주변의 긍정적 충고를 못 받아들여 오해, 갈등 생긴다.
	財星	마누라(소유물)에 긍정적 충고를 못 받아들여 오해, 갈등이 생긴다.
	官星	지휘자, 감독자, 회사, 법인과의 오해, 갈등이 생긴다.
	印星	등기(文書), 개명 문제로 주변의 간섭에 오해로 갈등 발생한다.

4	破

(1)다시, 再반복

(2)

區分	六親	불편함(쓸데없는 행위) → 사고, 송사
破	比劫	형제, 자존심 문제로 다시 뭔가를 해야 한다.
	食傷	행위, 역할, 경제활동 문제로 다시 뭔가를 해야 한다. (재시도)
	財星	女子, 금전문제로 다시 뭔가를 해야 한다(다시 만남).
	官星	다시, 재결합, 다시 만나다(前에 있던 곳에 다시 간다).
	印星	인증, 등기(文書), 증여를 서류 보완하여 다시 하게 된다.

5 | 三合

申子辰 = 水局 ⟶ 申에서 子를 거쳐 辰 완성까지 가는 것이다.
亥卯未 = 木局 ⟶ 亥에서 卯를 거쳐 未 완성까지 가는 것이다.
寅午戌 = 火局 土局이 없다. - 土는 생명체 그 자체이다.
巳酉丑 = 金局 三合은 연합하여 똘똘 뭉치는 것이다.
↓

염두에 두고 合(연합)한다. 그러나 실체는 없고 아직은
실현되지 않은 상황이다.

⑴戊 日干 … 申子辰 三合

○ 戊 ○ ○
○ 申 子 辰
　 庚　癸　乙
　食傷 財星 官星

①申子辰 合을 하여 財局을 크게
　이룬다고 통변하면 안 된다.
②戊 日干이 財星(投資金)과 食傷
　(사업 테크닉)과 官星(법인)까지

연합해서 水局(돈)을 염두에 두고 일을 도모한다.
③돈 벌었다고 통변하면 안 된다. 실체가 아직 없다.

⑵甲 日干일 경우

○ 甲 ○ ○
○ 申 子 辰
　 庚　癸　戊
　官星 印星 財星

①申子辰 水局 印星局을 이룬다.
②새로운 증여, 상속, 허가를 목적
　으로 전략적으로 三合을 한다.

(3)丙 日干일 경우

○ 丙 ○ ○
○ 申 子 辰
　　庚　癸　乙
　　財星 官星 印星

①申子辰 水局 官星局을 이룬다.
②官星:어떤 法人을 만들기 위한
　目的으로 전략적으로 형식을
　갖추는 것이다.

三合은

실현되지 아니한 마음속에 미래의 사실에 대해서 목표를
염두에 두고서 액션을 취하는 것이다(실현되지 아니한 사실
이다).

時柱	日柱	月柱	年柱
각 六神	각 六神	각 六神	각 六神
가게 (재산권)	내실	건물, 직장 (가게)	토지
자식	나	父母兄弟	祖上
서랍장 주방 보일러(道具)	안방 (內室)	거실 (居室)	밖 (大門)
아랫사람	나, 배우자		

➡ 모두 다
적용하여
통변한다

6)各 宮位에 刑冲會合의 작용

　(1)刑:불편한 관계 (송사, 구설, 사고)

　(2)冲:긍정적 개선(충고)으로 오해에 기인한 마음의 갈등.

　(3)破:다시, 재반복

　　①食傷+破:자식이 다시 뭔가 할 일이 있다. 재수를 한다.

　　②日支+破:배우자를 다시 만나려 하는 일이 발생한다.

6 地氣 통변 인원사사(人元司事)와 十神 통변

十神 통변의 정밀 분석 대상은 地氣에 所藏(소장)되어 있는 天運 五行에 대한 통변이다.

地藏干은 인간 생활과 사소한 내면 생활(심리, 속마음)까지도 야기시키는 모든 관계 사이에는 地支에 소장되어 있는 天運과의 유대가 있다는 뜻이다.

4맹(孟)의 寅申巳亥는 입법과 예산

4중(仲)의 子午卯酉는 행정과 집행

4계(季)의 辰戌丑未는 결산과 사법을 담당하는 것과 같이 地氣의 人元司事(地藏干)가 이를 배경으로 연계되어 있기 때문에 통변에 최대로 활용해야 한다.

인간의 복잡다단한 내면 생활까지 소상히 밝히고 구체적인 답을 구하기 위해서는 地氣에 소장되어 있는 五行의 오묘한 이치까지 통변해야 한다.

인원사사의 모든 법칙은 다음과 같은 예시를 따라야 한다.

1) 甲 日主 戊戌土 명조, 대세운에서 癸卯를 만나는 경우

○ 甲 戊 ○	癸
○ ○ 戊 ○	卯

편재 戊   合火
상관 丁
정관 辛

■甲 日主에 戊戌이 있는 경우로 命造나 大運 또는 歲運에서 癸卯를 만난다면

(1)戊에 所藏(소장)되어 있는 즉

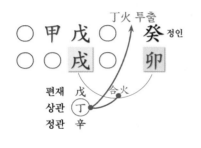

地藏干은 戊, 丁, 辛이다.

甲 日主에서 十神을 보면

①戊土는 偏財(편재)가 된다.

②丁火는 傷官(상관)이 된다.

③辛金은 正官(정관)이 된다.

⑵大運에서 癸卯를 만나면

戊 因子
精神의 寶庫
문화, 학문, 예술, 종교
학교, 관공서

①卯戌合하여 火로 된다(卯戌 合火).

②卯戌合火가 되므로 丁火가 투출된다.

⑶이때의 癸卯 大運 학문(공부)은 교육, 문화, 예술 계통의 학문 이다.

①地支 合은 "함께한다, 공유 한다"의 개념이 있어 癸卯가 와서 地支로 卯戌合을 하여 戊戌을 움직이게 한다.

②즉 癸 학문, 공부에 戊이 와서 붙는 것인데

㈎戊의 특성을 因子로 보면 다음과 같다.

㈏戊은 정신의 보고로 문화, 학문, 종교, 학교, 예술이다.

精神의 寶庫 문화, 학문,
예술, 종교, 학교, 관공서

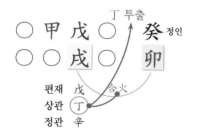

戊 因子
精神의 寶庫
문화, 학문, 예술, 종교
학교, 관공서

精神의 寶庫 문화, 학문,
예술, 종교, 학교, 관공서

㈐따라서 癸水는 학문에 문화, 종교, 학교, 예술 등과 관련되는 것을 공유하게 된다.
③그러므로 교육, 문화, 예술 계통의 학문이다.

(4)학문은 비디오 영상 테이프, 컴퓨터 디스켓, 카메라 렌즈, 컴퓨터 입력 데이터 등의 사물과 有待(유대)가 생긴다.
①학문의 성격에 戊이 와서 붙는 것인데 卯戊合火가 되므로 火는 하는 일(언행, 활동)이다. (卯戊合火로 丁火가 透出되는데 丁火는 癸水만 보면 癸水에게 달려간다. 회화론에서 丁- 癸의 관계:走雀投江)
②卯戊合으로 火가 나오니 丙, 丁火의 祿이 巳, 午인데 이들 因子를 보면
㈎巳는 안경, 렌즈. 카메라 약품, 화학, 영화, 영상물, 전화국 등이며

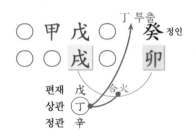

午는 빛, 소리, 통신, 전자,
전파 등이다.
(나)따라서 컴퓨터, 렌즈 등의
사물과 관련되는 일을 하게
된다.

2) 甲 日主 戊戌土 명조, 대세운에서 己丑을 만나는 경우

○ 甲 戊 ○   己
○ ○ 戊 ○   丑
　　편재　戊　　　　刑
　　상관　丁
　　정관　辛

■甲 日主에 戊戌이 있는데 命造나
大運 또는 歲運에서 己丑를 만난다면
⑴戊에 所藏(소장)되어 있는 즉
　지장간은 戊, 丁, 辛이다. 甲 日主
　에서 十神을 보면
　①戊土는 偏財(편재), 丁火는
　　傷官이며 辛金은 正官이 된다.
⑵大運에서 己丑을 만나면
　①丑戌 刑殺을 이루고 丑, 戌 둘
　　다 개고된다.

　②이때에 戊中辛金이 투출된다.
　　(戊, 丁, 辛 3개 모두 투출된다.
　　→ 보고 싶은 것만 보면 된다.
　　여기서는 辛金을 보았다).
⑶己丑運의 己土는 正財로 돈인데
　어떤 돈인가?

①辛金은 戌의 영역안에 있는 직장, 조직이다.

②戌의 因子는 학교, 관공서 등이다.

③따라서 戌의 성격을 가진 돈으로 볼 수 있다.

④그러므로 학교 돈, 공과금 및 관공서의 돈 즉 납부할 세금, 은행 예금 돈이다.

⑷丑戌刑이라 배신과 차질이 생길 수 있다.

3) 甲 日主 己未土 명조, 대세운에서 亥을 만나는 경우

정재	己	壬	편인
겁재	乙	甲	비견
상관	丁	戊	편재

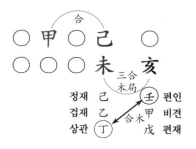

정재	己	壬	편인
겁재	乙	甲	비견
상관	丁	戊	편재

未 因子
맛, 조미료, 목기류, 의류,
포목, 면류(천), 밀가루,
분식류, 반도체

■甲 日主에 己未가 있는데 명조나 大運 또는 歲運에서 亥를 만난다면

(1) 未에 所藏(소장)되어 있는 즉 지장간은 己, 乙, 丁이다. 甲 日主에서 十神을 보면

① 己土는 正財, 乙木은 劫財이며 丁火는 傷官(상관)이 된다.

(2) 大運에서 亥를 만나면 亥(卯)未 三合으로 木局이 된다.

① 己未는 未의 성질인 섬유질과 유대가 생긴다.

㈎ 未 因子를 보면 목기류, 의류, 포목, 면류(천), 반도체, 맛, 조미료, 밀가루, 분식류 등 이다.

㈏ 위의 因子에 亥未 木局이라 木 섬유질과 연관이 된다.

② 亥未合으로 亥 中 壬水과 未 中 丁火가 丁壬合하여 木이 되니 (丁壬合化木) 섬유질과 유대를 갖는다.

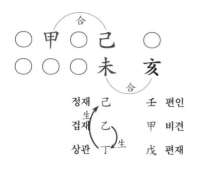

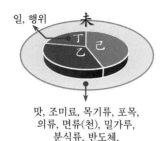

맛, 조미료, 목기류, 포목,
의류, 면류(천), 밀가루,
분식류, 반도체,

⑶己未가 亥를 만나면 甲은 섬유
질인 포목상을 하게 된다.

①未 中 乙木은 丁火를 生하고,
丁火는 己土를 생하면서

②섬유질을 취급하는 사업으로
재산 증식을 도모한다.

③亥未는 섬유질인 포목인데
未 中 丁火 상관은 본인이
하는 일, 사업인데 포목하는
일이다.

따라서 포목 사업(장사) 즉
포목상이다.

이상 통변 예와 같이 地藏干 十神의 통변만이 심오한 진리를
파악할 수 있다.

제5장 | 육신 판단의 기본

1 多한 오행이 있으면

1) 印星 多하면 食傷을 剋한다.

①食傷(자식, 투자 등)이 잘 안 된다.
출산이 어렵다.
②財星이 와서 印星을 剋하면 印星이
食傷을 剋하는 것이 弱해져 食傷이
좋아진다.
③財運에 食傷이 풀린다(자식 출산
가능하다).

2) 官星 多하면 比劫을 剋한다.

①比劫(나, 형제)가 불리하다. 병약
하다.
②食傷이 와서 官星을 剋하면 官星이
比劫을 剋하는 것이 弱해져 比劫이
좋아진다.
③따라서 食傷運에 官星이 억제된
다(질병 치유).

3) 財星 多하면 印星을 剋한다.

① 印星(모친, 공부, 문서)이 불리하다.
  병약하다.
② 比劫이 와서 財星을 剋하면 財星이
  印星을 剋하는 것이 弱해져 印星이
  좋아진다.
③ 이때는 比劫運에 印星이 길하다.

4) 食傷 多하면 官星을 剋한다.

① 官星(남편, 직장, 자식)이 불리하다.
  병약하다.
② 印星이 와서 食傷을 剋하면 食傷이
  官星을 剋하는 것이 弱해져 官星이
  좋아진다.
③ 따라서 印星運에 官星이 길하다.

5) 比劫 多하면 財星을 剋한다.

① 財星(부친, 처, 돈)이 불리하다.
  병약하다.
② 食傷이 와서 官星을 剋하면 官星이
  比劫을 剋하는 것이 弱해져 比劫이
  좋아진다.
③ 따라서 官星運에 財星이 길하다.

6) 위 5가지 사항 정리하면

旺한 것을 제어해 주는 運에 회복한다.
즉 弱한 것은 弱한 것의 進神 運에 해결된다.

해결책

(1)몸이 아프다.
　①官星 旺해 比劫이 弱하다.
　②弱한 比劫의 進神은 食傷이라 食傷이 해결책이다.
　③여자:취미생활을 하라. 아이를 낳는 것도 방법이다.
　　남자:일해라, 취미생활을 하라. 스포츠를 즐겨라.
(2)공부가 안 된다.
　①財星이 旺해 印星(공부)에 문제가 생긴다.
　②弱한 印星의 進神은 比劫이라 比劫이 해결책이다.
　③그룹 과외나 학원을 이용하라.
(3)취직이 안 된다.
　①食傷이 旺해 弱한 官星(취직, 직장, 남친, 남편)에 문제가
　　생긴다.
　②弱한 官星의 進神이 印星이라 印星이 해결책이다.
　③학원에 가라. 도서관에서 공부해라.
(4)돈이 안 된다. 여자가 없다.
　①比劫이 旺해 弱한 財星(돈, 여자, 처)에 문제가 생긴다.
　②弱한 財星의 進神이 官星이라 官星이 해결책이다.
　③조직과 관련된 곳에 가라(회사). 조직에 몸 담아라.

2 육친 판단법

1) 궁위(宮位) 판단법

첫 번째로 궁위를 본다 → 궁위가 최우선이다.
두 번째로 육친을 본다.

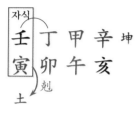

(1)時柱가 자식 자리로 土인데

①자식 자리에 寅 中 甲木 印星
  이 자리잡고 있다.

②자식 土가 자기 자리에 들어
  오려고 하는데 木이 지키면서
  木剋土로 들어오지 못하게 한다.

③地支 寅 中 甲木 때문에 자식
  土가 들어오지 못한다.

④따라서 자식 두기 어렵다(木強
  土弱).

(2)언제 자식을 가질 수 있는가?

①궁위 地支가 문제이므로 運의
  地支를 봐야 한다.

②地支 寅에 의해 土가 들어오지
  못한다. 따라서 寅 中 甲木을 해
  결해야 土가 들어올 수 있다.

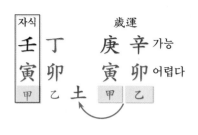

③天干으로 庚寅, 辛卯年에 天干에
   金이 들어온다.
   天干으로 金이 와서 金剋木하여
   가능하나 地支로는 木이 와서
   土가 들어오기 어렵다.

④따라서 庚寅, 辛卯年에는 地支로
   木이 와서 자식을 가지기 어렵다.

⑤地支 木을 剋하는 金運은 丙申,
   丁酉年이라

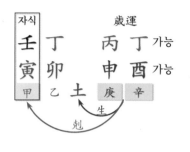

   ㈎地支로 申中庚金, 酉中辛金
      이 들어온다.

   ㈏甲乙木을 통제하므로 자식
      土가 들어올 수 있게 된다.
      즉 아이를 가질 수 있다.

⑶앞에서 설명한 것처럼 弱한 것의
   進神이 문제의 해결책이 되기도
   한다.

   ①弱하여 문제가 되는 것이 자식
      食傷이므로 進神은 財星 金이
      해결책이다.

   ②金運에 자식을 가지게 되므로
      申生, 酉生이 자식 띠가 되는
      것을 알 수 있게 된다.

■洛書에서 日, 月, 火, 水, 木, 金, 土 순서가 나온다.
 - 1주일이 나온 이유

① 日:陽　② 月:陰
③ 火:陽　④ 水:陰
⑤ 木:陽　⑥ 金:陰
⑦ 土:完成

陰陽 運動을 木火의 영역을 陽이라 하고, 金水의 영역을 陰
이라 하여

⑴陽과 陰의 運動하는 모습을 양털의 모습을 나타내면서
　河圖로 가는 靜的인 모습이라 한다면

⑵洛書라는 動的인 모습에서는 日月이 있는데 이것은 陰과
　陽을 나타내는데 火, 水, 木, 金, 土로 간다.

日	月	火	水	木	金	土
陰陽 운동		陽	陰	陽	陰	完成體
		太陽과 太陰이 陰陽 운동		太陽과 太陰이 陰陽 운동		7일째 陰陽의 운동이 완성되어 土로 돌아간다

陰陽 運動이 완성체인 土로 돌아간다는 것이다.

그래서 이 순서를 古人들이 갖다 넣은 것이다.

日, 月, 火, 水, 木, 金, 土요일 일곱 번째 되는 날에 土로서 완성된다는 것이다.

■易의 정의

善(good이 아니다) → 희생적인 것

惡(bad가 아니다) → 이기적인 것 (惡 = 亞(나) +心(마음)

나를 생각하는 마음이 우선 – 척을 짓지 마라.

제 3 강

십이운성
(十二運星)

제1편 십이운성(十二運星)

1 | 자전 공전

⑴자전(自轉):大運

　10年, 기간이 길다, 작용력 암시 상태

⑵공전(公轉):歲運

　1年, 기간이 짧다, 君主로서 일의 발동 시점

　→ 작용력이 強하다.

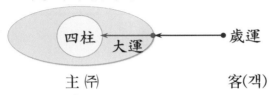

　　　　主 ㈜　　　　　　　　　客(객)

2 | 十二運星(胞胎法)

모든 萬物 ┬ 생성, 변화, 소멸 - 天 … 行星
　　　　　├ 12단계로 설명 - 地 … 궤도
　　　　　└ 인간(人間) 　- 生老病死 - 12가지로 접목

※胞胎法 … 陰陽 運動 … 吉凶, 強弱을 보지 않는다(五行의 관계가 아니다)

　陰陽 … 운동량, 운동 폭을 의미한다.

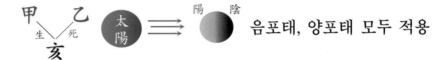

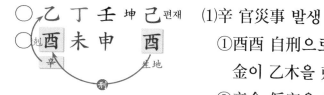

(1)辛 官災事 발생

　①酉酉 自刑으로 투출되어 辛
　　金이 乙木을 剋한다.

　②辛金 偏官을 보므로 官災가
　　발생한다.

(2)己 偏財가 酉 長生地에 있다. 長生의 특성을 가진다.

　→ 財物(금전)이 샘 솟듯이 솟아난다(살아난다).

※마야 비법 … 양포태

구분	개　　　념	
絶	절처봉생	이별과 만남의 교차
胎	잉태(자리 잡는 단계)	착상
養	양육(10달)	성장, 계획
長生	탄생, 출산	새로운 것(New)
沐浴	꾸미다, 단장하다	인테리어, 미용사, 연예인
冠帶	신입 사원, 실천력 부족	천방지축
建祿	절정, 클라이막스	공명, 정대
帝旺	羊刃(칼), 오버 페이스	大를 위해 小를 희생, ※食傷+羊刃 → 문어발 확장 → 부도
衰	쇠퇴(중고차), 노련미	양보
病	측은함, 동정	간병, 종교, 간호사 ※丙申 日柱(病) → 측은함, 동정심 많다.
死	정지(Stop), 사색,철학적	종교, 철학
庫(墓)	머무르다	보관, 창고, 은행, 고리대금업자, 전당포, 장의사

3	실무에서는 십이운성을 同柱로 적용하는 것이 매우 유용하다.

　　　絶　養　胎
○　乙　丁　壬　　　　※同柱로 적용하지 않았다.
○　酉　未　申

　　　絶　冠帶　生
○　乙　丁　壬　　　　※同柱로 적용하였다.
○　酉　未　申

※공존

(1)正財 … 死 … 월급, 목돈 안 된다.

(2)偏財 … 生 … 복권 걸려서 돈 된다(횡재수 있다).

4	十二運星

(1)陰陽의 운동량, 운동 폭으로 십간의 성정을 살피는 도구이다.

(2)同柱에 적용한다.

　①四柱命造, 大運에 강한 작용력이 있다.

　②歲運의 적용은 효력(체감력)이 약하다.

(3)大運의 작용은 歲運이 건드려 줄 때 작용하게 된다.

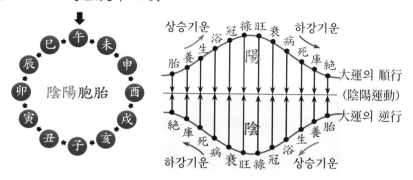

甲乙丙丁戊己庚辛壬癸

5 | 火土同宮, 水土同宮 적용법

⑴子, 午가 경계이다.

⑵子, 丑, 寅, 卯, 辰, 巳는 火土同宮의 궤도이다.

　午, 未, 申, 酉, 戌, 亥는 水土同宮의 궤도이다.

⑶예

　乙未生은 水土同宮,　壬辰生은 火土同宮

　癸巳生은 火土同宮,　己亥生은 水土同宮

6 | 십이운성표 – 水土同宮 기준

巳	壬戊	庚	丙	甲
	絕	生	祿	病
	癸己	辛	丁	乙
	胎	死	旺	浴

午	壬戊	庚	丙	甲
	胎	浴	旺	死
	癸己	辛	丁	乙
	絕	病	祿	生

未	壬戊	庚	丙	甲
	養	帶	衰	墓
	癸己	辛	丁	乙
	墓	衰	帶	養

申	壬戊	庚	丙	甲
	生	祿	病	絕
	癸己	辛	丁	乙
	死	旺	浴	胎

辰	壬戊	庚	丙	甲
	墓	養	帶	衰
	癸己	辛	丁	乙
	養	墓	衰	帶

酉	壬戊	庚	丙	甲
	浴	旺	死	胎
	癸己	辛	丁	乙
	病	祿	生	絕

卯	壬戊	庚	丙	甲
	死	胎	浴	旺
	癸己	辛	丁	乙
	生	絕	病	祿

戌	壬戊	庚	丙	甲
	帶	衰	墓	養
	癸己	辛	丁	乙
	衰	帶	養	墓

旺死絕之圖
陰陽順逆生

寅	壬戊	庚	丙	甲
	病	絕	生	祿
	癸己	辛	丁	乙
	浴	胎	死	旺

丑	壬戊	庚	丙	甲
	衰	墓	養	帶
	癸己	辛	丁	乙
	帶	養	墓	衰

子	壬戊	庚	丙	甲
	旺	死	胎	浴
	癸己	辛	丁	乙
	祿	生	絕	病

亥	壬戊	庚	丙	甲
	祿	病	絕	生
	癸己	辛	丁	乙
	旺	浴	胎	死

십이운성표 - 火土同宮 기준

중앙: 旺死絕之圖 陰陽順逆生

巳

壬	庚	丙戊	甲
絕	生	祿	病

癸	辛	丁己	乙
胎	死	旺	浴

午

壬	庚	丙戊	甲
胎	浴	旺	死

癸	辛	丁己	乙
絕	病	祿	生

未

壬	庚	丙戊	甲
養	帶	衰	墓

癸	辛	丁己	乙
墓	衰	帶	養

申

壬	庚	丙戊	甲
生	祿	病	絕

癸	辛	丁己	乙
死	旺	浴	胎

辰

壬	庚	丙戊	甲
墓	養	帶	衰

癸	辛	丁己	乙
養	墓	衰	帶

酉

壬	庚	丙戊	甲
浴	旺	死	胎

癸	辛	丁己	乙
病	祿	生	絕

卯

壬	庚	丙戊	甲
死	胎	浴	旺

癸	辛	丁己	乙
生	絕	病	祿

戌

壬	庚	丙戊	甲
帶	衰	墓	養

癸	辛	丁己	乙
衰	帶	養	墓

寅

壬	庚	丙戊	甲
病	絕	生	祿

癸	辛	丁己	乙
浴	胎	死	旺

丑

壬	庚	丙戊	甲
衰	墓	養	帶

癸	辛	丁己	乙
帶	養	墓	衰

子

壬	庚	丙戊	甲
旺	死	胎	浴

癸	辛	丁己	乙
祿	生	絕	病

亥

壬	庚	丙戊	甲
祿	病	絕	生

癸	辛	丁己	乙
旺	浴	胎	死

제2편 십이운성(十二運星) - 陰陽의 활동성

1	神殺이 아니다. 음양 포태를 모두 활용한다.

十二運星은 십간이 십이지지에
위치하면서 하늘과 땅에 일어나는
변화의 현상을 설명한다.

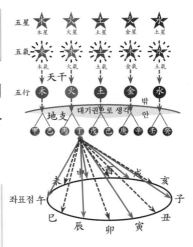

2	十二神殺은 별들과 태양과 지구의 관계, 그 좌표점에서 나온 결과치를 의미한다.

3	五行의 강약은 月支의 旺相休囚를 적용하여 판단한다.

⑴天干과 地支의 관계는 十二運星으로 살펴본다.

⑵天干과 地支의 관계에서 旺相休囚로 강약을 살피는 것이
  아니라 그 天干의 활동성을 살피는 것이다.

⑶하지만 天干과 地支의 관계에서는 활동성만 있을 뿐이다.

⑷많다(多)는 것과 强(旺)한 것은 별개의 문제이다.

  ①命造 내 木이 多하다 해서 土가 깨어지는 것은 아니다.

  ②四柱 내 많은 五行이 그 四柱를 지배한다고 생각해선
    안 된다.

③四柱 내 五行이 없다고 해서 그 해당하는 복이 없다고 이해해서는 안 되는 것이다.

④五行이 없다고 해서 없는 것이 아니라 보이지 않는 세계가 더 무섭다는 것을 알아야 한다.

⑤없다고 弱한 것이 아니며 많다고 強한 것이 절대 아니다.

⑥항간에는 없는 오행의 육신은 그 복록이 없다고 판단하는데 그것은 잘못이다.

■四柱命理學에서

⑴天干의 氣運이 地支의 곳족때를 만남으로써 시간과 공간적 모든 것이 변화하게 된다.

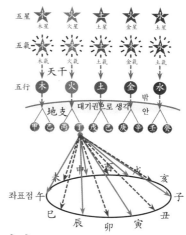

⑵天干이 地支의 변화에 따라 시간적 철학을 담고 있다. 易은 시간 철학이다.

⑶天干이 地支를 만나 어떻게 변화되어 가는지가 중요한 것이다.

⑷地支를 八卦로 설명하지 않고 四象을 天地人 三才에 의해서 12단계로 설명한 것이 十二地支이다.

⑸天干의 기운이 地支의 곳족때를 만남으로써 어떻게 변화

되어 가는가를 살피는 것이다. 이것이 十二運星이다.

⑹天干과 地支의 관계는 旺相休囚 즉 十二運星으로 변화됨을 해석한다.

그 관계에서 天干 地支가 멀리서 어떻게 合을 하고 있는가 살핀다.

⑺해당 六神의 地支에 무엇이 붙어 있는가로 그 六神을 판단한다(곳쪽때).

⑻五行의 强弱은 큰 의미가 없다.

天干과 地支 관계에서 旺相休囚를 적용하여 五行의 기운을 살핀다.

①旺相休囚를 더 정밀하게 보겠다면

月支를 기준해서 모든 十干에 旺相休囚를 적용한다.

十二運星을 모두 다 적용해 본다.

②두 번째로 앉아 있는 座支에다 十二運星을 붙여 본다.

③十二運星을 그렇게 두개를 적용해서 해당 六親의 상태를 살핀다.

天干과 地支는 이것이 진리이지 天干 地支에 相生相剋을 적용하는 것은 易의 이치에 맞지 않는다.

⑼陰陽은 자연이요, 끊임없이 돌아가는 운동을 하고 있다.

→ 无爲自然 = 道 = 陰陽

끊임없이 돌아가기를 반복하는 것을 自然이라 한다.

제3편 십이운성(十二運星) – 왕상휴수(旺相休囚)

1 천간(天干)의 양탄자(地支)를 판단한다.

地支에 따라 天干의 역량이 달라진다.

그 기본이 旺相休囚이다 → 十二運星(포태법)

2 천간 – 오행, 지지 – 왕상휴수

天→  木 火 土 金 水

支→ 旺相休囚 [五行의 旺相休囚(○)/陰陽의 旺相休囚(×)]

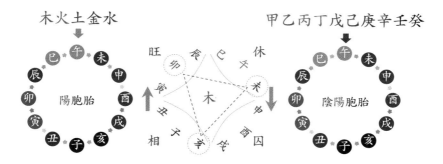

⑴亥~未까지가 木의 운동 영역이다.

⑵木이 巳에서 운동과 亥에서 운동의 양은 동일하다.

단 운동의 형태가 다를 뿐이다.

⑶相에서의 운동과 休에서의 운동은 균등한 관계이다.

⑷四庫의 힘과 生浴의 힘은 같은 평행 관계상의 힘이다.

단, 우리에게 다가오는 느낌이 다른 것이다.

⑸相의 영역:솟아오르는 힘이 발동한다.

休의 영역:가라앉는 힘이 발동한다.

⑹春分과 秋分의 기운은 똑같다.

　①그런데 사람들은 秋分이 시원하다고 느끼며 春分을 더운 느낌으로 생각한다.

　②사실 온도는 같은 정점에 있다.

　③밤낮의 길이가 동일하다. 인간이 느끼는 것이 다를 뿐이다.

⑺旺相의 운동과 休囚의 운동은 같은 크기의 운동을 하고 있다. 다만, 방향이 상승이냐 하강이냐로 다를 뿐이다.

⑻天干+地支의 관계

　①旺相休囚(十二運星)

　②하늘의 별이 地支를 만나서 生老病死 변화를 일으킨다.

$$
\begin{array}{cccc}
胎 & 衰 & 長生 & 長生 \\
癸 & 辛 & 壬 & 己 \\
巳 & 未 & 申 & 酉
\end{array}
$$

※辛 日干이 申月을 보아서 強하다. 만일 "巳月이면 弱하다"라고 통변한다. 생각해 볼 문제이다.

　③天干과 地支의 관계를 相生相剋으로 보아서는 안 된다.

---

3 | 天干 地支

⑴天干과 地支의 관계는 相生相剋이 없다.

　①天干 地支는 旺相休囚의 성정만이 있을 뿐이다.

②12運星의 관계로 天干과 地支를 살펴야 한다.

　大自然의 법칙이다.

⑵天干 地支의 뜻

　①天干

　　㈎시작, 地支의 발동을 관찰한다.

　　㈏天干끼리의 生剋으로 보고 刑冲破害로 보지 않는다.

　　㈐天干은 地支를 生剋할 수 없다.

　②地支

　　㈎마무리, 결실이다.

　　㈏地支끼리의 刑冲破害으로 살핀다. 生剋은 없다.

　　㈐地支가 天干을 生剋할 수는 없으나, 地支로 天干
　　　의 동태를 살필 수 있다.

　　㈑天干이 地支에 根을 갖는가 못 갖는가를 살핀다.

　③본시 天干과 地支는 상호 生剋을 논하는 것이 아니라,
　　五氣의 흐름만을 알수 있는것이다.

⑶地支가 天干을 剋하지는 않지만 根이 되지 못하면 반대
　로 天干은 역량은 弱하게 된다.

4 | 十二運星

천간과 지지의 관계 즉, 알리바바와 양탄자에 비유된다.

(天干의 역량)

12運星	意 味 (키워드)
長生	출산, 생산, NEW
浴	닦아 준다, 분 바르다, 꾸미다.
冠帶	이론적인 준비 과정(실천력 부족), 실수, 사고 발생, 말썽, 구설(송사)
祿	전문가, 실천가, 공평
旺	대의(大義)를 위해 소(小)를 희생
衰	양보, 물러날 준비.
病	후회, 同病相憐(동병상련).
死	죽음, 사색적, 관조적, 철학적
庫	머뭇거리다, 머물고 있다.
絶	이별과 만남의 교차(절처봉생), 윤회 반복
胎	꿈, 이상, 계획(실천력 부족)
養	교육, 태교

旺相休囚表

五行 四季	木	火	金	水	土	
					火	水
春	旺(왕)	相(상)	囚(수)	休(휴)	相(상)	休(휴)
夏	休(휴)	旺(왕)	相(상)	囚(수)	旺(왕)	囚(수)
秋	囚(수)	休(휴)	旺(왕)	相(상)	休(휴)	相(상)
冬	相(상)	囚(수)	休(휴)	旺(왕)	囚(수)	旺(왕)

※土 오행에서 2가지로 구분할 수 있는데 火土同宮과 水土同宮이다.

①土火는 火土同宮으로 火와 土의 움직임이 같다고 보며
②土水는 水土同宮으로 水와 土의 움직임이 같다는 보는
것이다.

5 旺相休囚 활용법. 간단히 六神을 보는 법

區分	木	火	金	水	土(火)
春	旺(왕)	相(상)	囚(수)	休(휴)	相(상)
夏	休(휴)	旺(왕)	相(상)	囚(수)	旺(왕)
秋	囚(수)	休(휴)	旺(왕)	相(상)	休(휴)
冬	相(상)	囚(수)	休(휴)	旺(왕)	囚(수)

※休囚에 해당되면 凶하다(나쁘다).
惡하다는 뜻이 아니라 것이다.

壬 癸 丁 庚 坤
戌 酉 亥 辰

19 20 21　22 23 24
己 庚 辛　壬 癸 甲
亥 子 丑　寅 卯 辰
水旺　　　木旺

區分	木	판단
春	旺(왕)	왕성

(2)우리 아이(木)는 잘될까요?

㉮올해 己亥年이라 계절로 나타내면 겨울이다.

㉯원래 겨울 아니지만 亥가 겨울에 해당되므로

㉰아이는 자식이므로 木이다.
亥月 겨울에 木은 相에 해당된다.

㉱판단
㈀旺相: 노력하여 성과를 낼 때
㈁休囚: 일을 벌이지 마라.

區分	木	판단
春	旺(왕)	왕성
夏	休(휴)	휴식
秋	囚(수)	멈춤
冬	相(상)	시작

壬 癸 丁 庚 ^坤
戌 酉 亥 辰

19	20	21	22	23	24
己	庚	辛	壬	癸	甲
亥	子	丑	寅	卯	辰

水旺   木旺

區分	火	판단
春	相(상)	시작
夏	旺(왕)	왕성
秋	休(휴)	휴식
冬	囚(수)	멈춤

㈎아이는 잘될 것이다. 괜찮다.

아이는 금년부터 甲辰年 6년간은 괜찮다.

㈑아이가 재수를 해도 괜찮을까요?

재수해도 성과를 낼 때이다. 해라.

②아버지, 돈은 어떠한가요? 라는 질문에

㈎旺相休囚로 보면 된다.

休囚는 일을 벌리면 안 된다.

㈏아버지는 丁火인데 亥月 겨울의 丁火는 囚가 된다.

㈐아버지가 좋지 못하다.

돈이 나쁘다 - 돈벌이가 좋지 않다. 시력이 나쁘다.

③사업체 투자하려고 하는데 돈이 되겠습니까?

㈎돈은 火이다. 올 己亥年이므로 亥 겨울에 해당된다,

水가 旺하고 火는 囚이다.

㈏따라서 투자하면 안 된다.

19年 己亥, 20년 庚子, 21년 辛丑까지 투자하면 안 된다.

투자는 22년 壬寅年부터 6년간은 좋으니 그 기간에 투자해라.

壬 癸 丁 庚 坤
戌 酉 亥 辰

19 20 21 22 23 24
己 庚 辛 壬 癸 甲
亥 子 丑 寅 卯 辰
　水旺　　木旺

區分	土火	판단
春	相(상)	시작
夏	旺(왕)	왕성
秋	休(휴)	휴식
冬	囚(수)	멈춤

④남편(土)은 어떨까요?

㉮남편은 관성으로 土이다.

㉯亥月 겨울에 土는 囚에 해당된다 (火土同宮). 그러므로 남편은 일을 확장하면 안 된다.

㉰올해부터 3년간 최선을 다해라. 22년 壬寅年은 木이 旺하게 되고 土는 相이 된다.

남편이 일을 시작하는 단계이다.

제4편 왕상휴수(旺相休囚)

1 天干과 地支의 관계이다.

즉 天干과 地支 좌표 값의 운동의 관계를 말한다.

2 旺相休囚가 발전된 것이 12運星이다.

旺相休囚를 세분화하여 보면
⑴旺: 祿, 旺, 衰 ⑵相: 生, 浴, 帶
⑶休: 病, 死, 庫 ⑷囚: 絶, 胎, 養
※命理에서는 월장과 명궁을 겸관해야 하고,
  用神, 格局에 너무 치우치지 않도록 한다.
※黃帝內經 : 한의학 공부에 가장 난해하다고 한다.
  이유는 五行으로 보고 이해하려고 하기 때문이다.
  五行으로 보면 안 되고 六氣의 변화로 보아야 이해할 수
  있어야 한다.
  육기란 풍(風)·한(寒)·서(暑)·습(濕)·조(燥)·화(火)

※旺相休囚
  旺相休囚死는 五行 對 五行으로 보았다 → 2종류가 있다.
  ①四季+辰戌丑未
  ②四季
  五行은 5가지라 5개가 나올 수밖에 없어 旺相休囚死로
  구분하게 된다(木 對 木, 火, 土, 金, 水의 5가지).

3 | 旺相休囚에는 死가 나올 수 없다.

四季로 보기 때문이다. 즉 陰陽으로 보기 때문이다.

⑴陰陽과 五行은 다른 것이다. 陰陽에서 五行이 나왔다는
  주장은 헛된 것이니 다시 사유해 보라.

  옛날에는 陰陽學과 五行學으로 나누어져 발달했었다.
  현재 四柱 命理에서 用神을 잡고, 格을 잡는 방법은 陰陽
  學에 의한 것이 아니고 五行學에 의해 발달한 것이다.

  五行學에 陰陽的 요소가 슬쩍 스며든 것이다.

⑵陰陽學의 가장 원시적인 모습이 河圖洛書에 담겨 있고
  그것이 발달한 것이 周易이다. 따라서 周易 속에는 五行이
  없고 오로지 陰陽의 변화만 있을 뿐이다.

⑶夏至에서 一陽이 始生하고, 冬至에서 一陰이 始生하기를
  반복한다. 陰이 다 차면 陽이 始生하고, 陽이 다 차면 陰이
  始生하는 변화가 周易이다.

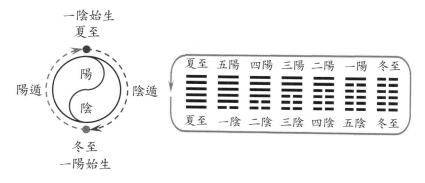

※六爻는 陰陽의 변화에 五行의 변화를 가미시킨 것이다.

4 旺相休囚는 五行의 陰陽的인 변화를 설명하는 것이다.

⑴旺相休囚는 五行의 陰陽的인 변화를 설명하는 것이다.
(五行 對 陰陽).

⑵陰陽 →五行의 형태를 띈 陰陽 對 季節(陰陽的인 배치)로
본다.

木:발산하는 모습(변화가 있다)을
문자로 표현.

火:발산의 정점 즉 발산이 정지된
상태를 뜻함(변화가 없다).

金:수렴하는 모습(변화가 있다)을
문자로 표현.

水:수렴의 정점 즉 수렴이 정지된 상태를 뜻함.

①木이라는 것은 봄, 여름, 가을, 겨울에는 어떠하다는 의미
이다.

②앞의 旺相休囚표를 참조하라.

③旺相休囚를 다른 그림으로 표시한다면 아래와 같다.

| 5 | 旺相休囚가 十二運星의 근원적인 모습이다. |

旺相休囚에서 十二運星이 발전했다.

旺相休囚에서 巳午未 金 相과 申酉戌 火 休는 旺相休囚死와 다르다.

月支＼五行	木	火	火土	水土	金	水	비 고
寅卯辰(春)	왕(旺)	상(相)	상(相)	휴(休)	수(囚)	휴(休)	旺相休囚
巳午未(夏)	휴(休)	왕(旺)	왕(旺)	수(囚)	상(相)	수(囚)	↓ 12運星
申酉戌(秋)	수(囚)	휴(休)	휴(休)	상(相)	왕(旺)	상(相)	↓
亥子丑(冬)	상(相)	수(囚)	수(囚)	왕(旺)	휴(休)	왕(旺)	陰陽胞胎

■女命 四柱에

①食傷이 多하면 子息이 많을까 적을까? → 없을 수 있다.

②食傷이 旺하면 子息이 많을까 적을까? → 자식이 貴하다.
  오히려 자식이 많을 수 있다.

| 6 | 大運에 따라 用神, 格局이 바뀐다. |

⑴月支를 基準으로 旺相休囚를 먼저 봐라.

戊 乙 丁 癸
寅 酉 巳 丑
　　기준
強:旺, 相
弱:休, 囚

①日干을 먼저 보지 말고 月支를 봐라.

②月支를 기준하여 強하고 弱한 것을 본다.

③月支를 기준으로 한 旺相休囚를 가려 내는데 五行의 生剋과는 다르다.

④天干:五行:相生相剋 ┐
　地支:陰陽:四象, 八象, 64卦 ┘
└ 旺相休囚 → 發展 →
　12運星:天干과 地支의 관계

⑵天干과 地支의 관계는 엄격히 구분해야 한다.

①亥生甲이 아니다.
②甲은 相이 되었다.

①木生火가 아니다.
②甲이 休가 되었다.

▶天干:하늘의 五星으로 실제 존재하는 것이다.

▶地支:天干의 좌표이다. 좌표는 실존하는 것이 아니다.

○ ○
辰 巳

①火生土가 아니다.
②休囚도 아니다.
③辰을 기준 했을 때 巳는 劫殺이다.
④巳를 기준 했을 때 辰은 天殺이다.
地支끼리는 12神殺.
이는 辰巳가 年支에 있을 때를 말한다.

○ ○	①丑의 입장에서는 子가 六害이다.
子 丑	子 기준으로 丑은 攀鞍.
	②子와 丑은 육합이다.

예시

(1)巳 기준	①強한 五行:旺相	火, 土, 金
	②弱한 五行:休囚	水, 木
	金은 巳月에 이르러 生氣를 얻었기 때문에 旺相에 속한다.	
(2)五行 기준	①強한 五行:旺相	火, 土
	②弱한 五行:休囚	金, 水, 木

①과실[金(辛)]은 巳를 만나 과실이 여물기 시작했다.

②五行은 旺相休囚로 보고 天干과 地支의 관계는 十二運星으로 본다.

③甲-巳月:甲이 힘을 잃는다. → 寅이라는 마을에는 甲이 아군이다.

④辛-巳月:辛이 힘을 얻기 시작하고(相) → 酉라는 마을에는 辛이 차오른다(旺).

※辛이 旺相休囚死로는 巳月에 死가 되니 이와는 다른 개념이므로 오해말기 바란다.

(2)日干 乙은 年干 癸와 寅中甲木에 의지해야 한다.

①癸水가 弱하고, 寅 中 甲木도 弱하다 → 따라서 水, 木이 必要하다.

②火, 土가 旺하다(巳 中 丙火). 金은 相이다 → 火를 끄는 것이 필요하다. → 癸水.

③癸水가 있어 金生水하여 水生木으로 간다.

④寅 中 甲木은 제 역할을 하지 못한다.

(3)大運에 따라 用神이 변한다.

①四柱 用神:用神이란 日干을 위해 유익한 因子(五行).

②大運은 명조가 해당 大運의 마을에 놀려 갔다고 생각해라.

③위 명조가 壬子 대운에 왔다면 명조가 壬子 마을에 와서 노는 것이다.

戊 乙 丁 癸 乾
寅 酉 巳 丑
甲

戊 乙 丁 癸 乾 壬
寅 酉 巳 丑 子

㈎壬子 마을은 물구덩이 마을이다.

㈏원래 물을 마시지 못해 갈증을 느끼고 弱한 명조가 물을 마시니 힘이 강해진다.

㈐즉 신약한 명조 자체는 寅에 의지하여 살아 왔는데 壬子 마을에서 힘을 얻어 強해진 것이다.

㈑신강해져 힘을 설기를 해야 하므로 火가 필요하다(火 用神).

※명조 자체는 寅(甲) 用神에서
壬子 大運에 丁(巳)用神으로
변했다. 木 用神 → 火 用神.

㉠따라서 丁 食神을 통해 살아간다.
食神:말, 행동, 사업 투자로 살아
간다.
㉡巳에 임한 丁은 전등, 도로, 불빛,
전자 등이다.

④이 명조가 甲寅 大運에 왔다면

㉠乙은 甲의 힘을 얻어 강성해진다.
㉡乙 새가 甲 나무를 만나 둥지를
틀고 살아가는 모습이다. 즉 이사,
이동한다.

㉢乙은 이곳저곳 다니면서 방랑자 생활을 한다.

⑤壬子, 甲寅 大運의 상황을 인연으로 연결하여 보면

㉠壬子生 인연을 만나면 丁 촛불을 켜고 사용하며 살아
간다.

㉡甲寅生 인연을 만나면 방랑자 생활을 하게 된다.

⑶나이에 따라 체질이 바뀌듯이 大運에 따라 用神도 변한다.
사주의 가변성, 運의 가변성이다.

①다음 명조는

旺 休 相 相
甲 戊 丙 己 乾
寅 寅 寅 酉

㉠官殺混雜한데 寅月에 태어나서
추워 火가 필요하고 旺한 木 기운
설기가 필요하다.→ 丙火 用神

旺　休　相　相
甲　戊　丙　己 乾
寅　寅　寅　酉

水土同宮,
7, 3, 1 대운수 적용

73	63	53	43	33	23	13	3
戊	己	庚	辛	壬	癸	甲	乙
午	未	申	酉	戌	亥	子	丑
			金			水	

(나)大運이 北方 水로 흘러가서 차다.
(3~33대운)

丙火 사용 → 偏印(종교, 철학, 역학) 공부

(다)43세부터 金運이 온다.

(ㄱ)辛酉 大運은 金이 왕성하여 木과 金이 충돌한다.

(ㄴ)木과 金을 조율하는 水가 필요하다.

金剋木에서 金生水 하여 水生木으로 간다.

(ㄷ)따라서 水를 따라간다. 水 用神이다. 水運이 오면 좋다.

(ㄹ)歲運에서 水가 오면 좋아진다.

→水와 관련된 財運이 좋아진다.

→壬子運이 오면 좋다 - 木金의 통관이다.

(ㅁ)大運이 酉申未로 흘러가도 丙이 필요하다.

■이것이 高手의 눈이다.

①身強 → 身弱, 身弱 → 身強으로 바뀔 수 있다.

└─── 大運 ───┘

大運에 따라 바뀔 수 있어 用神과 格局이 바뀐다.

②大運 用神과 명조 자체 用神은 다르다.

■격국의 변화

①四柱의 格.

②大運에 의해 格이 변화.

③因緣에 의해 格이 변화.

＊因緣에 따라 從格→內格, 內格→從格으로 바뀔 수 있다.

■五行→변한다.

地支→陰陽 春夏秋冬:陰陽이 변하는 것이 아니라 五行이 변한다.

제5편 十二運星의 개념과 활용

제1장 │ 十二運星의 개요

사주 명리학에서 十二運星은 天干과 地支의 관계를 논하는 학문으로 아주 중요한 영역이다.

■十二運星은 胞胎法(포태법)이라고 칭하기도 한다.

1 │ 十二運星과 十二神殺은 근원적으로 다르다.

⑴十二神殺이라고 하는 것은 年支를 중심으로 각 地支와 地支와의 관계성을 설명하는 것인 반면

⑵十二運星은 天干과 각 地支 간의 관계성을 설명하는 것이다.

2 │ 地支에 따라 天干의 역량이 달라진다.

그 기본은 旺相休囚(왕상휴수)이다.

⑴十二運星(=胞胎法)은 五行의 지지 변화 즉 음양 변화에 따른 성정으로 이해해야 한다.

⑵十二運星은 陽胞胎, 陰胞胎로 움직이고 국내 3종류의 十二運星설이 있으나, 지금은 그중 통설로 알려진 十二運星표를 중심으로 설명하고자 한다.

3	十二運星은 각 天干이 地支에 해당될 때 어떻게 변화되느냐 하는 것을 말하는 것인데 이것은 생로병사(生老病死)를 말한다.

(1)甲이 子 丑 寅 卯 辰 巳 午 未 申 酉 戌 亥 마다 이것이 점점 더 변화되어 간다.

①甲이 子를 만났을 때는 浴이 된다.

甲이 丑을 만나면 冠帶가 된다.

②甲이 寅을 만나면 祿이 된다.

③甲이 卯을 만나면 旺이 되고,

辰을 만나면 衰,

④甲이 巳를 만나면 病, 午를 만나면 死,

未를 만나면 庫, 亥를 만나면 生이 된다.

(2)이렇듯 甲이 각 地支를 만나게 됨에 따라서 달라진다.

甲의 생로병사가 나타난다.

(3)乙이라는 陰干은 어떻게 이루어지는가?

①甲이 子를 만나서 浴이 되는 가운데

乙은 子를 만나서 病이 되고,

②乙은 丑을 만나면 衰가 되며,

③乙이 寅을 만나면 旺이 되고,

④乙이 卯를 만나면 祿이 되며,

⑤乙이 辰을 만나면 冠帶가 되고,

⑥乙이 巳를 만나면 浴이 되며,

⑦乙이 午를 만나면 生이 되고,

⑧乙이 未를 만나면 養이 되며,

⑨乙이 申을 만나면 胎가 되고,

⑩乙이 酉를 만나면 絶이 되며,

⑪乙이 戌을 만나면 庫(墓)가 되고,

⑫乙이 亥를 만나면 死가 된다.

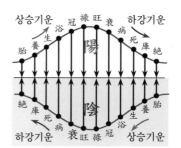

⑷이렇듯이 乙이 子를 보았을 때와

甲이 子를 보았을 때는 十二運星의 향방이 달라진다.

※어떤 이는 十二運星이 五行의 相生相剋에 맞지 않아 사용

하면 안 된다 하며, 어떤 이는 陽胞胎는 五行의 이치에 맞고

陰胞胎는 맞지 않아 陽胞胎는 취용하고 陰胞胎는 취용

하지 않는다고 하기도 한다.

그러나 陽胞胎, 陰胞胎 모두 취용하는 것이 옳다.

그리고 최근 十二運星을 부정하는 자들도 있으나, 이는 天干과

地支의 근본 이치를 깨닫지 못하고 十二運星을 五行 대 五行

즉, 相生相剋으로 오해한 탓이다.

十二運星은

⑴天干의 吉凶을 說明하는 것이 아니고 天干의 상태를 설명한다.

만약에 어떤 일을 하고 있는 사람이 食傷運에 長生이 붙었다면

① "이미 사업을 하고 있는데 사업할 일이 생기겠네"

② "새로운 일이 생기네"

③ "사업하는 일에 파생적인 일이 있겠다. 가지를 뻗어 나가는 것이다."

→ 가지가 뻗어 나가는 현상이 생기므로 발전을 말한다.

⑵여자의 食傷에 長生이라면 자식이 뻗어 나간다.

남자의 官星에 長生이라면 자식이 뻗어 나가는 일이 생긴다고 보면 된다.

제2장 ‖ 十二運星 활용 - 명조 내 십이운성 적용법

사계에 알려진 十二運星을 정하는 법을 대략 요약하자면 4가지가 있다.

1 ‖ 逢(봉)하는 十二運星

庚 **壬** 庚 乙

戌 寅 辰 丑

④ ③ ② ①

冠 病 庫 衰

逢하는 12運은 생일 天干으로부터 年月日時의 四支에 각각 인종하여 12運을 정하는 법.

(1)일간 壬水가 年支 丑을 만나는 것이다. 壬이 丑을 만나니 衰가 된다.

(2)일간 壬水가 月支 辰을 만나는 것이다. 壬이 辰을 만나니 庫(墓)가 된다.

(3)일간 壬水가 日支 寅을 만나는 것이다. 壬이 寅을 만나니 病이 된다.

(4)일간 壬水가 時支 戌을 만나는 것이다. 壬이 戌을 만나니 冠帶가 된다.

2 ‖ 坐(좌)하는 十二運星

庚 壬 庚 乙

戌 寅 辰 **丑** ①

　　　　 己 ②

　　　　 辛 ③

　　　　 癸 ④

地藏干에서 地支를 보고 十二運을 정하는 법.

(1)年支 丑의 경우 地藏干에 己, 辛, 癸가 있다.

(2)地藏干 己가 年支 丑을 만난다는 것이다.

```
庚 壬 庚 乙
戌 寅 辰 丑  ①
        己  ②
        辛  ③
        癸  ④
```

己가 丑을 만나니 庫(墓)가 된다.

① (3)地藏干 辛이 年支 丑을 만난다는 것이다.

② 辛이 丑을 만나니 養이 된다.

③ (4)地藏干 癸가 年支 丑을 만난다는 것이다.

④ 癸가 丑을 만나니 冠이 된다.

3 | 居(거)하는 十二運星

```
④  ③  ②  ①
衰  病  養  衰
庚  壬  庚  乙
↓  ↓  ↓  ↓
戌  寅  辰  丑
```

生年月日時 各自의 天干에서 아래에 깔고 있는 地支를 보아 十二運을 정하는 법.

⑴年干 乙은 地支 丑을 만난다는 것이다. 乙이 丑을 만나니 衰가 된다.

⑵月干 庚은 地支 辰을 만난다는 것이다. 庚이 辰을 만나니 養이 된다.

⑶日干 壬은 地支 寅을 만난다는 것이다. 壬이 寅을 만나니 病이 된다.

⑷時干 庚은 地支 戌을 만난다는 것이다. 庚이 戌을 만나니 衰가 된다.

4 | 月支를 逢하는 十二運星

```
④  ③  ②  ①
養  庫  養  冠
庚  壬  庚  乙
戌  寅  辰  丑
```

月支를 기준하여 각 천간의 十二運을 정하는 법.

⑴年干 乙은 月支 辰을 만나니 乙은 辰에 冠帶가 된다.

④ ③ ② ①
養 庫 養 冠
庚 壬 庚 乙
戌 寅 辰 丑

(2) 月干 庚은 月支 辰을 만나니 庚은 辰에 養이 된다.

(3) 日干 壬은 月支 辰을 만나니 壬은 辰에 庫가 된다.

(4) 時干 庚은 月支 辰을 만나니 庚은 辰에 養이 된다.

이상 4가지가 되겠다.

제3장 ‖ 十二運星의 변화 – 天干과 地支의 만남

十二運星은 하늘의 별(天干:五行)이 어디에서 어디로 즉, 좌표
(地支:陰陽)로 반응하는지를 살펴본 것이다.

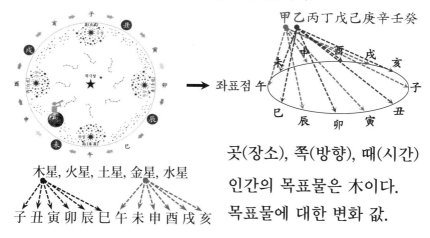

木星, 火星, 土星, 金星, 水星

子 丑 寅 卯 辰 巳 午 未 申 酉 戌 亥

좌표점 午

곳(장소), 쪽(방향), 때(시간)

인간의 목표물은 木이다.

목표물에 대한 변화 값.

⑴寅 – 未에서

  ①寅의 庫藏地가 未라고 하면 안 된다.

  ②寅과 未는 地支의 곳, 쪽, 때를 나타내므로 서로가 만나지
    않는다.

  ③寅은 五行 즉 天干이 아니고 地支 陰陽이다.

⑵寅 – 亥에서

  ①寅의 長生地가 亥라고 하면 안 된다.

  ②寅과 亥는 地支의 곳, 쪽, 때를 나타내므로 서로가 만나지
    않는다.

  ③寅은 五行 즉 天干이 아니고 地支 陰陽이다.

⑶지지와 지지는 합형충파해, 신살 등으로 작용한다.

제4장 │ 十二運星의 응용 – 실생활에 적용

⑴天干 五行이 地支에 내려지는 좌표점은 12개밖에 없다.

　十二運星 : 生 浴 冠 祿 旺 衰 病 死 庫 絶 胎 養 12개이다.

⑵十二運星은 陽胞胎, 陰胞胎 모두 사용해야 한다.

구 분	승용차	사람	사업
生	새 출발, 새로움, 신차	새 출발, 새로움, 출생	오픈, 공장 가동
浴	옵션 추가, 내비게이션, 오디오 등	씻긴다, 옷 단장, 꾸미기	광고, 간판, 홍보
冠	길들지 않은 차를 마구 여기저기 몰고 다닌다	유치원, 학교에서 공부한다. 사춘기, 말 안 듣는다	오버해서 과대광고
祿	길이 잘난 차로 운전한다	대학 졸업 후 취직하고 결혼한다	유행에 맞고 적절함
旺	끼익 사고 나기 직전인 상황	실무 경험이 풍부하다.	오버한다
衰	소모품을 교체 및 보충	노쇠해지다	유행 지나 서서히 정리한다.
病	부품 고장 및 부품 교체	병이 들다	부도 발생
死	고장으로 운행이 정지	병원에 입원	압류
庫	폐차장에 들어가 있는 상태	사망. 육신과 영혼의 미분리 상태	심판
絶	폐차된 차량 부품 분해 및 재활용, 말소	사망. 육신과 영혼이 분리된다	경매 처분
胎	새로운 신차 기획 장단점, 특성 등	새로운 육신 받음 새로운 인연 받음	새 사업 구상
養	기획된 신차 모형 제작 및 시운전	배 속 성장, 계획 결과물 없음	새롭게 시작을 준비한다.

제5장 │ 十二運星의 응용 - 인간 내면의 의지, 의사를 반영

⑴歲運에서의 十二運星 적용은 신중해야 한다.

　①歲運에서는 十二運星의 체감도가 조금 떨어지기 때문이다.

　②그러나 세월이 지난 후에 보면 歲運의 十二運星이 맞다.

⑵十二運星은 인간 내면의 의지, 의사(생각, 의욕)가 반영된 것이다.

　①인간 내면 의식에는 吉凶이 없다.

　②인간에는 내재적인 면 외재적인 면이 있다.

　　예)내재적: 때리고 싶다.

　　　　외재적: 예쁘다.

⑶인간의 의식 즉 내면은 納音十二運星으로 판단한다.

납음십이운성의 조견표

구분	자생	자패	자관	자임	자왕	자쇠	자병	자사	자묘	자절	자태	자양
木	己亥	壬子	癸丑	庚寅	辛卯	戊辰	己巳	壬午	癸未	庚申	辛酉	戊戌
火	丙寅	丁卯	甲辰	乙巳	戊午	己未	丙申	丁酉	甲戌	乙亥	戊子	己丑
土	戊申	己酉	丙戌	丁亥	庚子	辛丑	戊寅	己卯	丙辰	丁巳	庚午	辛未
金	辛巳	甲午	乙未	壬申	癸酉	庚戌	辛亥	甲子	乙丑	壬寅	癸卯	庚辰
水	甲申	乙酉	壬戌	癸亥	丙子	丁丑	甲寅	乙卯	壬辰	癸巳	丙午	丁未

제6편 납음오행과 十二運星

1 납음오행(納音五行)

〈표-1〉

납음	1	2	3	4	5
오행	木	金	水	火	土

2 간지수(干支數)

〈표-2〉

구분	1	2	3	4	5
천간	甲, 乙	丙, 丁	戊, 己	庚, 辛	壬, 癸

〈표-3〉

구분	1	2	3
지지	子,午,丑,未	寅,申,卯,酉	辰,戌,巳,亥

3 간지수를 합하면 납음오행수가 된다.

합한 수가 5를 넘으면 5를 뺀 나머지 수를 납음오행수로 본다.
육십갑자의 〈표 2〉의 천간수와 〈표 3〉의 지지수를 합한 수가
〈표 1〉에 해당하는 수의 五行이 納音五行이 된다.
합한 수가 5를 넘으면 5를 뺀 나머지 수가 납음오행이 된다.
예를 들어 4+3=7이 되어 5를 넘으므로 7-5=2가 납음
오행수가 된다.

4 | 납음십이운성에 따른 그 사람의 내면적 성향, 성격

(1)자생(自生) → 己亥, 丙寅, 戊申, 辛巳, 甲申

자생은 장생(長生)을 나타내는데 현명하고 밝고 민첩하다.

(2)자패(自敗) → 壬子, 丁卯, 己酉, 甲午, 乙酉

자패는 목욕을 나타내는데 경솔하여 패하기 쉽고, 쉽게 열
내다가 쉽게 냉정해져 감정의 기복이 심하며 조울증이
있고 또라이 기질이 있다.

(3)자관(自冠) → 癸丑, 甲辰, 丙戌, 乙未, 壬戌

자관은 관대를 나타내는데 선견지명이 있고 활동적이며
사교성이 있는데 표면은 온화하나 내면은 완고하다.

(4)자임(自臨) → 庚寅, 乙巳, 丁亥, 壬申, 癸亥

자임은 건록을 나타내는데 명랑하고 온후하며 인정이 후하다.

(5)자왕(自旺) → 辛卯, 戊午, 庚子, 癸酉, 丙子

자왕은 제왕을 나타내는데 자존심이 강하고 실행력과
추진력이 있고 의지가 강하며 중년 이후에 개운한다.

(6)자쇠(自衰) → 戊辰, 己未, 辛丑, 庚戌, 丁丑

자쇠는 쇠를 나타내는데 온화하고 자제심이 풍부하다.
남을 시기하고 의심하고, 힘들고 애써서 수고한다.

(7)자병(自病) → 己巳, 丙申, 戊寅, 辛亥, 甲寅

자병은 병(病)을 나타내며 차분하고 낙천적으로 자연을
관조하며 풍류적이다. 인정이 많으나 질투심이 강하다.

(8)자사(自死) → 壬午, 丁酉, 己卯, 甲子, 乙卯

자사는 사(死)를 나타내는데 신경질적이면서 냉정하고 지식욕이 왕성하여 학예에 뛰어나다.

⑼자묘(自墓) → 癸未, 甲戌, 丙辰, 乙丑, 壬辰

자묘는 묘(墓)를 나타내는데 다투는 것을 싫어하며 남의 분쟁에 끼어들기 싫어하고 꾸밈 없고 수수하다. 물질과 금전운이 좋은데 끌어모으는 성향이 있기 때문이다.

⑽자절(自絕) → 庚申, 乙亥, 丁巳, 壬寅, 癸巳

자절은 절을 나타내는데 침착하지만 한 번씩 분노가 터지면 겁난다.

⑾자태(自胎) → 辛酉, 戊子, 庚午, 癸卯, 丙午

자태는 태를 나타내는데 일체의 사물을 두려워하지 않으며 모든 일에 겁내지 않으며 동정심이 풍부하다.

⑿자양(自養) → 戊戌, 己丑, 辛未, 庚辰, 丁未

자양은 양을 나타내는데 다툼을 좋아하지 않고 자부심이 적고 매사에 소극적이다.

개인 감정할 때 납음십이운성으로 '이 사람의 내면의 성향은 이런 성향이다' 라고 감정하면 도움이 될 것이다.

■大運은 十二運星을 반드시 보아야 한다.

十二運星

死

○ 庚 ○ ○　　庚
○ ○ ○ ○　　子
　　　　　　　　癸

(1)同柱로 十二運星을 보아야 한다.
　→ 앉은 자리(坐支)에서 보라.

十二運星

死

○ 庚 ○ ○　　甲 己
○ ○ ○ ○　　午 未
　　　　　　　丁

(2)投資하려는데 財가 庫藏地에
　들어 있으면 투자는 힘들다.
　쉬었다 가라.

제7편 十二運星의 활용 - 명조 내 十二運星 활용법

十二運星은 실무에서 상당히 중요한 이론이기 때문에 실제 감정한 명조에 十二運星을 활용한 例를 설명하고자 한다.

④ ③ ② ①
庫 浴 浴 旺
己 辛 辛 壬
↑ ↑ ↑ ↑
丑 亥 亥 子

■十二運星은 居하는 법 즉 同柱(같은 기둥)에서 十二 運星을 정한다.

즉 天干은 바로 밑에 있는 地支의 영향을 받는다.

①年干 壬이 子를 보면 旺이 된다.

②月干 辛은 오로지 자기 地支 亥의 영향만 받는다.

　辛이 亥를 만나는 것으로 辛이 亥를 보므로 浴地이다.

③日干 辛은 오로지 자기 地支 亥의 영향만 받는다.

　辛이 亥를 만나는 것으로 辛이 亥를 보므로 浴地이다.

④時干 己는 오로지 자기 地支 丑의 영향만 받는다.

　己가 丑을 만나는 것으로 己가 丑을 보므로 庫(墓)가 된다.

★많은 책들이 月支를 가지고 天干을 표출하기도 한다.

　時干 己가 月支 亥의 영향을 받아 胎가 되고, 年干 壬이 月支 亥의 영향을 받아 祿이 된다고 한다.

　이것이 맞다, 틀리다 하는 것이 아니다.

　실전에서는 각 地支에서 바로 위 天干에 적용하여 활용하는 것이 더 중요시된다.

※十二神殺은 地支 대 地支라 했고, 十二運星은 天干 대 地支라
  했다.

  이 天干 대 地支는 오로지 한 기둥(同柱:年柱, 月柱, 日柱,
  時柱) 내에서만 이루어지고 月支의 영향을 받지 않는 것
  으로 본다.

  壬子라는 기둥이 있다면 天干 壬은 밑에 있는 글자 子의
  영향만 받는다.

  庚戌이라면 天干 庚金은 오로지 戌의 영향만 받는다.

※12運星은 五行論을 바탕에 두고 보는 것이 아니라, 각
  五行이 만나는 12地支 글자에 따라서 生老病死가 어떻게
  變化하는지 陰陽的 변화에 따른 生老病死를 설명하는
  것이다.

⑤月支 亥에서 壬水를 보면 祿이 되지만 앞은 자리인 子에서
  壬水를 보면 旺이 된다. 己土가 丑을 만나면 庫가 된다.
  각 기둥(柱)별로 잘라서 12運星을 적용한다.

★이렇게 잡은 12運星으로 명조를 통변한다.

⑥六神을 보면 壬水 傷官은 旺, 본인 辛金은 浴에, 己土
  偏印은 庫에 있다.

편인 본인 비견 상관
庫 浴 浴 旺
己 辛 辛 壬
↑ ↑ ↑ ↑
丑 亥 亥 子

⑦辛金 日干이 浴에 있다는 것은
  ㉮어머니 배 속에서 '응애'하고 태어

```
편인 본인 비견 상관
庫  浴  浴  旺
己  辛  辛  壬
↑  ↑  ↑  ↑
丑  亥  亥  子

丙 丁 戊 己 庚
午 未 申 酉 戌
```

나서 씻겨 주고, 다독거리고, 가꾸고 꾸며 주는 모습, 아름다움을 추구해 가며 고쳐 가고, 천방지축 날뛰겠지만 꾸며 주고 가꾸어 준다.

㈏이 사주 주인공은 沐浴의 성향이 된다는 것이다.

꾸미는 것을 좋아하고, 예쁘게 다독거리는 것을 좋아하고 화장하는 것을 좋아하면서 본인이 예쁘게 치장하는 것을 좋아한다는 것이다.

㈐沐浴이라는 것은 본인이 얼굴을 치장하고 꾸미고 갖추고 하다 보니 조금 숨기는 면이 있다. 따라서 때로는 과장된 말, 거짓말을 하기도 한다.

㈑이 주인공이 沐浴 위에 있기 때문에 약간의 꾸미고 치장하고 갖추고 포장하길 좋아하는 것, 과장되게 이야기하는 성향을 가지고 있다.

⑧壬水가 旺에 있으며 傷官이다.

㈎食傷은 액션이고 워크 즉 하는 일로 이 사람이 하는 일은 傷官星으로서 경찰관이기도 하고, 법학박사이다.

㈏傷官星은 언변이 되기도 하고 직업과 관련되기도 한다.

㈐壬水는 傷官의 성향을 가지면서 帝旺의 성향도 같이 가지고 있다.

㈑壬水 傷官은 말, 행동, 일, 직업을 뜻하며 이것에 帝旺의 성향을 가지고 있어 이를 통변한다.

편인 본인 비견 상관

庫 浴 浴 旺

己 **辛** 辛 **壬**

⬆ ⬆ ⬆ ⬆

丑 亥 **亥** 子

丙 丁 戊 己 庚
午 未 申 酉 戌

*帝旺의 성향은 의사 결정권을 가지며, 대의(大義)를 위해 작은 희생을 감수하며, 큰일을 위해 작은 손해를 감수하고, 강제성을 가져 다치기도 하며, 희생자가 따르고 약간의 폭력성을 가진다는 것이다.

⑨壬水 傷官 즉 언변과 일(직업)에 帝旺의 성향을 덧붙여 보면

㉮언변(말, 행동)

대의를 위해서 작은 희생은 감수하므로, 큰일을 위해 적은 손해를 감수하고 강제성을 가지고 행동하므로 약간의 폭력성을 가진다. 때로는 다치기도 하며 희생이 따르는 말과 행동을 한다.

㉯일(Work:직업)

旺地의 일을 한다. 旺地는 대의를 위해 적은 희생을 감수하는 행동, 결정을 하는 일(직업)이다. 많은 사람을 위해서 극소수의 사람을 희생시키기도 하며 다치게 하기도 하는 일을 한다.

㉰이 사람의 실제 직업은 경찰관이다.

타인을 살리기 위해서 극소수의 사람을 처벌하는 일을 하고 있다.

⑩時干 己土는 庫에 앉아 있다.

㉮己土가 丑를 만나면 庫의 운동을 하므로 庫의 성향을 가진다.

편인	본인	비견	상관
庫	浴	浴	旺
己	辛	辛	壬
丑	亥	亥	子

丙	丁	戊	己	庚
午	未	申	酉	戌

㈏己土는 辛金에서 보면 偏印으로 문서, 공부를 뜻한다.

㈐己土는 偏印의 성향과 庫의 성향을 가지게 된다.

㈑庫는 머뭇거리다, 머물다, 모으다, 저축하다는 뜻을 가지므로 학업, 공부가 머물고 모으는 것이라 공부를 많이 하는 사람으로 타의 추종을 불허할 정도로 많은 업적과 연구가 되어 있어 쌓이고 이를 남긴다(연구 내용을 문서로 남긴다. - 모으다, 저축하다).

※이처럼 四柱 4기둥을 12運星으로 활용하여도 통변이 가능하다.

⑪이분이 戊申 大運을 지나 왔는데 戊申 大運은 어떠할까?

편인	본인	비견	상관
庫	浴	浴	旺
己	辛	辛	壬
丑	亥	亥	子

		모친		
		病		
丙	丁	戊	己	庚
午	未	申	酉	戌

㈎戊申에서 戊가 申을 만나서 病에 앉았다(12運星은 同柱로 본다).

㈏日干 辛에서 戊를 보면 戊는 六親으로 正印이므로 어머니, 문서이다.

㈐어머니가 病에 앉아 있어 어머니에게 病이 붙었다.

어머니는 病의 성향을 가진다.

*病은 자신이 불쌍하고 고독해지며 인생무상을 느끼고 병이 들거나 병이 난 사람(환자)에 대해 동정심을 가지고

```
편인 본인 비견 상관
庫   浴   浴   旺
己   辛   辛   壬
丑   亥   亥   子

        모친
        病
丙   丁   戊   己   庚
午   未   申   酉   戌
```

양보하며 돌본다(간호)는 뜻을
가진다.

㈜어머니는 (아버지) 병간호를 하였다.
戊申 大運에 들어오자마자 부친이
풍으로 쓰러져 대운이 끝날 때까지
부친을 위해서 환자를 돌보는 일
(간병)을 하였다.

 * 印綬에 病은 환자, 의사, 남을 돌보는 사람이라고 했다.
   印綬에 病이 붙어서 어머니가 病 병자/환자 아픈 사람을
   돌보게 된다.

※戊申 大運을 설명한 것처럼 각 大運 天干에 六神을 붙이고
  밑에 地支로부터 어떤 내용의 12運星 영역에 있는지를
  보아 판단한다.

왜 왔을까? 十二運星의 활용

十二運星을 가지고 판단하는 방법이 다양하게 있는데 실전에서 활용하는 방법을 가르쳐 주었다.

→ 무슨 목적으로 찾아왔느냐 하는 것이 아니고 현재 그 사람이 처해진 狀態(상태:건강 상태도 포함)를 알 수 있는 것이다.

1)오늘 하루 日辰이 丁亥日이라면

　⑴丁이 主目的이다. 丁火를 중심으로 먼저 설명해 주면 된다.

　　①丁이 亥를 보아 胎地에 있다.

　　②처, 재물에 대해 胎地라 "꿈과 희망에 부풀어 있고 너를 진실로 믿고 있네."

　⑵나머지는 변두리 이야기이다.

2)오늘이 辛亥일이라면

　⑴辛이 主目的이다. 壬水에서 辛金은 正印(印綬)이다.

　　①印綬 辛이 亥를 보아 浴地에 있다.

　　②印綬 辛이 浴地에 있는 이유 때문에 찾아온 것이다.

　　③이 사람이 하는 문서는 浴地에 있으므로 무슨 상황이냐 하면 "매매, 계약 성사를 하려고 하는데 과대 포장, 덧붙임, 본질과 다른 것, 치장이 되어있는 것이다" 라고 설명하면 된다.

3)十二運星만 가지고도 많은 것을 알 수 있다.

4)사계단법을 가지고 상대방이 찾아온 목적을 알 수 있다.

5)十二運星 來情法과 사계단법 중에 어느 것이 더 좋으냐 그렇게 생각할 수 있는데 사계단법의 장점이 있고 이 十二運星도 장점이 있다.

6)十二運星은 그 사람이 현재 처해져 있는 전반적인 상황 전체를 알 수 있다.

　⑴사계단법은 그 사람이 찾아온 그 당면한 목적, 상황과 그 이유가 무엇인지 그리고 어떻게 해결될 것인지를 알 수 있다.

　⑵十二運星을 상황만 읽어 내는 것으로 생각하면 된다.

조　언

이처럼 12運星만 가지고도 많은 판단을 할 수 있다.

◆사계단법을 가지고 상대방이 찾아온 목적을 알 수 있다.

◆12運星과 사계단법에 각 장단점이 있다.

◆12運星은 내방객이 현재 처해져 있는 전반적인 상황 전체를 알 수 있고, 반면 사계단법은 내방객이 찾아온 당면한 목적, 상황과 이유가 무엇인지 그리고 어떻게 해결될 것인지 등을 알 수 있다.

◆사계단법과 12運星을 잘 혼용하면 현장에서 실력 있는 전문가가 될 것이다.

제8편 十二運星의 활용 - 대운에서 十二運星 활용법

12運星의 大運 적용법을 다음 예시를 통해 설명하고자 한다.

1 사주, 대운에 십이운성 적용 사례 - 1

편관 본인 편인 겁재
祿 病 生 病
甲 戊 丙 己 乾
寅 寅 寅 酉

庚 辛 壬 癸 甲 乙
申 酉 戌 亥 子 丑

예)男命이다.

(1)명조에 12運星을 붙인다.

12運星은 天干 바로 밑에 있는 地支의 영향만 받으므로 同柱(동주:같은 기둥)에서 판단한다.

①年柱 己酉에서 己土는 바로 아래에 地支 酉를 보아 生(長生)이 된다.

②月柱 丙寅에서 丙火는 바로 아래에 地支 寅을 보아 生(長生)이 된다.

③日柱 戊寅에서 戊土는 바로 아래에 地支 寅을 보아 生(長生)이 된다(火土同宮).

④時柱 甲寅에서 甲木은 바로 아래에 地支 寅을 보아 祿(建祿)이 된다.

(2)月干 丙火 偏印과 時干 甲木 偏官을 보면

①丙火는 偏印으로 長生에 있다. 偏印星 공부가 발달한다.

㉮偏印은 長生에 있어 長生의 성향을 가진다.

㉯偏印은 종교, 철학, 역학 등인데 長生에 있어 長生의 성향을 가진다.

㈐生地는 New, 새롭다, 샘솟듯이 일어나는 것을 뜻한다.

㈑偏印 즉 종교, 철학, 역학 공부가 새롭고 샘솟듯이 솟아나는 것으로 새로운 역학 공부가 샘솟듯이 솟아나므로 공부가 잘된다.

　유년기 때 했던 역학 공부를 지금까지 계속하고 있다.

②甲木은 偏官으로 祿에 있다. 조직 생활을 하면 전문가로 능수능란하다.

㈎偏官은 祿에 있어 祿의 성향을 가진다.

㈏偏官은 조직, 단체, 직장 등인데 祿에 있어 祿의 성향을 가진다.

㈐祿은 실천이고 임무, 중책을 맡고 전문가로서 일을 능수능란하게 해낸다는 뜻이 있다.

㈑偏官 즉 조직, 단체, 직장 등에서 임무, 중책을 맡고 전문가로서 일을 능수능란하게 처리한다.

㈒조직 생활을 하는 운명이다.

　이와 같이 12運星으로 설명한다는 것이다.

⑶癸亥 大運은 어떠할까?

편관	본인	편인	겁재	
祿	生	生	生	
甲	戊	丙	己	乾
寅	寅	寅	酉	

①癸亥 大運을 12運星으로 본다.

㈎癸水가 바로 아래의 地支 亥를 보아 帝旺에 있다.

㈏日干 戊土에서 癸水는 正財가 된다.

편관 본인 편인 겁재
祿 生 生 生

甲 戊 丙 己 _乾
寅 寅 寅 酉

庚	辛	壬	**癸**	甲	乙
			旺		
申	酉	戌	**亥**	子	丑

㈐癸水가 正財 처, 재물인데 帝旺의 성향을 가진다.

㈑帝旺의 성향은 의사 결정권을 가지며, 대의를 위해 적은 희생을 감수하며, 큰일을 위해 적은 손해를 감수하고, 강제성을 가져 다치기도 하며, 희생이 따르고 약간의 폭력성을 가진다는 것이다.

㈒처는 대의를 위해 적은 희생을 감수하며, 의사 결정 시 과단성이 있는 여성이다.

재물은 돈을 모으기 위해 일부 손해를 감수하는 재물이다.

※癸水 正財 大運이 와서 여자가 旺(帝旺)의 성향을 가지고 있었다. 판단이 냉철하고 사업적인 마인드를 가지고 있으나 재물에 대해서 과감한 투자 성향으로 주식에서 손해를 보기도 했다.

투자도 과감히 하는 旺의 성향을 가진 여성이다.

②亥 大運에서 12運星 전체를 본다.

六親(戊)	偏官	正官	偏印	正印	比肩	劫財	食神	傷官	偏財	正財
12運星	生	死	絶	胎	絶	胎	病	浴	祿	旺
天干	甲	乙	丙	丁	戊	己	庚	辛	壬	癸
大運支	亥									

㈎癸亥 大運이라면 癸亥가 主 스토리가 되고 보이지 않는

부분을 본다.

㈏甲木 偏官이 生이고 乙木 正官은 死이다.

명예, 자식 등 正官의 측면에서는 쇠퇴하나, 偏官이라는
측면에서는 성장했다.

㈐壬水 偏財가 祿이라서 여자가 들어온다.

2 | 사주, 대운에 십이운성 적용 사례 - 2

정인 본인 편인 편관
衰 旺 祿 冠
甲 丁 乙 癸 乾
辰 巳 卯 丑

衰				
己	庚	辛	壬	癸	甲
酉	戌	亥	子	丑	寅

六親 (丁)	正 印	偏 印	劫 財	比 肩	傷 官	食 神	正 財	偏 財	正 官	偏 官
12運星	養	庫	庫	養	庫	養	衰	冠	冠	衰
天干	甲	乙	丙	丁	戊	己	庚	辛	壬	癸
大運支	戌									

위의 도표는 庚戌 大運에서 본 12運星이다.

⑴印綬인 甲木이 養에 있어 養의 성향을 가진다.

六親 (丁)	正 印
12運星	養
天干	甲
大運支	戌

①甲木은 正印(印綬)인데 어머니, 공부, 문서로 養의 성향을 가진다.

②養은 교육(상속)받는 과정으로 양육되며 보호받고, 의지하는 마음을 가지고 성장하려는 것을 뜻한다.

③어머니, 문서는 양육되고 보호받고 의지하고 싶은 마음이다.
즉, 어머니를 봉양한다, 문서 받을 일이 있다 또는 상속받을 일이 있다.

④또 比肩인 丁火가 養에 있으므로 형제를 도울 일이 있다.

(2)또 食神인 己土가 養에 있다.

六親 (丁)	食 神
12運星	養
天干	己
大運支	戌

①그러니 장모를 봉양할 일이 있다.

②이것은 어른들을 위한 봉사를 하는 것도 포함된다.

③또 나아가서 이때 위에서 말한 장모님을 봉양함으로써 상속을 받는다와 같은 일이 있을 수가 있다.

(3)만약에 한의원 業(업)은 어떻게 되겠느냐고 문의하면,

六親 (丁)	傷 官	食 神
12運星	庫	養
天干	戊	己
大運支	戌	

①業은 食神과 傷官을 보아야 한다.

②食神은 養地에 있고 傷官은 庫에 있다.

③食神은 열심히 일하는 것인데 養이라 길러지고 있으며

傷官은 잔머리를 쓰는 것인데 庫에 있어 멈추어졌다.

④그러니 잔머리 굴리지 않고 열심히 하려는 것이다.

(4)이 丁火가 庚戌 大運에 庚金을 만났다. 때를 만난 것이다.

六親 (丁)	正 財
12運星	衰
天干	庚
大運支	戌

①이 正財인 庚金은 戌 위에 있으니 衰에 앉았다.

庚金 正財는 처, 알짜 돈이다.

②衰는 노련하다. 산전수전 다 겪은 노련한 마누라가 되는 것이다.

六親 (丁)	正財
12運星	衰
天干	庚
大運支	戌

이것이 돈이라고 하면 닳고 닳은 돈이니 진짜 노력해서 번 돈이며 결코 만만치 않은 돈이다.

이것은 이미 지나간 偏財인 辛金 돈보다 훨씬 큰 알짜 돈이다.

⑸戌이 나 丁火를 보면 養이니 상속받을 일이 있느냐 하면?

六親 (丁)	比肩
12運星	養
天干	丁
大運支	戌

①그런데 戌 위에 財星 庚金이 있는 것이다.

②돈과 관련되어서 일이 일어나는 것이다. 양도나 증여도 일종의 나에게는 상속이다.

③庚金은 衰에 앉아 있으니 아직 힘이 있는 庚金이다.

그러니 月干 乙木을 가두어 버릴 수 있다.

왜냐하면 이 乙木에게 戌이 庫가 되니 힘을 쓸 수가 없는 상황인데 庚金은 힘이 남아 있으니 가두어 버리는 것이다.

⑹또한 時干 甲木도 養에 있으니 성장, 양육한다.

六親 (丁)。	比肩
12運星	養
天干	甲
大運支	戌

①계속 성장해 나가는 가운데 자식이 나를 도와주는 힘은 약하지만 자기 스스로는 잘 크고 있다.

＊時柱는 자식궁이라 甲木이 자식이다.

②그러나 飛宮破伐(비궁파벌, 甲-庚 :

六親 (丁)	劫財
12運星	養
天干	甲
大運支	戌

甲木이 쪼개어진다)하여 한 방 때린다. 즉 성장하는 가운데 큰 성장통이 있는 것이다.

(7)이 사주에서 時柱 甲辰을 보면 이 時干 甲木이 젖어 있는 나무라서

정인	본인	편인	편관	
衰	旺	祿	冠	
甲	丁	乙	癸	乾
辰	巳	卯	丑	

①자식으로 인하여 자칫 丁이 꺼질 수 있다.
②그러므로 이 甲木이 濕木으로 된 것은 옥의 티가 된다.

(8)또 年干 癸水가 月干 乙木을

정인	본인	편인	편관	
衰	旺	祿	冠	
甲	丁	乙	癸	乾
辰	巳	卯	丑	

(달려간다 / 비/병충해)

①비(癸水) 맞은 새(乙木)가 되어 날지 못하고 추락하게 되니 이것도 아쉽다.
②그리고 나 丁火는 天干 癸水에게 朱雀投江(주작투강)하는 형상이 된다.
③자식(甲木)과 부모(乙木)가 나(丁火)를 生해 주고 있지만 火는 癸水로 향하여 달려가는 모습이 된다.
　그러나 달려가 봐야 소용이 없을 것이다.
④그러니 난 부모와 자식에게 의지해야 하는 것이다.

제9편 十二運星의 활용 – 身數(歲運) 풀이 활용

12運星만을 활용한 身數(歲運) 풀이의 예시는 다음과 같다.

1 | 乙未年 歲運 풀이

偏官 本人 傷官 偏印
浴　浴　冠　旺

庚　甲　丁　壬　乾
午　子　未　子

六親(甲)	비겁	식상	재성	관성	인수
12運星	庫	衰	衰	冠	養
五行	木	火	土	金	水
歲運支			未		

乙未年이 되면,

① 庚金 偏官이 冠帶(관대)가 되니 아들의 학업에 자신감을 가지는 기회가 되었지만 실제 시험에서는 기대감에 미치지 못하였다.

② 壬水 偏印은 養(양)이 되어 유명 사찰의 불교 대학에 들어가 불교 공부를 하였다.

2 | 丙申年 歲運 풀이

丙申年이 되면,

① 庚 偏官이 綠(록)이 되어 日干 甲木을 강하게 공격하여

六親(甲)	비겁	식상	재성	관성	인수
12運星	絶	病	生	祿	生
五行	木	火	土	金	水
歲運支			申		

偏官으로 인한 피해가 크므로 肝(간) 기능이 떨어져 입원한 전력이 있다.

반면 아들(편관)도 綠이 되므로 학교에서 투표 결과 전교 회장이 되었다.

②壬水 偏印은 生(생)이 되어 그토록 바라던 내 집 마련을 하였다(부동산 계약).

3 | 丁酉年 歲運 풀이

偏官 本人 傷官 偏印
浴　浴　冠　旺
庚　甲　丁　壬 乾
午　子　未　子

六親(甲)	비겁	식상	재성	관성	인수
12運星	胎	死	死	旺	浴
五行	木	火	土	金	水
歲運支			酉		

丁酉年이 되면,

①丁酉年 접어들자 庚金 偏官이 旺(왕)이 되어 庚金이 日干 甲木을 강하게 공격하여 偏官으로 인한 피해가 크므로 또 다시 肝(간) 기능이 떨어져 입원하였다.

②丁火 傷官은 死(사)가 되어 현재 보직을 그만하게 된다.

③壬水 偏印은 浴(욕)이 되니 문서와 서류의 진위 여부와 관련된 시비를 조심하여야 한다.

제10편 고수들의 향연 – 日辰圖法(일진도법)

내방객의 現 상황을 분석하는 기본수이다.

가령 오늘이 己卯日이다. 陽胞胎(양포태)로 적용한다.

(1)日辰圖法(일진도법)

日干	(내방객의 사주 日干)					비고
12運星	旺	浴	浴	胎	死	五行의 日辰에서 12운성
陽胞胎	木(甲)	火(丙)	土(戊)	金(庚)	水(壬)	陽干을 적용한다.
六親						내방객 日干을 기준하여 부기한다.
日辰	卯					日辰 己卯의 地支

이렇게 적고 나서 오늘 내방객이 辛金 日干이라고 하자.

①辛金 日干이 卯日을 기준으로 각 五行으로 六神을 붙인다.

②木 六神은 財星, 火 六神은 官星, 土는 印星, 金은 比劫, 水는 食傷이 된다.

③陽胞胎만으로 12運星을 붙인다.

日干	辛(내방객의 사주 日干)					비고
12運星	旺	浴	浴	胎	死	五行의 日辰에서 12운성
陽胞胎	木(甲)	火(丙)	土(戊)	金(庚)	水(壬)	陽干을 적용한다.
六親	財星	官星	印星	比劫	食傷	내방객 日干을 기준하여 부기한다.
日辰	卯					日辰 己卯의 地支

日干	辛(내방객의 사주 日干)					비고
12運星	旺	浴	浴	胎	死	五行의 日辰에서 12운성
陽胞胎	木(甲)	火(丙)	土(戊)	金(庚)	水(壬)	陽干을 적용한다.
六親	財星	官星	印星	比劫	食傷	내방객 日干을 기준하여 부기한다.
日辰	卯					日辰 己卯의 地支

④그럼 卯에서(卯 궤도에서의 五行을 본다.)

㉮木은 甲木이 卯를 본 것이고(卯 궤도의 甲木) 旺이 된다.

㉯火는 丙火가 卯를 본 것이고 그러면 沐浴이 된다.

㉰土는 戊土가 卯를 본 것이고 그러면 沐浴이 된다.

㉱金은 庚金이 卯를 본 것이고 그러면 胎가 된다.

㉲水는 壬水가 卯를 본 것이고 그러면 死가 된다.

⑤이렇게 적어 놓으면 四柱가 필요 없게 된다(단, 日干만 안다면).

이를 설명하면 辛金 日干의 현재 상태는

㉮재물은 旺하구나(財星이 旺에 있으니).

㉯사업은 좀 부진하구나

(돈은 있지만 食傷이 死地에 있으므로).

㉰형제나 동기간에 새로운 일을 꾸미고 있구나

(比劫이 胎에 있으므로).

㉱지위, 명예를 과시하지 마라. 그 명예와 벼슬도 머지않아

내던질 것이다(官星이 浴에 있다).

제11편 십이운성:만물의 생로병사의미,陽干은 順行,陰干은 逆行

1   天干은 五行이고 地支는 陰陽이다. 十二運星은 陰陽이다.

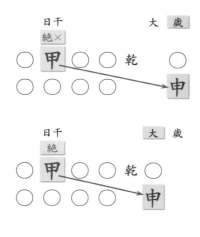

①甲 日干이 申 歲運을 만났을 때

　㈎絶地를 만났다고 하지 않는다.

　㈏이것(歲運)은 12運星을 보지
　　않는다.

②申 大運을 만났을 때는

　㈎絶地라고 한다.

　㈏大運은 12運星을 쓴다.

　㈐絶地는 기로에 서 있다는
　　말이다.

③12運星을 大運에 쓰면 대체로 맞기는 맞다.

　㈎大運에 활용을 하되

　㈏부수적으로 쓰기를 바란다.

2   辛 日干의 月干 甲 正財는 申 歲運에는 絶地가 되는가?

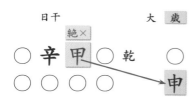

■辛 日干이 月干에 甲 正財를 두고
　있는데 地支에서 申年을 만나면
　甲은 絶地에 해당되지 않는가?

①歲運은 그렇게는 보지 않는다.

기로에 섰다　大 歳

絶

② 大運이 들어오면 10년간 좌우
해 버린다.

㈎財星이 絶地에 앉는다.

㈏絶地의 해석을 잘해야 한다.
絶地가 나쁘다고 생각하는데
절대 그렇지 않다.

③ 巳 大運에는

처 건강조심　大 歳

病

㈎甲이 病地에 들었다.

㈏부인이 병든다. 건강 조심해라.
돈이라면 돈이 병드는 것이다.
크게 번다는 것에 어려움이
있다.

㈐그런데 육친 관계에서 巳(丙)가
正官이 된다.

㈑12運星을 쓰기 전에 格局으로
먼저 보고

㈒巳의 吉神, 凶神을 먼저 본
다음에 해석을 해야 한다.

㈓그런데 12運星은 부가적으로
써야 한다. 主로 쓰면 안된다.

처 건강조심　大 歳

病

○ 辛 甲 ○ 乾 ○

○ ○ 寅 ○ 巳

刑

成格

食 ─生→ 財 ─生→ 官 ←剋 劫財

財透食神　　正財　財格生官
身強上格　　 +　身強上格
身弱下格　偏財　身弱中格

④ 이 사주는 正財格이 되고

㈎巳가 들어오면 寅巳刑이 먼저
발동한다.

(나)너무 세다. 作用에 强弱이라는 것이 있다.

(다)예를 들어 이 사람이 正財格 이라고 하면,

　(ㄱ)正財格이 巳를 보면 正官 이다.

　(ㄴ)正財格이 正官을 보면 좋다. 괜찮다. 사회적 성취를 이룬다.

　(ㄷ)그렇지만 刑殺의 작용은 생긴다. 모두 해석해야 한다.

(라)우선순위라는 것이 있다. 우선순위는 格局이다.

(마)이 사주에 巳가 成格의 좋은 작용을 할 때 正財格에 正官을 보면 成格이다.

　(ㄱ)沖은 格에 영향을 미치지만,

　(ㄴ)刑은 格에 영향을 미치지 않는다. 굉장히 중요하다.

　(ㄷ)사람들이 刑이 있으면 格을 어떻게 잡아야 할지 成格 인지 破格인지 헷갈리는데 刑은 格에 영향을 미치지 않고, 다만 작용만 있을 뿐이다.

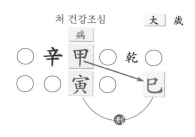

(ㅂ)이분은 사회적 지위나 명예를 얻는다.

(ㄱ)사회적 성취를 이룬다.

(ㄴ)그런데 그 과정에서 刑殺이 작용을 한다. 시비가 생긴다.

(ㄷ)이 시비가 있을 때 내가 불법을 행할 수도 있다.

(ㄹ)내가 성공을 이루기 위해서 남을 음해하고 불법을 했을 때, 亥年이 왔을 때 巳亥 冲이 되면서 쇠고랑을 차는 것이다.

이것이 먼저다.

④그 다음에 12運星을 넣어 보자. 이 사람이 열심히 일하고 있고 사고를 치지 않았다 보고 12運星을 보자.

(가)刑殺이 있으니까 그 과정이 험난하다.

(나)기준은 格局이고 正財格이다.

(ㄱ)正財格에 正官을 봤으니 "巳 大運 시기에 당신은 사회적 성취를 이루겠다.

(ㄴ)하지만 刑殺이 있으니 그 과정이 험난할 것이다.

(ㄷ)험난한데 正財에 病地이니 "사회적 성취를 이루겠지만, 경제적인 문제로 골치가 아프거나, 부인의 건강이 나빠질 수도 있다."

(다)기준과 순서가 중요하다.

  (ㄱ)格으로서 틀을 잡아서 설명하고

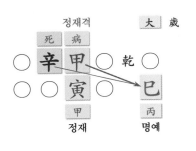

  (ㄴ)다음으로 刑沖會合을 설명하고

  (ㄷ)12運星을 부가해서 설명해 주면 아주 좋은 통변이 된다.

(라)기준이 없으면 어떤 것부터 말을 해야 할지 모른다.

틀릴 수도 있지만 자신감 있게 말하는 것이 중요하다.

"내년부터 巳 大運에 들어갈 것인데, 사회적 성취는 이룰 것입니다. 하지만 그 과정에서 시비나 다툼, 어려움이 많으니까

불법적인 것은 하지 마시고, 집안의 재산에 문제가 생기거나 부인의 건강이 나빠질 수 있으니 그 점은 조심하세요" 라고 말하면 된다.

말을 일사천리로 말하는 것이 중요하다.

3 | 드러나지 않은 다른 오행은 어떻게 되는가?

六親(辛)	正財	偏財	正官	偏官	正印	偏印	劫財	比肩	傷官	食神
12運星	病	浴	祿	旺	祿	旺	生	死	絶	胎
天干	甲	乙	丙	丁	戊	己	庚	辛	壬	癸
大運支	巳									

六親(辛)	偏官
12運星	旺
天干	丁
大運支	巳

■이 사주에서 甲 이외에는 드러난 것이 없지만, 巳 大運에는 甲乙丙丁戊己庚辛壬癸 10개의 天干이 있다.

모두 대입해야 한다.

①辛金의 丙은 正官이다.

㉮巳 大運은 正官의 祿地다.

㉯그러면 이 사람은 승승장구한다.

㉰직장에서 잘나가는데 부인이 아파서 빌빌한다.

②자식은 丁火로 偏官이다.

㉮巳 大運은 旺地이다.

㈏아이가 말을 안 듣는다. 집안 에서 자기가 왕이다.

※四柱에 있는 것과 없는 것은 이유가 있다.

㈎사주에 있는 것은 주로 보라는 것이다.

㈏사주에 없는 것은 참고적으로 보라는 뜻이다.

③乙木 偏財(부친)는

㈎巳 大運에 浴地다.

㈏부친이 浴地에 들어가 버린다.

　㈀나는 사회적으로 승승장구 하는데

　㈁아버지는 어디 가서 바람 피우고 집안 망신시킨다.

㈐아버지께서 병에 걸리면 무슨 병? 비뇨기과 병이다. 浴地는 부끄러운 것이다. 부끄러운 병, 즉 비뇨기과 병이다. 치매도 될 수 있고, 이렇게 걸리는 것이다.

4 大運이 冲되면 十二運星에 영향을 미치는가?

■12運星하고 冲은 상관이 없다.

①巳 大運에 甲이 病地가 되고, 歲運에 亥가 와서 巳亥冲이 되었을 때, 巳에 甲이 病地인데 이 地位에 문제가 있냐는 질문이다.

②天干과 地支는 사라지는 것은 없다. 불변이다.

㉮巳 大運과 亥 歲運은 冲이다.

㉯巳 大運은 10년간 무조건 존재한다.

㉰大運은 계절이다. 巳 大運이라 여름이다.

　여름이라는 계절이 나에게 왔다.

　＊오늘 비가 온다고 해서 여름이 없어지지 않는다.

③大運은 굉장히 도도한 물결과 같이 내 사주를 10년 동안 관장한다. 이 개념을 이해해야 한다.

5 │ 庫의 쓰임

■壬水가 辰에 이르면 入庫라 한다.

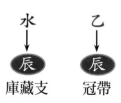

水
↓
辰
庫藏支

乙
↓
辰
冠帶

①壬이 辰에 入庫되어 있다고 한다.

②乙은 辰에 이르면 冠帶가 된다.

　㈎冠帶임에도 불구하고 辰 中에 乙木이 있다.

　㈏그러면 辰 中 乙木이 있다는 것은 乙木을 즉시 쓸 수 있을까 없을까?
　→ 즉시 쓸 수는 없다.

寅
甲
丙
끄집어 내어
쓸 수 있다.

辰
戊
癸
乙
문 자체가
잠겨 있다.
(四庫 모두)

　㈐이유는 乙木이 辰 中에 있기 때문이다.

　㈑辰은 庫이므로 癸뿐만 아니라 戊, 乙 전부 몽땅 잠겨 있기 때문이다.

　㈒辰 中 戊, 癸, 乙 각각이 발목이 잡힌 것이므로 癸뿐만 아니라 戊, 乙도 나올 수 없는 것이다.

　그러므로 충개(沖開)를 필요로 한다.

③壬水의 庫藏支가 辰인데 辰 속에는 壬水는 없고 실제 들어 있는 것은 戊癸乙이다.

　㈎그러면 辰 속에 壬은 없는데 왜 墓라 하는가?

　그런데 壬은 어디에 있는가?

　㈏대개 사람들은 辰이란 癸만 잠겨 둔다고 생각하고 戊와 乙은 잠겨져 있지 않아 쓸 수 있다고 생각한다.

이것은 잘못된 생각으로 사실은 모두 쓸 수 없는 것이다.

㈐四庫 글자를 제외한 글자는 문 자체가 잠겨 있는 것이 아니고 열려 있다.

水
↓
辰 (四)庫
戊 잠겨 모두
癸 쓸 수 없다
乙

庫墓 구분을 명확히
할 수 없다

㈀地藏干 속의 글자를 끄집어내어 쓸 수 있다.

㈁예로 寅 中 甲木은 바로 끄집어 내어 쓸 수가 있는 것이다.

㈂辰戌丑未는 수렴하고 갈무리라 꺼내 쓸 수 없다.

㈃辰戌丑未를 雜氣(잡기)라 한다.

이를 다르게 표현하자면 은행 금고가 닫혀서 보관품을 찾을 수 없는 것과 같다.

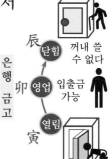

④辰에 壬은 없고 癸가 있다. 그러면 壬은 죽었기 때문에 없어진 것인가?

①의 ㈏에서 壬은 辰에 入庫되어 있다 했으므로 壬이 있어야 하는데 壬은 없다. 이는 어떻게 된 것인가?

먼저 陽干의 기능을 알아야 한다.

㈎陽干의 기능

㈀五行의 대표

五行	木	火	土	金	水
代表	甲	丙	戊	庚	壬

(ㄴ)陰陽 구분을 위한 陽干

五行	木		火		土		金		水	
구분	甲	乙	丙	丁	戊	己	庚	辛	壬	癸

太陽
火金

※地藏干은 五行으로 構成된 것이며 十干으로 構成된 것이 아니다. 辰에 戊癸乙이 있다는 것은 土水木 五行이 있다는 것이 원칙이다.

丙 성장 모습 丁   丁계도

火 丁

丙庚   巳 午 未   乙癸   乙계도

辰 卯 寅

少火 陰木

陰陽 四象 地藏干 五行

庚 성장 모습 辛

申 酉 戌   金水 少陽   辛계도

甲 성장 모습 丙   乙

丑 子 亥

癸 水   壬 성장 모습 癸   癸계도

木水 太陰

巳 午 未
辰 마무리   시작 申
卯 酉
寅 戌   수도권
마무리 丑 子 亥 시작

만물의 시작은 水이다.

亥壬
丑癸   水   子癸

※五行과 陰陽이 만난 것을 의미. 五行이 만나는 陰陽에 따라 五行의 特性 變化를 나타낸 것이 十干인가?

(나)陽干 壬은 水의 대표를 나타낸 것이다.

(ㄱ)五行 水의 庫藏支는 첫 번째 庫 丑, 두 번째 庫 辰이다 (陰干은 丑과 未).

(ㄴ)亥子丑에서 丑은 첫 번째 庫인데, 丑 地藏干에 癸가 있고 壬은 없다.

(ㄷ)陰陽의 水를 나타내는 亥子丑(太陰)에서 水는

㈄亥에서 시작(生)하는데 亥에서
壬水가 태어나 자라서(水 아이)

㈅子에서 왕성하게 되는데 모습이
壬水에서 癸水로 변하여(水 어른)

㈆丑에서 水 마무리(入庫) 즉 죽게
되는데 어른 癸水의 모습이다.

㈇즉 壬은 곧 癸인 것이니 癸가 入庫되는 것은 壬이 入庫
되는 것이다.

(예:水라는 이름의 사람 → 탄생 때의 모습이 壬 → 자란
후의 모습 癸 → 죽은 사람은 癸이다. 하지만 壬의 모습이
변한 것이 癸이므로 壬이 죽은 것과 동일한 것으로 水
라는 이름의 사람이 죽은 것에는 변함이 없다. 地藏干은
十干이 아닌 五行 構成이 기본이다)

㈈丑 地藏干에 十干 己, 辛, 癸가 있지만 기본은 土, 金, 水
五行이 있는 것이다 (※地藏干이 만들어진 原理를 생각
하면 지극히 당연한 것이고 水土同宮이 맞다).

㈃水의 활동 영역을 나타내는 水局 申子辰에서 水는

㈄申에서 시작(生)하는데 申에서 水가 壬水라는 모습으로
자라서

㈅子에서 水는 壬水라는 성장하여 癸水라는 强旺한 어른의
모습이 되어 있다.

㈆辰에서 水 마무리(入庫) 즉, 죽게 되는데 어른 癸水의
모습이다.

㈃水라는 사람은 申에서 태어나 유아 모습이 壬이며, 성장 하여 어른이 된 모습이 癸이다.

㈄즉 水라는 사람의 어린 시절(申)의 모습은 壬이고 어른 시절(子)의 모습은 癸인데 죽을 때의(辰) 모습은 어른의 모습인 癸이다.

㈅따라서 水는 壬이고 癸로 동일인이다.

辰 속의 癸水는 壬水와 같은 것으로 辰 속에 壬이 있는 것과 같은 것이다. 원칙은 水가 있는 것이다.

水 = 壬 = 癸

㈆壬이란 陽干은 水 五行을 대표한 것으로 辰에는 壬이 入墓되어 있는 것이다.

6 │ 庫 개념 정리 – 정체된 것

庫(墓)는 블랙 홀이다, 빨아들인다, 갇힌다, 창고이다.

水가 辰을 만나면

⑴ "水가 辰에 갇힌다" 라고 해석하는데

⑵그보다는 水의 운동성이 정체되어 고여 있는 상태로 보아야 한다.

①즉 水의 운동성은 없어지고 水의 量이 많아진 것으로 보아야 한다.

②즉 水가 辰을 만나 더 튼튼해진다. – 水의 根이 辰이기 때문이다.

③움직이던 水가 정체되었고 뿌리를 얻어 水가 더 旺盛
해졌다. → 水가 많아졌다.
水의 量은 더 많아졌고 단지 밖으로 나가지 않았을 뿐이다.

■甲木이 亥나 寅을 만나지 못하면
⑴뿌리(根)를 가지지 못했다.
⑵하지만 未가 있으면 뿌리(根)가 있다고 본다.
⑶未는 亥卯未 木局에서 木의 庫藏地라 乙木을 가지고 있기
때문이다.

■庫藏地는 그 局의 뿌리가 된다.
⑴해당 五行이 사라지지 않는다.
⑵내부적으로 많아지고 밖으로 나가지 않은 상태일 뿐이다.
⑶庫를 만나면 단지 운동성이 정체된 것일 뿐이다.
※정리하면 다음과 같다.

未	木 즉 甲乙의 뿌리(根이)가 된다.	亥卯未 木局의 庫藏地
戌	火 즉 丙丁의 뿌리(根이)가 된다.	寅午戌 火局의 庫藏地
丑	金 즉 庚辛의 뿌리(根이)가 된다.	巳酉丑 金局의 庫藏地
辰	水 즉 壬癸의 뿌리(根이)가 된다.	亥子丑 水局의 庫藏地

■庫는 뿌리(根)가 된다.

死는 뿌리(根)가 되지 않는다.

※死 大運에서 실제 死亡하는 것을 많이 경험한다.

死			
甲午	丙酉	庚子	壬卯
丁	辛	癸	乙
		己	
無根	無根	無根	無根

庫			
甲未	丙戌	庚丑	壬辰
己	戊	己	戊
乙	丁	辛	癸
丁	辛	癸	乙
通根	通根	通根	通根

死							
甲午	乙亥	丙戊酉	丁己寅	庚子	辛巳	壬卯	癸申
丙	壬	辛	甲	癸	丙	乙	庚
己	甲		丙		庚		壬
丁	戊	庚	戊	己	戊	甲	戊
木根無	木根有	火根無	火根有	金根無	金根有	水根無	水根有

위 表에서

⑴陽胞胎에서는 十二運星이 死地에 들어가면 陽干의 根이 없다.

⑵하지만 陰胞胎를 보면 死地에서도 天干의 根이 있다.

(3)따라서 陽胞胎만으로 根이 없다고 하여 死地에서 사망 한다고 보기에는 문제가 있다.

絶地인 경우를 살펴보면 천간의 根이 없다.

絶							
甲申	乙酉	丙戊亥	丁己子	庚寅	辛卯	壬巳	癸午
庚壬戊	辛庚	壬甲戊	癸己	甲丙戊	乙甲	丙庚戊	丁己丙
木根無	木根無	火根無	火根無	金根無	金根無	水根無	水根無

7 | 天干이 地支에 머물 때 발생되는 것이 명리학이다.

(1)天干이 地支에 머물 때 발생되는 것이 명리학이므로 명리학은 五行을 중심으로 한다. 그러므로 同柱에서는 十干이 주인공이 된다.

(2)五行인 金이 辰에 간다면

①辰에 가니 戊, 癸, 乙 즉 土, 水, 木星이 초롱초롱 빛나고 있더라.

②따라서 五行인 庚金이 辰에 가면 庚辰이란 육십갑자 同柱가 된다.

㈎五行이 중심이 되므로 庚金이 중심 즉, 주인공이 된다.

㈏庚金이 辰에 가서 보니 戊, 癸, 乙이 거기에 있더라는
것이다.

㈐庚金은 주인이고 독립된 개체로 있는 戊, 癸, 乙은
주인을 보조하는 보조인이다.

⑶육십갑자의 丙戌 同柱에서

①天干 丙火가 同柱 전체의 主人이다.

②戌은 좌표를 나타낸다.

③지장간에 있는 戊, 丁, 辛은
丙火와 다른 별도의 독립된 개체이면서
보조인을 뜻한다.

丙	주인
戌	좌표점

火庫

戊	土 보조인
丁	火 보조인
辛	金 보조인

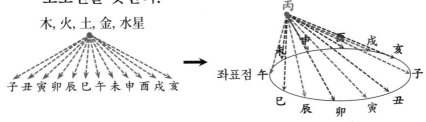

④運氣論에서는 丙이 戌을 보아 入庫된다고 본다(丙이
戌運을 만나는 경우).

하지만 同柱의 丙戌에서는 해석을 달리한다(입고되지
않는다).

丙　庚　○　○　乾　(1)時柱 丙戌에서 丙은 戌에 根을 두었다.
戌　戌　酉　丑　　　(2)時柱 丙戌에 대해서 일반적으로
火庫 火庫　　　　　　　"丙이 戌 火庫에 빨려 들어간다" 라고
반안 반안 장성 화개　　　말한다.
戌　戌　辛　己　　　　하지만 여기 丙戌 時柱에서는
丁　丁　　辛
辛　辛　　癸

①時干 丙火가 戌에 뿌리를 둔 것으로만 본다.

②丙火가 坐支 戌에 入庫되는 것이 아니다.

　㉮命造 내에 있는 庫가 動해도 入庫 되지 않는다.

　㉯入庫는 오로지 大歲運에 庫運이 왔을 때에만 入庫
　되는 것이다.

③時干 丙火가 戌에 들어가서 보니 丁火가 이미 들어와
　앉아 있더라는 것이다.

④戌 中 丁火는 형제로 볼 수 있는데 丙火보다 못한 급이
　떨어지는 형제이다.

⑤나 時干 丙火는 戌에 뿌리를 두고 天干에 나와 있으니
　잘난 사람이다.

※同柱에서는 入庫가 되지 않는다.

(3)만약 大歲運에서 戌運을 맞이하면

丙　庚　○　○　乾　○　　①時干 丙火는 大歲運의 戌을 새로
戌　戌　酉　丑 →戌　　　　맞이하는 것이 된다.
火庫 火庫　　　　　入庫　　②따라서 時干 丙火는 大歲運의
반안 반안 장성 화개　　　　戌에 입고가 된다.
戌　戌　辛　己
丁　丁　　辛
辛　辛　　癸

제12편 十二運星 통변

1   大運 甲申의 甲木이 申 絕地에 앉아 있다.

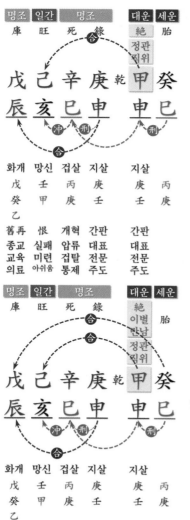

絕이란 만남과 이별이 교차하는 것을 뜻한다.

(1) 누군가가 포기했던 申 絕地 위의 甲 직위를 본인이 甲己合으로 받은 것이다.

(2) 巳申刑이라 시끄러운 가운데 甲 직위를 甲己合으로 받은 것이다.

(3) 즉, 한 사람이 포기했다는 말이 나온 직위일 것이다.

(4) 이는 巳申의 地藏干에 있는 戊 劫財들이 甲 직위는 포기하고 戊癸合으로 재합하여 가게 되는 것이다.

※실제 모 협회에서

① 甲 職位에 해당하는 빼앗고 통제하는 巳 劫殺의 자리에서 일하던 누군가가 포기한 甲申 絕地의 職位를

②이 사람 己土가 다시 甲己合으로 물려받은 것이다.

③의료 보험 관련하여 전체 의사들의 시술을 토대로 보험금 지급, 관리, 통제하는 감사 직책을 다른 사람이 골치 아파서 자리를 내놓은 것을 이 사람이 그 직위를 받았는데, 나이가 너무 어리다 하여 곳곳에서 굉장히 반대했으나 결국에는 이분이 그 직위를 받게 된 것이다.

④甲 직위가 甲己合으로 己土 日干에게 향해 가니 결국 내 직위가 되는 것이다.

2 | 발동된 甲申 大運의 申이

①時支의 辰과 申辰合을 하게 되나

㉮辰 中 乙을 꺼내 乙庚合을 하려 하지만 合이라 辰庫의 乙木을 끄집어낼 수 없다.

㉯때문에 乙庚合은 이루어지지 않고 움직임만 있었다.

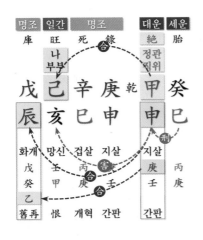

㈐만일 乙庚合이 되었으면 日支, 時支宮인 가정이나 자식이 생길 수도 있었겠으나 辰庫가 열리지 않아 혼사를 이루지는 못하였다.

②申亥 害가 되어

㈎日支 亥를 건드려 주지만 혼사가 되지는 못하였다.

㈏日支 배우자 자리를 건드려 주니 여자는 많이 들어 왔으나 혼사까지 되지 못하였다.

＊아직 총각이다(2014년 현재).

3 歲運, 月支의 巳中丙이 月干辛 食神에 丙辛合해 가게 된다.

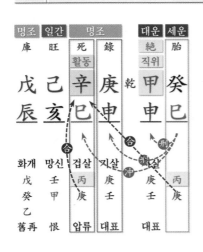

①丙 文書가 己의 모든 행위, 활동인 辛 食神에 丙辛合으로 합해 가니 本人이 하는 일 辛 食神에 대외적인 인정:丙 印星을 받게 되는 것이다.

※印綬: 증서, 증명, 확인, 등록, 등기, 신고하는 것이다.

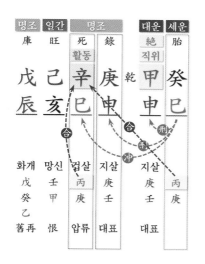

※혼인하고 혼인 신고하는 것도 印星이다. 집 사고 등기하는 것도 동일하다.

②하는 일 辛 食神에 丙 印星이 붙었다.

㉮月支 巳 劫殺의 丙 印星+ 月干 辛 食神,

巳 劫殺:빼앗고 통제하다+ 丙 인성:인정,

確認+辛 食神: 활동, 표현

㉯즉, 이 사람이 하는 일이 의원 하나 정도는 살리고 죽일 수 있는 일이다.

4 　巳 歲運이

①申을 1次 반응으로 건드리고

②申 大運이 巳 月支를 다시 2次 반응으로 건드리고 연쇄 반응으로 年支 申 地殺도 동시에 반응하게 된다.

③歲運 기준으로 神殺을 적용

㉮歲運 癸巳年에도 사주 명조의 地支에 神殺을 적용한다.

명조	일간	명조		대운	세운
庫	旺	死	祿	絶	胎
		활동	활동	직위	
戊	己	辛	庚	甲	癸
辰	亥	巳	申	申	巳
화개	망신	겁살	지살	지살	
戊	壬	丙	庚	庚	丙
癸	甲	庚	壬	壬	庚
乙					
舊再	恨	압류	대표	대표	

乾

㉯癸巳를 기준으로 보면 申
　地殺이 亡神殺이 된다.
㉰자신이 하는 일 庚 傷官+
　申 地殺 대표성의 일이 申
　亡神殺로 작용을 하게 되어
㉱자신이 하던 한의원 운영이
　잘되지 않게 된다.

제 4 강

십이신살
(十二神殺)

제1편 십이신살의 중요성

1 │ 자신의 역철학의 형성이 필요(易 원리와 많은 사유 추구)

⑴易의 원리를 알고 思惟(사유)를 하면 易哲學이 형성된다.

⑵易의 原理의 메커니즘에는 오류가 있어서는 안 된다.

→ 一貫性(일관성)이 지켜져야 한다.

⑶易의 原理를 알고 思惟를 하면 명궁, 월장, 납음오행 등의 쓰임새와 명리에 적용법 등을 알 수 있게 된다.

⑷年柱가 중요하다.

①우주 변화의 원리는 月柱가 아닌 年柱가 기준이 된다.

②명궁, 월장은 지극히 당연한 것이다.

③日柱가 "나"인데 月을 中心으로 움직이는가?

時는 中心이 될 수 없는가?

㉮月을 中心으로 하여 움직이는 것은 옛 先人이 年月을 中心으로 했던 흔적이 남아 내려오고 있다는 것이다 (과거 命理學에).

㉯水土同宮, 火土同宮에 대해서도

옛날로 갈수록 水土同宮을 이야기하고 있다.

현대로 올수록 火土同宮을 이야기하고 적용하고 있다.

그러나 현대인의 명리 수준이 과거 先人들보다 떨어지는 것이 현실인 이 시점에서 火土同宮을 다시 생각해 보아야 한다.

㈐十二神殺은 年月 中心으로 만들어진 것이다.

  ㈀따라서 十二神殺은 日支와 전혀 관계가 없는 것이다.

  ㈁日支를 중심으로 하여 十二神殺을 부여하는 것은 틀린 것이다.

2   아래 명조는 壬子年에 출생하여

⑴子 가문의 子體가 되므로 子의 영향권에 모두 있게 된다.

  ①따라서 年支 子를 기준하여 12神殺을 부여한다.

⑵年支 子를 기준하여 命造 地支에 12神殺을 부여하므로

  ①年支:將星 ②月支:攀鞍

  ③日支:災殺(囚獄)

  ④時支:驛馬가 된다.

  당사자만의 十二神殺이다.

⑶그런데 현재 이 시간에 이 壬子 生이 와서 상담한다면

  ①來情法은 옆과 같이 된다.

   己亥年이므로 亥 가문에 亥 體가 되므로 亥의 영향권에 들어가 있다.

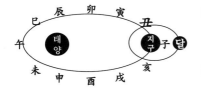

②따라서 來情法의 十二神殺은 年支 亥를 기준하여 부여된다.

③年支 亥를 기준하여 坐知方 地支에 十二神殺을 부여하므로
㉠年支:地殺 ㉡月支:六害
㉢日支:天殺 ㉣時支:華蓋가
된다.

⑷歲運은 公轉하는데 당년의 年支 를 基準하여 12神殺을 적용하는 것은 모든 사람에게 공통으로 적용 되는 12神殺인 것이다.

①大運은 四柱의 月을 기준으로 해서 오는 것이며 자전을 하므로 나만의 것이다.

②즉 四柱와 大運은 本人의 것이며, 歲運은 모든 사람들에게 작용 하는 공통의 것이다.

③己亥年 來情法에 의한 명조의 地支 亥 地殺, 午 六害, 戌 天殺, 未 華蓋는 본인뿐만 아니라 다른 모든 사람에게도 동일 하게 적용된다는 것이다.

3 │ 그러면 歲運 己亥年에 命造의 12神殺은 어떻게 되는가?

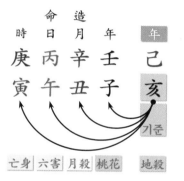

命 造
時 日 月 年   年
庚 丙 辛 壬   己
寅 午 丑 子   亥
역마 재살 반안 장성

命 造
時 日 月 年   年
庚 丙 辛 壬   己
寅 午 丑 子   亥
                기준
亡身 六害 月殺 桃花 地殺

(1) 年支가 가문이고 體가 되므로 年支의 영향권에 들어가므로 年支를 기준으로 한다고 했다.

(2) 그러면 壬子生은 年支 子 가문에 있고, 己亥年은 亥 가문에 있어 가문의 영향을 받는데 子와 亥 둘 중 어디의 영향을 받는 것일까?

(3) 지금 이 순간이 己亥年이므로 亥의 영향권에 있는 것이 된다.
① 따라서 歲運 亥를 기준하여 12神殺을 적용하여야 한다.
② 己亥年에는 命造의 12神殺도 亥를 기준하여 바뀌는 것이다.

■ 본래 태어날 때는 子의 영향을 받지만 매 歲運마다 歲運의 地支에 의한 영향을 받으므로 매년 12神殺도 바뀌는 것이다.

命 造
時 日 月 年   年
庚 丙 辛 壬   乙
寅 午 丑 子   巳
                기준
劫殺 桃花 華蓋 六害 地殺

※ 易은 바뀌는(변하는) 것이다 [바꿀 易].
고정되어 있는 것은 易이 아니다.

■命造와 來情을 함께 보는 것이 八柱法이다.

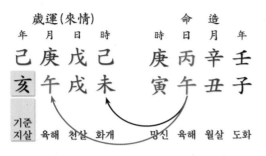

※八柱法은 『야학신결』(창조명리) (P.368~385)를 참고
 바란다.

제2편 십이신살의 구성

①日干 기준	②年支 기준	劫 殺	災 殺	天 殺	地 殺	年 殺	月 殺	亡 身	將 星	攀 鞍	驛 馬	六 害	華 蓋
丙乙 (戊)	寅午戌	亥	子	丑	寅	卯	辰	巳	午	未	申	酉	戌
庚丁 (己)	巳酉丑	寅	卯	辰	巳	午	未	申	酉	戌	亥	子	丑
壬辛	申子辰	巳	午	未	申	酉	戌	亥	子	丑	寅	卯	辰
甲癸	亥卯未	申	酉	戌	亥	子	丑	寅	卯	辰	巳	午	未

암기 순서

地年月 亡將攀 驛六華 劫災天(地년월 망將반 역육華겁災천)

地殺①은 年支 三合의 첫 글자가 온다.

將星②은 年支 三合의 두번째 글자가 온다.

華蓋③는 年支 三合의 마지막 글자가 온다.

災殺④은 將星과 冲이 되는 글자가 온다.

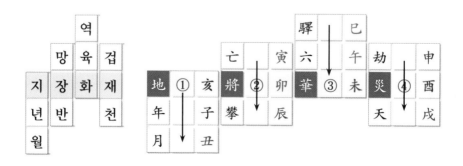

■年支가 亥인 경우 : 亥卯未酉(지장화재)

①年支 亥의 三合인 亥卯未를 먼저 적고 將星과 冲하는 酉 災殺을 적는다.

②地殺 亥에서 아래 순서대로 子 ~ 戌을 적는다.

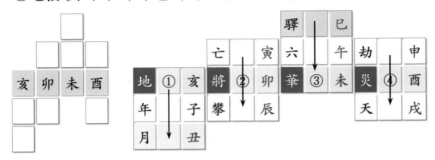

12신살 그림

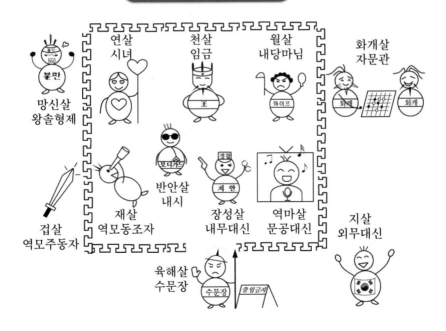

제3편 십이신살 적용 기준:명조 자체-年支, 변화-歲運地支

1 | 명조 자체의 十二神殺은 年支 卯가 기준이 된다.

```
○ 甲 ○ ○
○ 申 ○ 卯
  겁살    장성
  庚
  편관
  직장
  남자
```

(1)年支 卯의 三合인 亥卯未 기준의
十二神殺을 본다.

(2)三合을 地將華災로 하여 구하면
아래와 같다.

		驛	巳		
	亡	寅	六	午	劫	申
地	亥	將	卯	華	未	災	酉
年	子	攀	辰			天	戌
月	丑						

2 | 年支 卯는 將星이고 日支 申은 劫殺이 된다.

```
○ 甲 ○ ○
○ 申 ○ 卯
  겁살    장성
  편관 庚 겁재 乙
  편인 壬
```

(1)12神殺와 12運星은 同柱로만
영향을 받는다.

(2)卯가 將星이라 卯中 乙木도 將星
기운을 가진다.

(3)申이 劫殺이라 申中 庚金, 壬水도
劫殺 기운을 가진다.

(4)官星에 劫殺이 붙으면,
①직장에서 공격의 대상이 되거나
法과 관련된다.

②직장에 압류, 빼앗다가 결합된 이유이다.

(5)女命에서 官星이 劫殺이라면

    ①男子로부터 빼앗긴다, 한 방 맞는다.

    ②즉 정조를 유린당한다. 겁탈 당한다.

    * 怨嗔이면 더 심하다(卯申 怨嗔).

3	명조 자체의 十二神殺은 年支 寅이 기준이 된다.

(1)年支 寅의 三合인 寅午戌 기준의 十二神殺을 본다.

(2)三合을 地將華災로 하여 구하면 아래와 같다.

(3)年支 寅은 地殺이고 月支 亥는 劫殺이 된다.

    ①12神殺와 12運星은 同柱로만 영향을 받는다.

②寅이 地殺이라 寅 中 甲木, 丙火도 地殺 기운을 가진다.

③亥가 劫殺이라 亥 中 壬水, 甲木, 戊土도 劫殺 기운을 가진다.

(4)印星에 劫殺이 붙으면

①文書에 劫殺이 붙어 압류나 빼앗김을 당한다.

②印星은 상속 또는 외부로부터 수여받는 것을 의미한다.

③따라서 상속 지분에 압류가 들어온다. 상속 지분을 빼앗긴다.

④母親에게 劫殺 기운이 있다.

4	명조 자체의 十二神殺은 年支 辰이 기준이 된다.

(1)年支 辰의 三合인 申子辰 기준으로 十二神殺을 본다.

(2)三合을 地將華災로 하여 구하면 아래와 같다.

(3)年支 辰은 華蓋이고 時支 巳는 劫殺이 된다.

　①12神殺와 12運星은 同柱로만 영향을 받는다.

　②辰이 華蓋이라 辰 中 戊土, 癸水, 乙木도 華蓋 기운을 가진다.

　③巳가 劫殺이라 巳 中 丙火, 庚金도 劫殺 기운을 가진다.

(4)食傷에 劫殺이 붙으면,

　①내가 하는 일(行動), 사업, 내 아이디어, 내 생산품, 지적 재산권에 압류가 들어온다(~을 빼앗긴다).

　②여명인 경우 자식에게 劫殺 기운이 있다.

　　두들겨 맞는 아이, 왕따당하는 아이.

| 5 | 명조 자체의 十二神殺은 年支 卯가 기준이 된다. |

○ 丙 ○ ○
○ 申 ○ 卯
　겁살　　장성
　庚　　　乙
　편재
　재물
　부친
　처

(1)年支 卯의 三合 亥卯未 기준으로 十二神殺을 본다.

(2)三合을 地將華災로 하여 구한다.

(3)年支 卯는 將星이고 日支 申은 劫殺이 된다.

	丙		
	申		卯
	겁살		장성
편재	庚	乙	정인
편관	壬		
	戌		

①12神殺와 12運星은 同柱로만 영향을 받는다.

②卯가 將星이라 卯 中 乙木도 將星 기운을 가진다.

③申이 劫殺이라 申 中 庚金, 壬水도 劫殺 기운을 가진다.

⑷財星에 劫殺이 붙으면,

　①재물에 압류가 들어온다. 재물을 빼앗긴다.

　②부친이나 마누라가 劫殺 기운이 있다.

---

6 명조 자체의 十二神殺은 年支 申이 기준이 된다.

	丁		
		巳	申
		겁살	지살
		丙	庚
		겁재	壬
		형제 동료	

(1)年支 申의 三合 申子辰 기준으로 十二神殺을 본다.

(2)三合을 地將華災로 하여 구한다.

		驛	寅		
		亡 亥	六 卯	劫 巳	
地 申	將 子	華 辰	災 午	
年 酉	攀 丑		天 未	
月 戌				

(3)年支 申은 地殺이고 月支 巳는 劫殺이 된다.

○ 丁 ○ ○
○ ○ 巳 申

	巳	申	
	겁살	지살	
겁재	丙	庚	정재
정재	庚	壬	정관

① 12神殺과 12運星은 同柱로만 영향을 받는다.

② 申이 地殺이라 申 中 庚金, 壬水도 地殺 기운을 가진다.

③ 巳가 劫殺이라 巳 中 丙火, 壬水도 劫殺 기운을 가진다.

⑷ 比劫에 劫殺이 붙으면,

　① 형제 중에 劫殺 기운을 가진 형제가 있다.

　② 比劫 자체가 나를 괴롭히는 것이기 때문이다.

※ 독립운동가에 劫殺이 많았다.

　劫殺은 표적, 목표 대상이라 일본 순사 표적이 된다.

---

7 | 내가 뺏는다, 혹은 빼앗긴다는 것은 劫殺 기운이 있는 직업을 가지면 빼앗는 것으로 변한다.

○ 丁 ○ ○
○ 亥 ○ 寅

亥		寅
겁살		지살
壬		甲
정관		丙
직장		
남편		
자식		

⑴ 劫殺 기운이 있는 직업을 가지면 빼앗기는 것이 아닌 빼앗는 직업이 된다.

⑵ 丁火 日干인 寅生의 여자가 있다고 하면 亥(壬)가 官星으로 남편이나 내 직장이 된다.

(3)官星이 劫殺 기운을 가지므로 남편
　이나 내 직장에 劫殺 기운이 있는
　것이다.
　①내가 劫殺 기운이 있는 직업을
　　가지든가 남편이 劫殺 기운의
　　직업을 가지면 된다.
　②군경, 수사관, 교도관 등
(4)그러면 劫殺은 빼앗기거나 당하는
　것이 아니라 내가 빼앗는 것이 된다.

■Tip:四柱에 글자가 있건 없건 상관없이 띠만 가지고 물어
　보아 알 수 있다.
⑴개(戌)띠이고, 日干이 辛金이라면 劫殺은 亥이다.
⑵日干 辛金에서 보면 亥(壬)는 傷官이라 傷官에 劫殺 기운이
　있다는 것이다.
⑶본인에게 亥가 있건 없건 관계가 없다.

제4편 십이신살의 해석 - 육신, 궁위, 인자

1 | 물상론적 해석 예 - 1

○ 丙 ○ ○
○ 申 ○ 卯

겁살		장성
庚		乙
편재		
재물 부친 처		

(1)申(庚)은 재성이고 겁살이다.
(2)이럴 때는 이렇게도 생각할 수 있다.
　"재물에 劫殺이 붙었네"
(3)가만히 봤더니 申은 자동차이다.
　"차가 저당 잡혀 있네"
(4)왜 申이 자동차가 되느냐 하면

①申이라는 글자 자체는 우물에 두레박을 하나 떨어뜨리는 것이다.
②上通下達(상통하달), 天地로, 위아래로 通(통)하고 있다.
③그래서 申이라는 글자는 소통, 이동, 통신, 차량 이렇게 설명한다.
④따라서 "車에 저당 잡혀 있네" 라고 할 수 있는 것이다.

2 | 물상론적 해석 예 - 2

건물 토지
○ 庚 ○ ○
○ ○ 寅 丑

겁살	화개
甲	
편재	
건물	

(1)寅(甲)은 財星이며 劫殺이다.
(2)寅은 건축물을 뜻하므로 "니 재산이 저당 잡혀 있다" 라고 할 수 있다.
(3)따라서 "건물이 저당 잡혀 있네" 라고 할 수 있다.

＊더 나아가서 寅이 財星이든 아니든 간에 글자가 의미하는
　바로 寅 자체가 건축물이니 여기에 劫殺이 있으면 건축물이
　저당 잡혀 있다고 할 수 있는 것이다.

3 │ 물상론적 해석 예 - 3

○ 庚 ○ ○
巳 ○ ○ 申
겁살　　　　지살
丙
편관
안경
영화

(1)巳(丙)가 官星이면서 劫殺이 붙었다.

(2)巳와 午라는 글자는 안경, 비디오, 카메라를 뜻한다.

(3)안경, 비디오, 카메라가 겁살이란 것은 좀 이상하다.

(4)이럴 때는 안경, 비디오, 카메라는 '안경이나 카메라는 니 손에만 가면 고장 난다' 라고 할 수 있다.

4 │ 물상론적 해석 예 - 4

○ 己 ○ ○
○ 亥 ○ 寅
겁살　　　　지살
壬
정재
아이

(1)亥(壬)는 財星이며 劫殺이다.

(2)亥는 아이(baby)를 뜻해 아이에게 劫殺이 붙었다.

(3) "아이에게 劫殺 기운이 있다" 라고 볼 수 있다.

(4)아이가 공격 목표의 대상이거나 비난의 대상이 된다.
"아이가 잘 맞고 온다. 왕따당한다." 라고 말할 수 있다.

제5편 십이신살

■십이신살
地支와 地支와의 관계 …
⑴命造 年支 기준
⑵歲運 地支 기준하여 命造 地支에 神殺 부여.

劫殺	역모주동자	쿠데타, 개혁, 수리
災殺	역모동조자	간첩, 비밀, 머리 총명
天殺	군주, 임금	놀람, 마비
地殺	외무대신	간판, 대표, 명함
年殺	시녀	꾸미다, 단장하다, 바쁘다, 팁, 지위 상승. 꿈.
月殺	왕비	월급, 질투, 보호(배우자 띠일 때 德 있다), 감시.
亡身殺	왕손	비웃음거리, 구경거리
將星殺	내무대신	주도권, 치안, 長
攀鞍殺	내시	은닉, 보디가드, 비자금
驛馬殺	문공대신	문화. 예술, 홍보
六害殺	수문장	임시, 스피드(속성), 다시, 잘 보여야 한다.
華蓋殺	自問官	신앙, 종교, 再(다시)

※예)
　甲子 (六害) … 냉동, 벼락치기 공부 (印星이 六害)

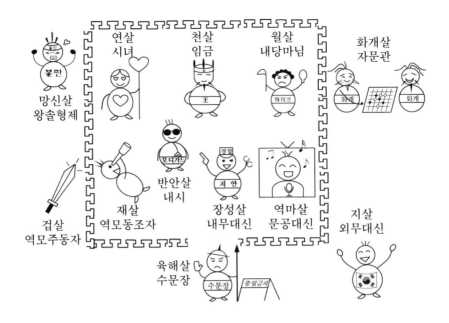

※甲午年 어떤 일이 發生하는가?

(1)망신스런 일로 시비, 구설 발생한다.

(2)甲午年은 甲木 偏官과 午(丁) 印綬에
　　관한 일이 들어온다.

　①甲木이 戊土를 剋한다. 관재, 질병,
　　시비, 구설 등이 생긴다.

　②寅午合으로 戊寅이 動한다.

(3)寅午合으로 寅 中 甲木이 투출되어
　　戊土를 剋한다.

(4)寅은

　①命造 年支 卯 기준으로 보면 亡身殺이다.

日干 戊土는 망신 기운의 甲木
偏官에 당하는 것이다.

②甲午 歲運의 午 기준으로 보면
地殺이다.

甲木 地殺 偏官에 당하는 것이다.

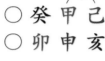

장성　겁살　지살

⑴자식 甲木이 돈을 벌기 위해 해외로
　나간다.

⑵자식 甲木이 己土 正財와 甲己合해
　財를 가진다.

⑶己土 正財가 亥 地殺에 앉아 해외에
　있는 돈이다.

　※해외에 있는 女子.

⑷따라서 돈 벌기 위해 해외로 나간다.

　※국제결혼을 할 수도 있다.

제6편 십이신살 설명

※십이신살의 별칭은 박일우 선생님의 방법에서 인용하였음을 밝혀둔다.

1 겁살 : 역모주동자

개혁, 쿠데타(법조인), 수리, 개발, 전복, 빼앗다, 빼앗기다.

⑴때리다, 찢다, 뒤집다

①때리다 … 스포츠, 압류, 세금, 조폭

②찢다 …… 의료인

③뒤집다 … 재건, 수리, 재개발

⑵劫殺 大運

①주거지가 不安定하다 … 언제, 재개발할지 모른다.

→ 내 주거지가 재개발될 수도 있다.

불안한 주거환경 … 재개발, 압류, 저당, 강제 집행

②大運 末 교통사고, 수술, 흉살 일어난다.

⑶겁살띠 자식 두지 마라 … 특히 맏이 역할 못 한다.

→ 사망, 무능, 불치병(부부 둘 다 적용)

⑷집수리할 때 겁살 방향, 천살 방향은 손대지 마라. 잘못
건들면 탈 난다.

⑸학생 진로 … 제 2大運 + 十二神殺 적용

①겁살 大運 … 군경, 의사, 법조인, 스포츠, 집달인 등

②겁살 중중 … 의료인, 군경 많다.

⑹女命 : 官星+원진+겁살 → 강간, 외정(男子와 잘못된 만남)

①大歲運에서 들어오는 경우도 발동한다.

②歲運이 우선한다.

2 | 재살 : 역모동조자

비밀 많다(간첩), 아이디어 제공, 두뇌 명석, 이기적, 자기 실속만 관심.

(1)재살 방향 : 끌려갈 수밖에 없다(主人 또는 上官에게).

(2)재살 대운 :

　①종업원 채용하면 안 된다:스파이, 자기 실속만 차린다, 적극성 부족.

　②大運末 : 권고사직 들어온다.

(3)급전이 필요할 때 災殺 띠에게 부탁해라.

(4)재살+刑, 沖 : 사기꾼, 모사꾼→災殺 띠와 동업하면 돈 빼앗긴다.

(5)재살 방향을 등지고 있으면 상대방을 제압할 수 있다 (협상 시)-화투, 포커.

(6)재살 직업 : 연구직, 기획부서 (두뇌 명석, 아이디어 제공)

3 | 천살 : 임금, 군주

왕이 직접 영향을 행사하기보다는 간접적인 영향을 미친다 … 대리인, 심부름

(1)천살 방향

　①신, 조상이 있는 方向이다.

　　소원, 기도를 비는 방향, 공부 방향(우등생)

　　※반안살 방향은 잠자는 방향이다.

②천살 방향에 종교물을 두지 마라 : 종교관련 조각, 책, 그림 등

⑵천살 띠, 증오살(四階段法) 손님 감정할 때 주의사항

①問占에 신뢰를 하지 않는다 … 맞지 않는다.

②그냥 돌려보내라, 맞장구만 쳐주어라 : 증오살, 궤도 이탈, 천살 띠 손님

⑶官星, 食傷+천살

①직업은 대리인, 브로커, 사무장, 관리인, 중개인, 심부름 센터, 택배

②심부름 센터, 택배업은 역마, 지살이 더 작용이 크다.

⑷마비, 정지, 놀람

①천살 대운에 신체 마비, 정지가 올 수 있다.

②대개 중풍, 하반신 마비가 온다.

⑸月支, 時支 + 천살, 日支 + 천살

①성격 : 무뢰한 사람

②질병 : 불치병, 하체 불구, 마비 증세

⑹궁위 통변

①時支가 천살이면 자식이 王이다→자식에게 꼼짝 못한다.

②日支가 천살이면 배우자가 王이다→배우자가 王 노릇 한다.

4 | 지살 : 외무대신

대표. 사장, 주도권(형식적), 돌아다니다.

⑴지살(물질적 요소):명함, 명패, 간판, 전단(광고)지, 승용차, 출입문, 현관문, 출근 방향

驛馬(무형적 요소):소식, 소문, 방송, 통신, 신문

※驛馬 방향 출근하는 사람은 곧 그만둘 사람이다.

※驛馬 방향 출입문이 있다면 머지않아 이사 갈 사람 집이 된다(이사 나간다).

※전세업자나 주인이 역마살 띠이면 가짜, 현지 관리인 또는 곧 그 집을 인수할 사람.

⑵지살 방향 : 간판 붙이는 방향.

역마 방향 : 곧 문을 닫아야 하는 것이다. 머지 않아 떨어질 간판이다. 사업 부진하게 된다.

※역마 방향에 간판 설치하는 것을 피해라.

⑶지살日에 생긴 일은 역마年, 月, 日에 가서 해결된다.

⑷직업 : 食傷+官星+지살(12신살) : 외근, 영업 활동, 보험, 자동차.

⑸진로 : 제2大運+지살(12신살) : 광고업, 정치 외교, 언론, 관광, 무역

5 | 연살 : 도화살, 시녀

용돈, 대기, 꾸미다, 치장, 미모 관리, 반복된 생활, 뒷바라지 하는 사람

⑴補修(보수), 수리, 각색 … 작가, 수리업자

⑵도화 大運

　①사업이 지체된다.

　②직장은 구직 중인 상태이다(백수)

⑶인기 : 연예인은 도화살이 있어야 인기가 있다 - 성형

⑷도화+刑 : 성병

⑸日支+도화 : 미인 미남 많다. 아니면 배우자가 예쁘고 사교적이다.

　※壬+乙:선남선녀

⑹불과 男女가 있는 곳 : 결혼상담소, 중매쟁이, 꽃집 사장, 윤락가(凶)

⑺도화운 : 이성 관련 일 발생(연애사) → 불륜으로 많이 보아 왔다.

6 　월살 : 왕비, 내당마님

고초살, 월급, 감시, 한계, 보살펴 준다

⑴결혼날로 월살日을 잡으면 안 된다(씨가 마른다:男女 모두 적용).

⑵월살 방향

　①집안의 편리품이 있다 (냉장고, 밥통, 전기 스위치 등)

　②처가 집에서 가져온 물건이 있다.

⑶命造內 월살 + 화개, 월살 띠+배우자

　①배우자의 德이 있다, 배우자가 나를 보살펴 준다.

⑷월살 大運

　①상속, 하사금, 사례금이 생기는 運이다.

　②大運 末 : 재물이 흩어진다(財産 管理 신경 써라)

　③제2大運 + 月殺 : 진로 : 서비스업, 의약업

7 │ 망신살 : 왕손

恨, 아쉬움, 미련, 실패, 불평불만, 비웃음거리, 구경거리, 비밀 창고가 있는 방향

⑴비웃음거리가 되어도 목적만 달성만 하면 된다고 생각
　한다 : 투기, 몸 로비

⑵亡身 띠의 자식 : 불륜으로 얻은 자식, 사생아, 반드시
　얼굴에 먹칠할 자식, 호로자식

　※겁살 자식, 망신띠 자식

⑶망신 大運

　①여명 : 출산(본인의 치부를 드러내 보이는 때)

　②일반인 : 수술

　③노인 : 사망(염)

⑷통변 : 불평불만, 恨, 아쉬움

　①食傷 + 망신 : 하는 일의 아쉬움, 더욱더 하려고 한다,
　　　　　　　　　 마음에 차지 않는다.

　②時支 + 망신 : 자식의 아쉬움, 恨(한)

| 8 | 장성살 : 내무대신 |

長, 주도권(실질적), 치안 담당, 질서 담당, 공익을 위한다.

⑴힘의 극치 : 三合의 中間字

⑵부하 직원 : 자리, 지위, 직위 등을 주어라 아니면 나에게
　　　　　　반대, 비판의 세력이 되게 된다.

⑶학생 … 학업 중단, 재수생

⑷女命 … 자기 길을 찾아간다. 남편을 형극한다 → 이혼,
　　　　사별, 이혼 후 친정으로 가게 된다.

⑸大運

　①직장인 : 승진한다.

　②학생 : 반장이라도 한다.

⑹주도권의 의미

　①食傷 + 장성 : 프로 가수

　②財星 + 장성 : 재정 담당자, 총무

⑺장성살 방향 : 출입문, 창을 두지 마라(돈 빠져 나간다).

| 9 | 반안살 : 내시 |

은닉, 비자금(담당), 보디가드, 비서, 보살펴 준다, 숨겨 준다
(비자금), 전문가

⑴전문가

　①食傷 + 반안 : 요리 전문가

　②財星 + 반안 : 금융 전문가

　③官星 + 반안 : 고위층 인사

⑵반안 大運

　①승진, 출세(장성살과 동일)

10 역마살 : 문공대신

문화, 예술, 창작, 변동, 변화, 이동, 돌아다니다.

⑴직업 : 食傷 + 역마 : 문화, 예술

　　　　　官星 + 역마 : 문화, 광고, 언론, 방송

⑵돌아다니다, 시동, 여행, 나들이

⑶男命 : 財星 + 역마 : 국제결혼, 외화 획득

　女命 : 官星 + 역마 : 국제결혼

　　乙　食傷 + 역마 : 자식 국제결혼, 외국 사업(무역)

　　巳　①巳가 역마이다(비행기살).

　　庚　②巳中 庚金 正官이 역마살로 본인과 남편 둘 다

　　　　　분주하다.

　　　　③타지(해외)에서 庚金 만나 국제결혼한다.

　　　　④傷官이 역마라 시비구설이 있다.

⑷印星 + 역마 : 유학, 해외 근무, 해외특허

　傷官 + 역마 : 시비, 구설, 나쁜 소식

⑸日支 + 역마 : 동분서주

⑹역마 : 소문, 소식, 광고, 선전 : 무형적 요소

　지살 : 간판, 명함, 광고물, 선전물 : 유형적 요소

※主(四柱, 大運) 客(歲運)의 구별이 중요하다.

11 | 육해살 : 수문장

임시, 속성, 스피드

(1)육해살 띠에게 잘해 주어야 한다.

  ①돈을 빌려 주면 안 된다. → 수문장으로 돈 들어가면 문이 닫혀 나오지 못한다.

  ②財星 + 육해 : 급전

(2)말이 마구간에 묶여 있는 象.

  ①만성 질환, 질병은 만성으로 본다.

  ②卯 + 육해 : 만성 간 질환

  ③子 + 육해 : 子宮, 신장, 방광

  ④酉 + 육해 : 천식, 기관지염

  ⑤酉 + 육해 : 운전기사 ※酉:둥근 것, 바퀴, 발통

12 | 화개살 : 자문관, 국가 원로

다시(再), Again, 종교, 신앙, 꽃방석, 자문

(1)財星 + 화개 : 헤어진 女子 다시 만난다.

  官星 + 화개 : 헤어진 남자 다시 만난다. 복직한다.

  印星 + 화개 : 다시 공부한다.

  食傷 + 화개 : 다시 사업한다.

(2)宗敎, 信仰

  ①印星 + 화개 : 道 공부, 종교학

  ②財星 + 화개 : 종교에 열렬한 처

③官星 + 화개 : 종교에 열렬한 남편
④食傷 + 화개 : 공줄이 세다(사주첩경)

■궁위 통변
⑴年:지살(조상+간판)
   … 명문 집안 = 祖上, 내가 조상 빛낸다.
⑵月:연살 … 부모 바쁘다.
⑶日:화개 … 처가 나갔다가 다시 왔다.
⑷時:망신 … 子息이 망나니다.

※食神+망신 : 하는 일에 恨이 있다, 불평불만 많다.

※십이신살 의미 요약

구 분	의	미
겁살	쿠데타, 개혁, 수리	공격을 받는 직업 (정치, 독립운동가)
재살	빽(뒷배경), 음해, 원한	백호살, 스파크(합선)
천살	불치병, 마비	사람과 분리(생사별-외탈) (外)
지살	간판, 명함	시작, 시발의 작용, 변화
년살	바쁘다, 팁, 각색	패륜, 불륜
월살	월급, 상속, 관성+월살:직장인	고초살(에너지 고갈), 용두사미
망신살	호로자식, 욕 먹을 일	내탈(內)
장성살	치안, 담당	주체, 주도권
반안살	은닉, 비자금	관용차(공무원)
역마살	문화, 예술, 소식, 소문	시발(시동), 車
육해살	방향, 채찍(어책), 운전사, 임시, 속성	지름길
화개살	다시, 재, 반복	흡수력, 신앙(土=庫)

■**부적(符籍)** … 낙화 방향에 부착, **기도(祈禱)** … 육해살 방향

제7편 십이신살 작용 해설

12신살은 작용을 한다. 신살은 가능한 긍정적으로 해석해 준다.

1 | 지살 : 지사(支社), 대리점, 여행, 운전

※예전 사례

큰 기업의 뭔가를 맡아서 대리점 같은 것을 해야 한다고 하니 대리점을 한다더라. 택배 대리점이다. 택배이니까 지살, 역마이다.

■지살과 역마

丙	己	癸	癸	乾
寅	亥	亥	亥	
망신	지살	지살	지살	
용신				
관성	재성			
조직	외화			
	壬			
	甲			
	戊			
	대표			

(1)지살:대표

　　역마:대리(劫財가 대리 역할), 바지
　　　　사장, 부대표(Sub)

(2)사장이 되려면

　①내가 지살에 있어야 한다. 日支가
　　지살이어야 한다.

　②사주의 他 柱에 역마와 겁재가 있고
　　나와는 관련이 없어야 한다 .

③日支가 역마가 되면 본인은 대리가 된다.

　사장이나 대표가 되지 못한다.

④劫財는 내 대신 일을 하는 사람이다.

　내 대신 일은 劫財가 하고 큰돈은 내가 가진다.

　→劫食代生이 되는 구조이어야 한다.

해외유학 주관

丙甲壬辛 坤　(1)印綬(학문, 공부)가 主管한다.
子申辰巳　　(2)印綬의 十二神殺과 因子論에 의한다.
육해 망신 천살 지살
　　　　비행
　　　　기살

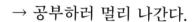

　　　①印綬가 역마 = 印綬(공부)+역마
　　　(멀리 감)
　　　→ 공부하러 멀리 나간다.
　　　→ 해외 유학
　②印綬가 육해 = 印綬(공부)+육해(멀리 감)
　　→ 공부하러 멀리 나간다. → 해외 유학
　③印綬가 巳 = 印綬(공부)+巳(비행기)
　　→공부하러 비행기 타고(멀리) 나간다. → 해외 유학
　④한 가지 더 추가한다면 印綬가 水인 경우.

2 │ 연살 : 꽃, 도화, 인기, 재주, 여성용 상품

(1)복숭아 꽃을 도화라고 한다.
(2)예전에 색정 관계라고 했는데, 사실은 그것이 아니다.
　①桃花는 아름다운 꽃이니까 인기와 맵시를 뜻한다.
　②과거에는 여자 사주에 도화를 나쁘게 봤지만,
　　㈎요즘 같이 사회 활동을 많이 하고
　　㈏나의 맵시를 요구하는 시대에는 도화가 가장 필요한
　　　존재다.

㈐인기가 있고 내가 하는 것이 맵시가 있어서 사람들에게 인정받는다 라고 표현해 줘야 한다.

⑶도화가 있는 사람들이

①재주가 좋고, 유튜브나 개인 방송을 하더라도 인기가 많다.

②음식을 하는데 도화살이 있으면 음식을 맵시 있게 예쁘게 만든다.

③뭐를 해도 인기를 얻는다. 대중적 인기를 뜻한다.

⑷도화와 비슷한 것이 화개가 있다.

①화개는 꽃이 만발하게 폈다는 뜻이다.

②부처님께 바치는 꽃이다. 정성을 다해 바친다는 뜻이다.

③도화는

㈎어떤 일을 대충대충 했을 때 사람들이 멋지다 라고 한다.

㈏인스턴트 같은 의미가 있다.

④화개는

㈎뭘 해도 사람들이 감탄을 한다.

㈏열심히 하고 정성을 드렸구나(라고 다른 사람들은 생각한다).

⑤도화가 있는 사람은 빨리 화려하게 성공하는 경우가 많고 화개가 있는 사람은 꾸준하게 정성을 드려서 성공할 수 있겠다.

직업적으로 이런 것들이 필요한 분야에 있으면 좋다.

⑥똑같은 음식을 만들어도

도화는 예쁘게 만들고

화개는 정성을 드려서 음식을 만든다.

이런 것을 구분해서 손님에게 설명해 주면 된다.

3 │ 고초살 : 관리, 장부, 감시, 여명-時에 있으면 자식 凶

⑴고초는 마르다는 뜻이다.

①사주에 월살이 있으면 관리하는 것이다.

②月支에 월살이 있고 財庫에 해당되면, 학교의 총무 (회계, 돈) 선생이다.

만일 그런 일을 안 한다고 하면, 시장 바닥에서 생선을 팔고 있다고 하면, "그러면 안 된다. 당신은 장부정리 하는 법을 배워야 한다." 라고 자신 있게 말해라.

※八字에 맞는 직업을 하면 인생이 바뀐다.

4 │ 망신살 : 원치 않게 대중 앞에 나선다, 남 앞에 나서는 것

⑴사주에 망신이 있으면

①남 앞에 나서서 하는 일을 한다.

㉮사람들을 안내한다든지,

㉯나와서 설명을 해 준다든지,

㉰남 앞에서 인도하거나 유도해 주는 일을 하는 것 등 망신살이 있는 사람이 많다.

②문제는 원치 않게 대중 앞에 나서는 것이다.

㉮내가 원해서 하는 일은 망신살이 없다.

㉯직장에 다니다 보면 누가 시켜서 하기 싫은데 어쩔 수 없이 남들 앞에 나서서 설명하거나 일을 하는 것이다.

㉰망신살이 있는 사람은 남들 앞에 나서서 하는 일을 하면 된다.

"어떤 일을 하면 좋겠습니까?' "사람 앞에 나서는 일을 하세요."

원해서 하는 것은 아니지만 어쩔 수 없다.

5 | 장성살 : 리더십, 우두머리, 욕심

(1)사주에 장성살이 있으면 은근히 좀 그런 욕심을 가진다.

(2)앞서고 싶어 하고, 리더십을 발휘하고 싶어 한다.

(3)어떤 일을 하더라도 남을 지도, 인도할 수 있는 일을 하는 것이 좋겠다.

6 | 반안살 : 비서, 뒷받침, 주인공을 보좌, 은닉

(1)반안은 말 안장을 의미한다.

①말안장은 말을 편하게 탈 수 있도록 엉덩이를 받혀 주는 것을 반안이라 하니,

②뒷받침해 준다. 보좌관, 비서 이런 쪽이다.

| 7 | 역마살 : 여행, 운전, 이동, 말을 타는 것 |

| 8 | 육해살 : 신속 처리(허가, 통관 관련), 서류 대행업, 차량 검사 대행 |

(1)육해살이 있으면 빨리 통과된다.

| 9 | 화개살 : 꽃, 정성을 다한다(바친다), 종교물, 공예, 옛것을 다시 |

부처님께 바치는 꽃(정성을 다한다), 꾸준히 성공.
(1)화개가 종교성이기 때문에 종교가 첨단 종교는 없다.
　수천 년 이상 된 것이다.
(2)옛것을 다시 곱씹고 곱씹고 한다.
　①화개를 運에서 만났을 때, 그와 관련된 옛날의 것을
　다시 할 때가 있다.
　※헤어졌던 애인 만나겠다.

| 10 | 겁살 : 경쟁심, 시기심, 스포츠, 강제성, 겁재와 유사 |

1)무언가 경쟁을 해야 하는 직종에 있다. 스포츠 등 겁살이
　있는 사람이 하면 효과가 좋다.

| 11 | 재살 : 수옥살, 감옥, 입원, 창고, 고립, 모으는 것 |

(1)직업적으로는 뭔가를 모으거나 차곡차곡 재는 직업이다.
　①환자를 재는 병원,

②시신을 모으면 장례식장,

③생선을 모으면 수산업 등이다.

(2)고립은 성격과 관련된 것이다.

①日支가 재살인 사람들이 고립적 성격이 많다.

②스스로 창고에 갇히는 것이다.

③日支에 수옥살이 있으면 혼자 놀면 안 된다.

(3)運에서 재살, 수옥살을 만나면

①입원을 하거나 감옥에 갈 수 있다.

②극단적으로 사주에 수옥살이 있는 사람은 감옥을 경험
하기도 한다.

---

12 │ 천살 : 종교, 상부의 일을 대리, 하늘의 기운을 받는 것

問 年支의 신살류 작용이 강한가?

⑴年支의 신살은 다른 곳에 있는 신살의 작용과 다르지 않다.
⑵예를 들어, 癸丑年生이 있으면

○ 甲 ○ 癸(백호)
○ ○ ○ 丑

①癸丑이 白虎다. 癸丑生이라고 다 白虎
　직업인가?
　㉮年柱에 있는 神殺의 기운은 他 柱에
　　있는 기운에 의해서 강화가 된다.
　㉯일주에는 큰 영향이 없다.

戊(백호) 甲 ○ 癸(백호)
辰 ○ ○ 丑

②그런데 사주 내에 또 다른 戊辰 백호살이
　더 있다면
　㉮年柱에 있는 것이나 하나만 있으면
　　큰 영향은 없으나,
　㉯시주에 있는 신살은 영향력이 적지
　　않다.

③다른 사주의 관계에 의해서 丑과 合하여
　일주에 영향을 많이 미치기도 한다.
　㉮月支 巳가 있으면 백호살과 合을 해서
　　작용을 한다(合刑冲).
　㉯하지만 단독으로 있는 癸丑生이라고
　　모두 일주에 영향력이 있는 것은 아니다.

■神殺은 主가 되는 것이 아니다.

格 세우고 刑冲會合을 통해 판단하고 후에 액세서리로
神殺類의 殺을 붙인다.

액세서리를 잘 쓰면 묘하게 잘 맞더라.

사주 공부를 제대로 안 한 사람들은 신살을 중요하게 여긴다.

제8편 십이신살 요약 정리 (박일우의 명리학 강론)

十二神殺	별	칭		작	용
劫殺	전복, 개선, 수리	역모 주동자	반역자	차압, 압류, 수리, 치료, 쿠데타, 개혁, 재개발, 개선	파기(破棄): 부수다, 없애다.
災殺	이중성, 총명	역모 동조자	밀고자	이중적 모습, 자기 실리주의, 비밀을 잘 아는 사람, 빽을 가지고 있다.	모사(謀士): 일을 꾸미다, 모사 행위
天殺	권위, 마비	임금		종교물은 치워라,권력, 배경, 승진, 엄벌(말년 권력 누수 현상), 깜짝 놀랄 일, 마비 상태, 구설 말더듬, 건강 악화.	행제(行祭): 제사 지내다. 통치 행위.
地殺	간판, 대표	외무 대신	어마	대표, 간판, 알림장, 명함, 사장, 광고업, 인쇄업, 자동차:有形	조명(照明): 빛을밝혀준다. 주위조명
年殺	중복, 팁	시녀		꾸미다, 가꾸다, 신분 급상승, 각색, 디자인, 바쁘다, 기다림, 대기, 지체, 팁(용돈), 마님 눈치를 본다.	세척(洗滌): 세탁, 깨끗이 하다(일을).
月殺	상속, 월급	내당 마님	장애물	월급, 상속, 증여, 식단, 감시.午(년살)+未(월살)	감시(監視): 보안등, 가로등,

月殺	상속, 월급.	내당 마님	장애물	=항상 月殺의 감시를 당하고 있다. 午未合은 불안한 合이다.	CCTV, 경비 회사(官星+ 月殺). 눈치.
亡身	상속, 전문가	왕솔 형제	격전지	불만, 恨(한), 전쟁터, 상속, 화장실(바지 내리는 곳).	배기(排氣): 내뿜다, 恨, 불만 토로.
將星	치안, 중심	내무 대신	힘센 장사, 충신	치안, 법, 나를 지켜 주는 곳, 경계, 문이 나면 안 된다. 중심 역할, 내 몸을 갈고 닦는다(학업 중단). 봉사.	견제(牽制): 경계하다.
攀鞍	금고, 은닉	내시	갑옷, 장신구	보디가드, 보좌관, 수행 비서, 나를 도와 주는 사람, 비밀 금고, 나의 자금과 비밀을 지켜 준다. 분실물을 찾을 수 있다.	관통(貫通): 연결하다. 도와주는 것. 결혼상담소.
驛馬	소문, 정보, 문화, 예술.	문공 대신	전용차	소문, 유행, 정보, 광고, 통신, 뉴스, 인터넷: 無形의 전달 매체. 傷官+驛馬=욕하러 왔다. 食傷:돈벌이 활동. 食神+驛馬=광고, 언론인	이동(離動): 이동, 막 쓰는 차, 우체국.

六害	목걸이, 매이다.	수문장	사역부, 마부	最一線, 임시적, 스피드, 급전, 벼락치기 공부, 임시 애인, 임시방편, 응급 처치.	단축(短縮): 단축, 임시, 급전.
華蓋	반복, 再(재)	자문관	참모	다시, 반복, Again. 華蓋＋食傷＝예전에 하던 일을 다시 한다.	재생(再生): 재회.

※地殺, 驛馬, 六害 구분

地殺:대로, 대표, 간판, 사장

六害:지름길, 임시직

驛馬: 소로, 골목길, 월급 사장

제9편 십이신살 위치에 따른 통변 응용과 활용

(박일우의 명리학 강론)

劫殺	災殺	天殺	地殺	年殺	月殺	亡身	將星	攀鞍	驛馬	六害	華蓋
君(군)				臣(신)				民(민)			
통제, 통치를 주도 * 남편이 君, 　처가 臣, 民이면 　바람직하다. * 동행이면 괜찮다.				중재를 주도				생산공급 * 봉급자가 民에 가면 　생산직이라 볼 수 　있으니 결국 좌천을 　뜻한다. 단, 사업가는 　길하다(생산이기 　때문이다).			

(1)**여명 - 군위** - 남편이 없다, 남편 무능력(이별, 사별, 별거).
　　　　(君位) - 남편의 경제 능력 부족, 일신 건강 약화.
　　　　　　　 - 여자가 가권을 잡게 된다.

(2)**남명 - 군위** - 통솔, 통제 주도　 - 이상적 공부(역학, 종교)
　　　　신위 - 중재 주도　　　　 - 학문과 실전의 중재 공부
　　　　민위 - 일선, 생산, 공급 - 실전적 공부

(3)**월급쟁이**는 君에서 民으로 떨어지면 좌천, 파직, 해임을
　당하게 된다(무능, 실업자).
　臣에서 民으로 떨어지는 것은 큰 차이가 없다.
　사업가가 君에서 民으로 내려오는 것은 생산 활동이 늘어
　나는 것을 뜻한다.

자식 생산법(계획출산)

⑴득남 시 : 반안살 활용(남편 기준)
합궁 시 남편의 머리를 반안살 방향으로 두게 할 경우 득남한다.
⑵득녀 시 : 천살 활용(남편 기준)
합궁 시 남편의 머리를 天殺 방향으로 두게 할 경우 득녀한다.
위 사항은 習宮할 때만 활용한다.

천살 방향 활용

⑴여성이 평소 천살 방향으로 머리를 두고 자면
이별 수가 있게 된다.
⑵미혼 여성이 천살 방향으로 머리를 두고 자면
남자가 생기게 된다.
⑶남자가 반안살 방향으로 머리를 두고 자면
여자가 생긴다.

공 부 방 향

⑴학생의 띠를 기준하여 책상 방향이 천살 방향이면
우등생이 된다.
⑵학생의 띠를 기준하여 책상 방향이 반안살 방향이면
열등생이 된다.

이 사

(1)반안살 방향으로 이사하면 사업 발전, 건강에 좋다.

(2)장성살 방향의 문(창문)은 무조건 폐쇄하라.

　①가정, 사업이 편안해진다.

　②폐쇄하지 않으면 사업이 부진하고, 건강이 나빠지는
　 등 매사에 발전이 없다.

12神殺 활용

乙	己	甲	辛	乾
亥	酉	午	巳	

67	57	47	37	27	17	7
丁	戊	己	庚	辛	壬	癸
亥	子	丑	寅	卯	辰	巳
驛	六	華	劫	災	天	地

民　　　　　君

퇴직,　　발전시기
파직, 해임

庚	丙	乙	癸	坤
寅	戌	卯	未	

61	51	41	31	21	11	1
壬	辛	庚	己	戊	丁	丙
戌	酉	申	未	午	巳	辰
天	災	劫	華	六	驛	攀

君　　　　　民

가권주도

(1)40대에 여자가 가권(君)을 잡는다. →남자의 무능력,
　생사 이별, 일신상 건강 악화.

(2)남편은 民에 들어가 있다. → 무능력 상태, 월급쟁이는
　퇴직, 파직, 해임.

(3)이 시기가 되면 부부 이별이 발생한다. 서로의 이상
　차이를 극복하기 힘들다. 臣+民, 民+民:비슷한 이상
　으로 살아가기 괜찮다.

제 5 강

실전성 있는 신살 활용법

별로 관심이 없을 수도 있고 중요하게 생각하지 않는 神殺을 이야기하려고 한다. 神殺의 종류가 많아도 실제 쓰임새는 별로 없는 경우가 많은데 12神殺외 비교적 잘 쓰이는 神殺만 설명하고자 한다.

제1편 백호대살의 통변

1 백호대살(白虎大殺)이란

백호대살(白虎大殺)이란 것은 옛날 호랑이가 있던 시절에 호랑이에게 물리고 다치는 凶殺을 白虎大殺이라고 공부했었다.

⑴그러나, 현대 사회에서는 白虎大殺은 무엇인가?

⑵호랑이 형태를 바꾸어 쇠로 된 호랑이 즉 차량, 오토바이 모두 白虎大殺이다.

⑶호랑이가 한국 땅에서 사라졌지만 차량으로 白虎大殺이 살아 있다.

⑷交通事故로 다치는 사람, 병원에 입원하는 사람들은 白虎大殺의 기운이 있다.

⑸교통사고, 수술, 기타 사고로 피를 본다는 것이 白虎大殺이다.

2 백호대살(白虎大殺) 종류

丁丑, 癸丑, 戊辰, 甲辰, 乙未, 丙戌, 壬戌

3 | 백호대살 활용 범위

⑴白虎大殺은 위 7종류인데 핏빛을 본다는 殺이다.

⑵이 殺은 日時 또는 日月로 정해져 있지 않고 해당 범위가 광범위하다.

⑶주로 이 殺은 六親法에 따라 활용되기 때문에 生年에 놓였거나, 生月에 놓였거나, 生時에 놓였거나 막론하고 해당 六親에 적용된다는 것이다.

　①偏財가 백호살: 부친 교통사고 조심

　②傷官이 백호살: 조모 교통사고 조심

　③財星이 백호살: 고모 교통사고 조심

　④印綬가 백호살: 모친 교통사고 조심

　⑤比劫이 백호살: 형제 교통사고 조심

　⑥食神이 백호살: 증조 교통사고 조심

⑴日柱가 壬戌로 白虎大殺이다.

　①본남편은 사망했다.

　②재혼하여 살고 있다.

　③부부宮에 甲辰과 辰戌冲을 하며, 癸丑과도 丑戌刑을 하는데 白虎大殺의 刑冲이라 부부궁이 좋지 않다.

⑵日柱가 丁丑으로 白虎大殺이다.

　①본처는 사별했다.

②애인을 만났으나 그 애인도 사고 수로 몸을 크게 다쳤다.

③癸巳年 巳丑合으로 丁丑 白虎가 발동되어 본인도 사고가 나고 애인도 교통사고가 발생하였다.

백호대살 | 피, 총, 칼, 도구, 자동차, 육류, 신체, 목숨, 혈광사

(1)흰 호랑이, 피, 총, 칼, 도구, 자동차, 육류, 신체, 목숨.

　옛날에는 혈광사라고 해서 피를 흘리면서 죽는다는 뜻이다.

(2)지금은 白虎에 해당하는 직업이 많아졌기 때문에

　①그렇게 나쁘게 보면 안 된다.

　②이와 관련된 직업을 가지면 된다.

　　㈎피를 보는 직업은

　　　㈀의료인(의사, 간호사),

　　　㈁병원에서 근무하는 사람들,

　　　㈂하다 못해 병원에서 청소하는 사람들도 백호살이 있다. 인연이 있으니 그렇게 모이는 것이다.

　　㈏총 잡는 사람들

　　　㈀군인, 경찰 등,

　　　㈁칼 잡는 사람들 의료인,

　　　㈂칼 잡는 기술자들,

　　　㈃의료용 기술자들,

　　　예전에는 칼 하나였지만 지금은 도구다.

③의외로 자동차가 백호에 해당되는 것이 상당히 많다.

㉮배나 비행기는 백호가 아니다. 육상을 달리는 것이 백호다.

④호랑이가 육식 동물이니까 육류도 해당된다.

㉮고기 다루는 사람들,

㉯도축업자들,

㉰육가공업체 종사원,

㉱하다 못해 통닭집을 해도 잘되려면 白虎殺이 있어야 된다.

※내가 직업적으로 정육점을 차렸는데 白虎殺이 없으면
  오래 못한다.

※예전에 의사가 상담을 했는데 四柱에 白虎殺이 없었다.
  刑殺도 없었다.

  그래서 "내과 의사입니까" 했더니 산부인과 의사였다.
  산부인과 의사는 피를 봐야 한다. 이것 안 맞는데. 나중에
  망했더라.

  산부인과 의사는 피를 보고 제왕 절개 수술을 해서 배를
  째고 해야 하는데 白虎殺이 없으면 피를 볼 일이 없다.
  의사가 羊刃殺, 白虎殺, 刑殺이 없으면 환자가 안 온다.
  피를 볼일이 없으므로.

⑤사람 몸을 만지는 직업이 많이 있다.

㉮피부 마사지(옛날에는 의료업이었다.),

㉯미용업(머리카락을 만진다.),

㉰손톱을 만지는 핸드 네일과 피부 미용은 같은 미용업에
  속하지만 종자가 다르다.

※피부 미용은 미용이 아니고 의료업이다. 백호살이 있는
　사람이 피부 미용을 하면 손님이 많이 온다.

※백호살 있는 청소부가 있으면 그 병원에 환자가 많이 온다.

⑶白虎殺이 있는 사람에게 큰일 난다고 겁을 주면 안 된다.
　白虎殺을 잘 쓸 수 있는 방도를 제시해야 한다.

　그 직업이 부합되면 아주 잘 맞는 직업을 하고 있으니
　열심히 하라고 해야 한다. 이렇게 용기를 줘야 한다.

제2편 해(害)=상천살(相穿殺)의 사용법

1 | 害의 뜻

六合을 冲하는 것이다.

본인이 남을 원망하거나 남이 본인을 원망하는 것이다.

2 | 害의 종류

子未, 丑午, 寅巳, 卯辰, 申亥, 酉戌

○ ○ ○ ○　　⑴日時가 丑午 害가 된다.

丑 午 ○ ○　　①가게에서 아랫사람과의 원망, 갈등이
　(害)　　　　　　있다.
가게
자식　　　　　②자식과의 갈등이 일어난다.
부하

害(해) 파토, 무산, 포기, 다 된 밥에 코 빠뜨린다. 찢다.

⑴害는 作用力이 弱해서 안 해도 된다.

제3편 원진(怨嗔) 활용

원진이 神殺(신살)일까?

많은 분들이 神殺이라고 생각하는데 원진은 神殺이 아니다.

1 | 원진의 이해

沖이 되려면 글자가 180° 반대방향의 글자와 만나는 것이다. 寅이 있으면 반대 방향의 글자는 申이다.

이렇게 만나면 沖, 즉 아름다운 사랑이 된다.

(1)그런데 寅이 申을 향해 잘 가다가 申 옆에 있는 酉하고 만나 빗나간 사랑이 된 것이다. 寅酉의 관계, 이것을 원진 이라 하고 빗나간 사랑이다.

(2)빗나간 사랑이란 것은 무엇인가 조화를 이루지 못하는, 이루어지기 어려운, 잘못된 만남이다. 沖은 어우러지는 것으로 사랑이고, 원진은 빗나간 사랑 으로 인해 오래가지 못 한다.

나중에 사랑이 증오, 미움, 원망으로 남는다.

(3)내 日支와 원진이 되는 인연은 내 가슴만 태우고 가 버린 야속한 님이다.

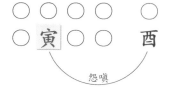

가령 日支가 寅이라고 하면 원진은 酉이다. 닭띠 인연은 가슴에 불 지르고 가 버린 사랑이다.

2 | 원진의 작용

怨嗔은 작용이 强하다. 적용하는 방법을 바르게 알아야 한다.

(1)띠와 띠 끼리를 보고 怨嗔이라 적용하면 안 된다.

○ 辛 ○ 癸　　○
○ 酉 ○ 亥　　辰
　　　　　원진

①亥生인데 辰生(용 띠)를 만나면 "怨嗔이 되니 사이가 좋지 않으므로 궁합이 좋지 않다 만나면 안 된다.

결혼하면 이혼하게 된다. 결혼하지 마라"라고 한다.
→이와 같이 보면 안 된다.

(2)내 四柱와 상대 띠를 또는 내 四柱 내에서 怨嗔을 보는 것이다.

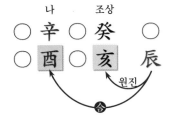

①辰生을 四柱 전체와의 관계로 본다.
　㈎조상과 관련된 일에 怨嗔이 발생한다.
　㈏본인과는 合으로 因緣이 되는 관계다.

②四柱 내에서 怨嗔을 보는 것이다.
　㈎年柱와 月柱가 怨嗔이 된다.
　㈏父母와 祖父와의 관계가 좋지 않다.
　㈐父母가 祖父 일에 무성의하다.

나　부모　조상
○ 辛 丙 癸
○ 酉 辰 亥
　　　원진

원진 적용　원진은 地支에만 있고 天干에는 없다.

○ 辛 丙 癸
○ 酉 辰 亥
　　　　원진

①원진은 地支에 있는 것이며, 天干은 원진이 없다.

②원진은 辰과 亥가 원진이 된다.

③즉, 辰과 亥가 서로 원망하고 미워한다.

　　　나　부모　조상
○ 辛 丙 癸
○ 酉 辰 亥
　　　　원진

④宮으로 보면

　㈎辰은 月支라 父母宮이며,

　㈏亥는 年支라 祖上宮이므로

　㈐父母와 祖上 間에 서로 미워하고 원망하는 사이이다.

　　　나　정관　식신
○ 辛 丙 癸
○ 酉 辰 亥
　　　원진
　　戊　　壬
　　癸　　甲
　　乙　　戊

⑤六神으로 보면

　㈎辰은 辰 中 戊土가 正印으로 母親이다.

　㈏亥는 亥 中 壬水가 傷官으로 祖母이다.

　㈐즉, 母親과 祖母 사이가 좋지 않다.

⑥辰과 亥의 地藏干들은 모두 원진의 성향을 가지고 있다.

　㈎辰 中 戊, 癸, 乙에 해당하는 六神이 원진의 기운을 가지고 있다.

　㈏亥 中 壬, 甲, 戊에 해당하는 六神이 원진의 기운을 가지고 있다.

원진 적용　원진을 이루는 同柱의 天干은 원진이 아니다.

① 丙辰이라 辰 위에 앉은 丙이 正官 남편이 원진이라고 하면 안 된다.

丙≠원진

㈎원진은 地支에만 있기 때문이다.

㈏辰의 지장간 戊, 癸, 乙 六神은 원진의 기운을 가진다.

② 癸亥라 亥 위에 앉은 癸가 食神 작은 祖母가 怨嗔이라 하면 안 된다.

癸≠怨嗔

㈎亥 中 壬, 甲, 戊 六神은 원진의 기운을 가진다.

원진 적용　원진은 日支에서 상대방 띠를 보는 것이다.

① 日支 기준하여 원진이 되는 이성 과는 불같은 사랑이 일어나 결국 원망하는 사이가 된다.

㈎日支 酉를 기준하면 원진은 寅이 된다.

㈏寅生의 이성을 만나면 불같은 사랑이 일어난다.

○ 辛 丙 癸　○
○ 酉 辰 亥　寅

원진
불같은 사랑

②따라서 寅生을 배우자 인연으로 만난다.

③그러나 불이 식으면 서로 원망하고 미워하는 사이가 되어 부부 불화가 있게 된다.

④원진의 인연은 이혼을 하지 않고 부부로 살아간다.

日月이 刑冲, 怨嗔, 剋

時	日	月	年
자식	나	부모	조상
부하	배우자	형제	조부
가게	방	건물	토지

剋

○ 甲 庚 ○
○ 寅 申 ○

冲

甲
寅 궤도

충돌

庚
申 궤도

▶天干:십간론
　(회화 사주학)
▶地支:刑冲會合

■兄弟宮은 月柱이다.

①兄弟는 比劫 나와 동급이라 日柱라 생각하기 쉬우나 月柱이다.

　父母 보호 아래에서 형제가 자라기 때문이다.

②부모 형제간 불화가 있는 경우는 日과 月이 刑冲, 怨嗔, 剋이 될 경우이다.

　㈎地支로는 刑, 相冲, 怨嗔이 된다. 寅申冲을 하고 있다.

　㈏天干으로는 剋이 된다.

　　庚金이 甲木을 剋하고 있다.

※冲에만 서로 相을 붙인다. 相冲만 있다. 相刑, 相破, 相害라는 말은 쓰지 못한다.

제4편 급각살(急脚殺)

1 급각살의 뜻

"다리를 전다" 라고 하는데 요즘 "수족에 이상이 있다" 라는 정도로 보면 된다.

2 급각살 종류

(1)月支 기준하여 日과 時를 본다.

月支	寅卯辰(春)	巳午未(夏)	申酉戌(秋)	亥子丑(冬)
急脚殺	亥, 子	卯, 未	寅, 戌	丑, 辰

(2)春亥子, 夏卯未, 秋寅戌, 冬丑辰

3 급각살 궁위별 통변

(1)日支 급각살: 나 또는 배우자의 수족에 이상 있다.

(2)時支 급각살 또는 단교관살:자식의 수족에 이상 있다.

(3)月支 급각살 또는 단교관살:부모 형제의 수족에 이상 있다.

4 급각살 사례

子女 傷骨(상골) 또는 수족 이상-급각살

(1)급각살:수족에 이상 있다.

①급각살 종류

月支 기준하여 日과 時를 본다.

<table>
<tr><td>자식
백호</td><td></td><td></td></tr>
<tr><td>丙
戌</td><td>庚 辛 癸
申 酉 丑</td><td>乾</td></tr>
<tr><td>급각
살
丁</td><td>가을
刑</td><td></td></tr>
</table>

②秋(申酉戌月)에는 寅, 戌이 급각살이라 時支 戌이 급각살이다.

㉮時支는 자식궁이라 자식에 해당된다.

㉯時柱에 丙火와 戌 中 丁火가 자식이다.

⑵時支가 丑戌刑을 맞아 급각살에 刑이므로 자식은 수족을 다치게 되므로

①뼈가 부서진다- 골절상

②수족이상이라 소아마비가 될 수 있다.

③소아마비가 아닌 골절상 입는 것이 오히려 천만다행이다.

※地支 因子에 의해 사건을 알 수 있다.

　여기에 刑이 가해지면 더욱 확실하다.

※時柱가 丙戌이라 자식이 개에 물렸다. 丑戌刑이라 불편한 일이 발생하였다 → 팔다리 사고.

※丙戌에서 丙은 힘이 弱하다. 하지만 庫에 들어가 갇혀 있어 자유롭지 못하나 불씨 根을 가져 꺼지지 않는 불이다.

제5편 귀문관살(鬼門關殺)

1　귀문관살의 뜻 – 무조건 정신병자가 아니다.

鬼門關殺이 뭐냐? 鬼門關殺을 "또라이"라고 한다. 그런데 왜 '또라이'라고 할까? 이 세계는 陽의 세계와 陰의 세계로 되어 있다. 가시화된 세계를 陽의 세계, 가시화되지 않은 세계를 陰의 세계라 한다.

다른 사람의 눈에 보이지 않는 陰의 세계가 보이는 사람이 있다. 여러분 눈에 陰의 세계가 보이지 않지만, 자신의 눈에는 보이는 분들이 있다. 陰的 세계에 대해서 감지를 하는 분들이 있다.

우리 인간들은 陽의 세계에 살고 있다. 보이지 않은 陰의 세계는 가시화 되지 않는다.

항상성

동일한 量의
운동이 발생

존재하는 陽의 존재가 있는 만큼 陰의 존재가 있다.

陽의 운동만큼 陰의 운동이 있다.

陽의 운동과 陰의 운동이 같다. 이를 항상성 이라 한다.

존재하지 않는다면 보이지 않는다.

보통 인간들이 陽的 세계만 인정하는데 陰的 세계는 어떻게 인정할까? 여러분이 있는 자리에 전자파가 보이는가?

전자파를 느끼기 위해서 안테나를 세운다.

어떤 사람들은 陽의 세계에 살고 있으면서 陰의 세계를 감지할 수 있는 안테나를 가지고 있다. 안테나가 있으면 좋을까?

陰의 세계를 감지할 능력이 있는 사람은 직관이 뛰어나다. 본인이 있는 세계와 또 다른 세계를 인식한다. 인식하는 세계가 넓어진다.

예술가들 중에 보이지 않는 세계까지 인식하면서 표현하는 분들을 훌륭한 작가라 불린다.

공부하는 학생들 중에도 직관이 뛰어난 학생이 있다.

보이지 않는 陰의 세계에 대한 직관력, 감지 능력이 뛰어난 것을 말한다.

2 | 귀문관살의 종류

子酉, 未寅, 卯申, 辰亥, 戌巳, 丑午

3 | 귀문관살의 작용

鬼門關殺이 있는 사람은 보이지 않는 세계, 영적 세계를 인식하기에

(1) 좋게 작용하면 직관력이 뛰어나게 되어 예술가, 작가, 종교인, 역학자, 무속인 등으로 뛰어난 사람이 된다

(2) 나쁘게 작용하면 우울증, 신경 쇠약, 신들림 등에 걸린다.

(3) 日支에 있으면 鬼門의 작용력이 강하고 명조 내에 있으면 끼가 있다.

4 | 귀문관살의 통변 팁

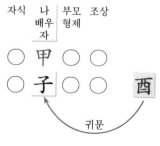

(1) 日支에 子가 있는데 酉 大運이 오면

　① 日支 子와 酉 大運은 子酉가 되어 鬼門이 된다.

　② 따라서 子와 酉에 鬼門이 붙게 된다.

　③ 日支 나와 배우자 자리에 鬼門이 붙어 鬼門이 작용하게 된다.

(2)명조의 日, 月에 鬼門이 있으면

①子酉가 鬼門인데 日과 月에 있다.

②日과 月에 鬼門이 붙었다.

③日支 나와 배우자 자리에 鬼門이 붙어 있다.

④月支 부모 형제 자리에도 鬼門이 붙었다.

⑤나와 부모가 직관력이 뛰어나다고 본다.

5 │ 귀문관살이 있는 대표적인 분들이 무당이다, 무속인이다.

무속인들 같은 경우에는 때로는 보이지 않는 영적 세계를 감지한다. 남들이 '또라이'라고 하지만 무속인들은 자기 눈에 보이는 것이다. 정신 나간 것이 아니다.

귀문관살이 있다는 것은 머리가 비상하다. 직관이 뛰어나다는 것이다. 명조에 귀문관살이 있는 사람은 직관이 뛰어난 사람이라고 보면 된다.

명문 대학을 진학한 사람 중에 상당수가 귀문관살 大運에 있거나 사주에 귀문관살이 있는 사람이 많다.

귀문관살 │ 예민, 촉, 예감이 잘 맞는다, 히스테리, 신경 쇠약.

(1)귀신이 드나드는 문, 예민, 촉이 밝다, 예감이 잘 맞는다, 히스테리, 신경 쇠약, 실체가 없는 일로 고통받는다, 주로 정신적인 문제.

⑵귀문은 옛날 사람들이 "또라이" 라고 하는 사람들이다.
  ①요즘은 鬼門있는 사람들이 잘나간다.
  ②4차원적인 사람들,
  ③예민한 사람들, 남들이 보지 못하는 것을 잘 캐치하는
    사람들, 예민하고, 촉이 밝고, 예감이 잘 맞다.
  ④예감이 잘 맞고, 예리하니까 히스테리, 혼자 고민하고,
    역학인들이 鬼門殺이 많다. 偏業(편업)이라고 한다.
  ⑤역학인이 鬼門이 있으면 잘 맞다. 오히려 더 좋다.
  ⑥정신을 쓰고 창조적인 일을 하는 사람들은 鬼門이 있으면
    좋다.
  ⑦사주에 보이면 손님에게 꼭 이야기해라.
    ㈎예감이 잘 맞고,
    ㈏꿈이 잘 맞는 사람들이 鬼門이다.
    ㈐잘 쓰면 좋다 라고 말해 줘라.

제6편 음양차착살(陰陽差錯殺)

1 │ 음양차착살의 뜻

외삼촌, 처남이 고독한 것을 뜻한다.

2 │ 음양차착살의 종류

陽錯殺	丙子	丙午	戊寅	戊申	壬辰	壬戌	陽에 속하는 자
陰錯殺	辛卯	辛酉	癸巳	癸亥	丁丑	丁未	陰에 속하는 자

3 | 음양차착살 작용

(1)日, 時에 해당되는 경우에만 적용한다.

(2)生日에 있으면 본인과 외삼촌이 고독하거나, 배우자 인연이 약하다.

(3)時柱에 있으면 자식, 처남이 고독하고 처가 식구가 외롭다.

(4)日柱가 差錯殺이면 결혼이 늦거나 晩婚(만혼)이 吉하다.

甲 癸 壬 己 坤
寅 亥 申 ○

고란 차착
살   살
媤   家

①日柱는 차착살이고, 時柱는 고란살에 놓였다.

②日과 時에 차착, 고란살을 놓아 시가 식구 중에 결혼에 실패하거나 외로운 이가 있다.

제7편 고란살(孤鸞殺)

1 | 고란살의 뜻

孤鸞殺(고란살)은 독수공방을 뜻하는 殺이다.

2 | 고란살의 종류

甲寅, 乙巳, 辛亥, 戊申 日柱는 고란살에 해당한다.

3 | 고란살의 통변

고란살을 놓은 日柱는

⑴일찍 결혼하면 실패할 경우가 많으므로

⑵혼사가 늦을수록 좋다.

혼사가 늦다는 것은 통상의 결혼 적령기를 넘어선 시기를 말한다.

| ○ | 甲 | ○ | ○ | 坤 |

①甲寅 日柱로 고란살에 해당된다.

②일찍 결혼하면 실패할 경우가 많으므로

③늦게 결혼하는 것이 서로 헤어지지 않고 해로할 수 있다.

○ 寅 ○ ○
고란살

제8편 탕화살(湯火殺)

1 탕화살의 뜻

끓는 물이나 뜨거운 불에 데이는 것을 말한다.

2 탕화살의 종류

⑴

日支	午	寅	丑
湯火殺	丑, 辰, 午	寅, 巳, 申	午, 未, 戌

⑵午日, 寅日, 丑日生을 말한다.

①午日에 출생하고 柱 中에 다시 午나 辰 또는 丑이 있으면

②寅日에 출생하고 柱 中에 다시 寅이나 巳 또는 申이 있으면

③丑日에 출생하고 柱 中에 다시 午나 未 또는 戌이 있으면 모두 湯火殺이다.

3 | 탕화살의 작용

⑴어려서 불이나, 인두 또는 끓는 물에 데여 흉터가 있다.
⑵火災, 총탄 등에 의한 부상 있거나 음독자살한다(양잿물, 수면제 등).

丙 庚 甲 丙 坤 己 壬
子 午 午 午   丑 辰
                탕화 탕화
                살   살

大 歲

■庚午 日柱에 다시 午가 있어 湯火殺에 해당된다.

①日支 午에 年月支에 午가 있어 自刑이면서 湯火殺에 해당된다.

②己丑 大運 壬辰年(2012)에 자살했다.

③2010年 庚寅年 戊申生과 결혼하였으나, 2011年 辛卯年 이혼, 이혼한 것에 대해 후회 많이 했다(冲:이혼 후회, 刑:이혼 잘했다).

④大運에 湯火殺이 오면 발동한다 - 丑은 탕화살 大運이다.

⑤歲運에 湯火殺이 오면 탕화에 생각이 많아진다 - 辰은 탕화살 歲運.

⑶湯火 因緣을 만나면 살기 어렵다.

제9편 낙정관살(落井關殺)

1 | 낙정관살의 뜻

우물, 강물, 똥통, 맨홀 및 각종 구덩이 등에 빠져 본다.

2 │ 낙정관살의 종류

日干을 기준하여 生日 또는 生時를 대조한다.

日干	甲, 己	乙, 庚	丙, 辛	丁, 壬	戊, 癸
落井關殺	巳	子	申	戌	卯

3 │ 낙정관살의 작용

⑴낙정관살이 있고 殺旺(살왕)하면 익사한다고 한다.

　선원으로 日干이 신약한 경우 익사한다.

⑵추락이나 음해받는 경우도 있다.

　①낙정관살의 현대적 해석

　　㈎本人이 오해받거나, 사기, 음해, 누명을 쓴다.

　　㈏모두 本人(내가)이 당하는 것이다.

⑶命造 내 日時支에 있을 때 말고도

　①大運에서 오는 地支로도 볼 수 있다.

　②歲運에서 오는 地支도도 볼 수 있다.

⑷落井關殺이 되는 띠에게 빠지는(사기, 꾐, 음해, 추락)
　경향이 있다.

甲	丁	○	○	乾	大 ○
辰	巳	卯	丑		戌

（巳 아래: 낙정관살 / 戌 아래: 낙정관살）

■丁火 日柱로 命造에 落井關殺이 없지만

①大運이나 歲運에서 戌運을 맞이하게 되면 落井關殺이 된다.

甲 丁 ○ ○ 乾 ○
辰 巳 卯 丑　　戌
　　　　　　　낙정
　　　　　　　관살

②落井關殺 大運에 해당될 때는 늘 그러한 분위기에 젖어 있으니 조심해야 한다.

○ 己 丙 己 乾
○ 巳 寅 亥
　낙정
　관살
　丙
　庚

■사주 내에 낙정관살이 있으면
①거기에 해당하는 因子나 六神에게 배신당한다.
②己土 日主의 落井關殺은 巳이므로
　㉮巳의 因子나 六神(巳 中 庚金과 丙火)에 의해
　㉯오해나 음해를 받는다.

○ 癸 ○ 己 坤
○ 卯 ○ 酉
　낙정
　관살
　乙

■日支에 낙정관살이 있어서
①사기 결혼을 당하여 이혼하고 소송을 진행했다.

제10편 단교관살(斷橋關殺)

1 단교관살의 뜻

몸이 저리다, 수족 이상이 있다.
※경험칙 : 수족 이상, 목 이상(목 디스크)

2 | 단교관살표

月支를 기준하여 生日 또는 生時를 대조한다.

月支	寅	卯	辰	巳	午	未	申	酉	戌	亥	子	丑
斷橋關殺	寅	卯	申	丑	戌	酉	辰	巳	午	未	亥	子

제11편 괴강살(魁罡殺)

주로 女命에 적용한다.

1 | 괴강살의 종류

庚辰, 庚戌, 壬辰, 戊戌 (壬戌, 戊辰)

2 | 괴강살의 작용

⑴女命에 있으면 그 남편이 납치, 횡사함이 있게 된다.

⑵그렇지 않으면 그의 남편은 무책임(작첩, 가출 등)하게
　되고,

⑶또는 시집 재산이 많다 가도 쉽게 탕진된다.

괴강살 우두머리 별, 장군, 갑옷, 제복, 작업복, 집단, 군인

경찰, 의료, 요리사. 북두칠성 내지는 가장 밝게 빛나는 별을
말한다.

⑴유니폼을 입는 모든 직업군이 해당된다.

⑵혼자 유니폼을 입는 경우가 없으므로 큰 조직에 많다.

제12편 천라지망(天羅地網)

1 천라지망의 뜻

⑴天羅地網이란 하늘과 땅의 그물이란 뜻으로 도저히 벗어
날 수 없는 경계망이나 피할 수 없는 재앙을 뜻한다.

여기에서 戌亥는 天羅, 辰巳는 地網인데 줄여서 羅網이
라고도 한다.

⑵법망에 걸려 본다.

→ 天羅地網, 食傷 刑冲, 食傷 入墓, 囚獄殺(災殺)

①天羅地網은 하늘에서 뿌린 그물(網:망)이다.

②잡히다, 法網, 찜, 유혹을 의미(女命不利).

③天羅地網은 辰, 戌, 巳, 亥로 日支에 글자가 있고 他 支에
글자가 있어야 작용력이 크다.

2 천라지망의 종류

辰, 戌, 巳, 亥(天羅:戌, 亥 地網: 辰, 巳)

3 천라지망의 작용

⑴하늘의 火 기운이 戌亥에서 庫絶이 되고, 땅의 水 기운은
辰巳에서 庫絶이 되기 때문에 흉살이 된다.

단, 戌亥에서는 여자가 戌, 남자가 亥에 해당하고 辰巳
에서는 남자가 辰, 여자는 巳에 해당된다.

⑵사주 내에 辰戌이나 巳亥가 있으면 천라지망이 완전
   하다고 말한다.

⑶天羅地網이 발동되려면 반드시 天羅와 地網이 모두
   있어야 한다.

⑷또한 丙丁 日干에서 戌, 亥를 볼 때와 壬癸 日干에서
   辰, 巳를 볼 때만 성립된다고도 한다.

丙	丙	癸	壬 乾
申	戌	卯	戌
	천라		천라

■日支에 戌 天羅地網이 있고
①他 支 즉 年支에 戌이 있어 2개가
   되므로 作用力이 强하다.
②日支에 天羅地網이 있어 本人에게
   作用한다.
③따라서 本人은 감옥살이 해 본다.

■生日 魁罡 : 납치, 감금
   납치, 감금 → 魁罡, 災殺, 天羅地網

형사입건, 감금, 납치, 입원

⑴재살운(수옥살운)―내가 갇히거나 스스로 위축되는 것이다.
⑵식상(자유)이 庫에 들어갈 때 식상이 입고된다.
⑶천라지망이 될 때―日支에 辰, 戌, 巳, 亥
⑷日支가 刑, 沖이 될 때 (응용:食傷 刑)

魁罡殺 – 억척스런 삶, 스스로 억척스럽게.

※타인에 의해 억척스러워지는 경우는 강요당하는 것(납치 : 무인도 염전, 광산 노역, 형무소 노역 등).

(1)강요당하는 것(노역) ➡ 징역형(魁罡殺에 해당)

(2)노역 없음　　　　 ➡ 금고형

사형, 징역, 금고, 자격 상실, 자격 정지, 벌금, 구류, 과료, 몰수.

＊정치범, 사회 유명 인사 ➡ 금고형

※魁罡이면 징역형이다.

※災殺 : 행동반경이 좁아지는 경우이다(입원, 내근).
형사 처벌이 아니다.

천라지망 ｜ 내가 왜 해야 하나요?

(1)하기 싫은 일임에도 불구하고 일을 하고 있다.

(2)자기 직업에 불만이 많다

(3)의료인, 종교인이 많으며 직업적인 회의를 가진다.
전생에 내가 무슨 죄를 지었기에 현세에서 나는 사주 보는 몸이 되었는고…

제13편 양인살(羊刃殺)

1 양인의 뜻

禄前一位를 뜻한다.

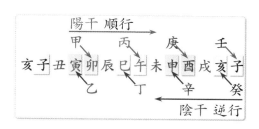

* 甲의 禄은 寅이다.

陽干은 순행하므로
禄의 하나 앞에 위치
하는 것은 卯가 된다.

따라서 甲은 卯가 羊刃이 된다.

* 乙의 禄은 卯이다.

陰干은 역행하므로 禄의 하나 앞에 위치하는 것은 寅이
된다. 따라서 乙은 寅이 羊刃이 된다.

2 양인의 종류

日干	甲	乙	丙	丁	戊	己	庚	辛	壬	癸	備考
羊刃	卯	寅	午	巳	子午	亥巳	酉	申	子	亥	설진관식
羊刃	卯	辰	午	未	午	未	酉	戌	子	丑	일반적

* 戊子, 己亥를 羊刃으로 보는 것은 火土同宮이 아닌 水土
同宮으로 본 관점이다.

설진관식이 맞다. 일반적 양인살을 적용하면 안 된다.

3 양인의 작용

⑴男命에 중첩하면 극처극부(尅妻尅父)에 극신(尅身)한다
　(수술, 흉터).

⑵女命에는 중첩하면 탈부(奪夫), 극부(尅夫)한다(부부운
　흉하다).

⑶甲日卯, 丙戊日午, 庚日酉, 壬日子를 陽刃이라고 하고
　乙丁己辛癸日의 辰戌丑未는 陰刃이라고 한다.

⑷丙午日, 戊午日, 壬子日은 日刃이라 하여 더욱 중요시하고
　있다.

⑸공무원, 교직, 군경, 의사, 의료 계통 등에 종사하면 좋다.

양인	칼, 도구, 스포츠, 지휘봉, 주도권, 악기(+도화)

⑴칼을 잡는다는 말은
　①무장이 싸운다는 말이기 때문에 스포츠 경쟁하는 것이다.
　②모든 스포츠는 전쟁을 하는 형상이다.
　③운동선수도 羊刃이 많다.
　④좋게 말하면 주도권을 잡는 것이고 나쁘게 말하면 똥고집
　　부리다가 망하는 경우도 있다.

⑵피아노 연주하는 사람이 羊刃이 많다.
　①피아노는 건반을 치는 것이다.

⑶桃花는 인기다. 내가 기술자가 되었을 때 羊刃이 있으면
　잘한다(악기:羊刃+桃花).
　①도구를 잘 다룬다. 요리사인데 羊刃이 있으면 칼을 잘
　　다룬다.

②내가 요리를 하는데 羊刃도 없고, 白虎도 없고 아무것도 없다. 桃花도 없다면 이 사람이 만든 음식은 맛대가리가 없다. 하면 안 된다.

제14편 금여록(金輿祿)

1 금여록의 뜻

⑴금여록은 금 수레를 말하므로 귀한 가문의 출신과 인연이다.

⑵쉽게 말해서 꽃가마를 탄다고 생각하면 무난하고, 대접 받는 사람이라는 뜻이다.

⑶금여록은 귀한 분이 타는 금 수레라, 세상 사람들을 태워서 너그럽게 베풀어야 한다. 그래야 복덕이 온다.

⑷금여록이 있다고 다 부자는 아니다.

　①출신 가문이나 집안이 비록 가난했더라도 가문에 복록이 있었는지를 본다.

　②집안에 권세가 있으니 사람들에게 베풀고 멸시하지 말라는 의미이다.

2 일간별 금여록

⑴日干 祿前二位(順行)이다(祿前一位:羊刃).

⑵日干 基準하여 全 地支를 다 본다.

(火土同宮基準)

일간기준	甲	乙	丙,戊	丁,己	庚	辛	壬	癸
祿	寅	卯	巳	午	申	酉	亥	子
旺	卯	寅	午	巳	酉	申	子	亥
祿1位順行	卯	辰	午	未	戌	亥	子	寅
金輿祿	辰	巳	未	申	戌	亥	丑	寅

3 위치별 금여록

⑴年支의 금여록: 조상님이 귀한 가문 출신이다.

⑵月支의 금여록: 부모나 어머니가 귀한 가문 출신이다.

⑶日支에 금여록: 본인의 신분이 올라가거나 배우자가 귀한 가문 출신이다.

⑷時支에 금여록: 며느리가 귀한 가문 출신이거나 아랫사람이 귀한 가문 출신이다.

				乾
戊	甲	己	甲	
辰	午	巳	申	
편재 애인 좋은 자식				

甲 :日干

寅 :祿

卯 :羊刃

辰 :金輿祿

■甲 日干의 金輿祿은 辰인데

①六親은 偏財로 애인이며

②궁위로는 자식궁이라 자식에 해당.

③애인이 좋은 사람이며, 자식도 좋은 사람이라는 것이다.

				坤
○	癸	○	○	
○	卯	○	寅	
			금 여 록	

■年支에 금여록이 있어

①조상이 귀한 가문 출신이거나

②가문에 福祿(복록)이 있다.

제15편 고신과숙(孤辰寡宿)

1 | 고신과숙의 뜻

홀아비나 과부가 된다는 것이다.

2 | 고신과숙표

⑴年支의 方合을 기준으로 한다.
⑵方合의 다음 글자는 孤辰(男子)이 된다.
⑶方合의 앞 글자는 寡宿(女子)이 된다.

年支	寅	卯	辰	巳	午	未	申	酉	戌	亥	子	丑
寡宿	丑	丑	丑	辰	辰	辰	未	未	未	戌	戌	戌
孤辰	巳	巳	巳	申	申	申	亥	亥	亥	寅	寅	寅

3 | 고신과숙의 작용

현 大運에서 봤을 때 직전 大運이 고신/과숙을 지나 왔다면
⑴홀아비나 과부 즉 생이별, 각방의 경험이 있는 사람이다.
⑵고신/과숙 자리에
　①天門과 宗教星인 華蓋가 함께 있으면 승도(종교인)와
　　인연이 있다.
　②驛馬가 함께 있다면 홀홀 단신 떠돌아다니는 방랑객이
　　된다.

戊 辛 ○ 壬 坤
戊 丑 ○ 寅
화개 과숙

■年支가 寅으로 方合은 寅卯辰이다.
①寅卯辰 方合의
　㈎前 글자는 丑은 寡宿이고,
　㈏後 글자는 巳는 孤辰이다.
②日支 丑은 寡宿이 되며, 時에 戌은
　화개이다.
　㈎孤辰/寡宿에 華蓋를 놓았다.
　㈏따라서 승도의 인연이 되었다.

乙 甲 ○ 戊 坤
亥 寅 ○ 申
　合
고신 역마

■年支가 申으로 方合은 申子辰이다.
①日支 寅은 十二神殺로 驛馬이다.
②驛馬 寅과 時支 孤辰 亥가 함께
　하면서 合하고 있다.
　㈎독신으로
　㈏서울, 부산 등지를 떠돌아 다니는
　자유의 몸이다.

제16편 철쇄개금(鐵鎖開金), 현침살(懸針殺)

1 철쇄개금(鐵鎖開金) - 卯, 酉, 戌

⑴명조 내에 卯, 酉, 戌이 있으면
　易術이나 의술, 종교, 철강업 등과 인연한다.

2 | 현침살(懸針殺) – 甲, 辛, 卯, 午, 未, 申

명조 내에 甲, 辛, 卯, 午, 未, 申이 있을 때 명조 내에 天門을 나타내는 戌이나 亥 혹은 둘 다 있으면 活人業(의료인이나 종교, 역술업 등)에 종사한다. – 사람 구제.

3 | 철쇄개금, 현침살의 작용

⑴日支 逢刑, 철쇄개금, 현침살은 질병과 재난을 구한다는 뜻으로 모두 日支에 있으면 의약업, 활인업에 종사해 본다.

⑵刑殺은 찢고 째는 殺이며 인간의 생살권이 되므로 판검사나 死活을 주관하는 집도의가 되는 경향이 많은데 서로 일맥 상통함이 있다.

⑶鐵鎖開金은 자물쇠와 열쇠의 의미로 질병과 재난을 구한다 는 의미다. 역술이나 의술, 종교, 철강업 등과 인연한다.

⑷懸針殺은 바늘, 침을 뜻하므로 甲 辛 卯 午 未 申이 명조 내에 있는데 日主와 日支에 있거나 柱 中에 다시 있으면 남의 생명을 구해 주는 活人星이라 의약업, 활인업에 종사 하게 된다고 추리한다.

丙	戊	○	○	乾
辰	戊	卯	酉	
	천문	현침		
		철쇄개금		

■철쇄개금을 나타내는 卯, 酉, 戌이 다 있고

①현침살 卯와 天門(천문:戌亥) 戌까지 중복되어 있다.

②의료업에 종사하는 사주이다.

○ 丁 ○ ○ 乾　　　■日支 未와 時支 丑이 冲이 되었다.
丑 未 卯 亥　　　①未와 卯는 현침살이며
현침 현침 천문　　②年支 亥는 천문성으로
　　　　　　　　　③의약업, 종교 등과 인연한다.
　　　　　　　　　　약사로 병원을 건립한 사주다.

己 庚 ○ ○ 坤　　　■日支에 천문성인 戌이 있고
卯 戌 巳 亥　　　①時支에 卯를 만나 철쇄개금을 이루어
천문　　　　　　　②의약업에 종사하는 사주다.
철쇄개금

辛 丙 ○ ○ 乾　　　■地支가 전부 현침살이고
卯 申 午 午　　　①時干에 辛을 놓아
현침살　　　　　　②한의사로 명성을 날린 사주다.

제17편 천의성(天醫星)

1 | 천의성의 뜻

의사라는 뜻으로 일명 活人星(활인성)이라 한다.

2 | 천의성표

天醫星은 月支의 역행1위 글자를 말한다.

月支	子	丑	寅	卯	辰	巳	午	未	申	酉	戌	亥
天醫星	亥	子	丑	寅	卯	辰	巳	午	未	申	酉	戌

3 │ 천의성의 작용

⑴ 天醫星이 희신일 경우 의사, 약사, 간호사, 조산소, 종교가, 역술인에 종사하고, 女命은 의식주업(衣食住業)에 사업 및 종사한다.

⑵ 天醫星에 羊刃이 있으면 외과의사다.

⑶ 天醫星이 괴강에 임하면 약사, 간호사, 종교가다.

⑷ 절대적이지는 않지만, 대체로 天醫星이 寅申巳亥이면 외과 의사이다.

⑸ 天醫星이 辰戌丑未이면 내과 의사.

⑹ 天醫星이 子午卯酉이면 치과 의사, 산부인과 또는 잡과 의사이다.

⑺ 天醫星에 官星과 印星이 있고, 吉神이면 의약계 교수.

⑻ 天醫星이 凶神이고 官星과 印星이 없으면 무면허 의사.

⑼ 天醫星에 官星이 없고, 財星이 木 五行이면 한의사.

⑽ 日支가 天醫星이고 喜神이면 부부 중 한 사람이 의약업에 종사한다.

⑾ 火 五行이 天醫星이면 의사가 많고, 天醫星이 死絶墓支이면 써먹지 못한다.

己 辛 壬 丁
丑 卯 寅 巳
천의   월지

■ 月支 寅을 기준해서 逆行一位가 丑으로 偏印이다.
① 丑 偏印이 天醫星이다.

己 辛 壬 丁
丑 卯 寅 巳
천의   월지

②吉神에 해당하며, 官星과 印星이
  있으므로 의대 교수이다.
※官星이 丁巳로 羊刃이고 寅巳刑을
  가져 의료업에 인연이 있다.

壬 己 癸 乙
午 卯 未 亥
천의   월지

■月支 未를 기준해서 보면 午는 偏印이
  天醫星이다.
①이 사주에서 천의성 午는 長生支이면서
  殺印相生을 시키는 절대적으로 필요한
  글자로 산부인과 의사이다.

戊 辛 乙 甲
戌 亥 亥 子
천의   월지

■月支 亥를 기준해서 보면 戌 正印이
  천의성이다.
①많은 水 식상을 극해 주는 건토 戊戌이
  당연 희신으로 사주에 관성이 없고,
  木 오행이 재성이므로 한의사이다.

제18편 천문성(天門星)

1 | 천문성의 뜻

⑴天門星(천문성:천라살:천문)
  ① "羅: 벌릴 나"의 뜻
    ㈎地球 軸을 中心으로 하여 벌리고 있다
      – 氣運을 받기 위해서이다.

(내)즉 자기가 神이라는 의미이다

　(ㄱ)天羅殺은 하늘의 기운을 받는다 : 天神

　(ㄴ)地羅殺은 땅의 기운을 받는다 : 地神

⑵戌亥, 辰巳가 지구의 軸 중심으로 하여 돌아간다

　①자기 중심권이다. 자기 중심적이다.

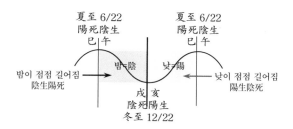

⑶亥는 陰이 가장 마지막 죽어 가는 글자.

　①죽어가는 것은 새로운 생명 탄생하는 것이다.

　②즉 陰이 죽어 가고 陽이 生해지므로 天羅.

　③巳는 陽이 끝나는 자리로 陰이 生해지므로 女子는 地羅.

⑷巳는 陽이 가장 마지막으로 죽어 가는 글자

　①죽어 가는 것은 새로운 생명이 탄생하는 것이다.

　②즉 陽이 죽어 가고 陰이 生해지므로 地羅.

　③午는 陰이 시작하는 자리로 陽이 生해지므로 男子는
　　戌, 亥.

2 ｜ 천문성의 작용

⑴사주에 천문성 戌, 亥가 있으면

①남녀 모두 종교나 철학에 관심이 많고 측은지심이 많아
　자선사업으로 주변의 어려운 사람을 잘 돕는다.
②戌亥 천문성은 하루의 끝에 있는 시간으로 새 날을 맞기
　위해 하늘의 문을 연다는 것이니, 예지력이 있고 직관력이
　탁월해 수사관·의사·법관·역학자 등에게는 길성
　이라 할 수 있다.
　(나)즉 陰이 죽어가고 陽이 生해지므로 天羅.
　(다)巳는 陽이 끝나는 자리로 陰이 生해지므로 女子는
　　地羅.
⑵巳는 陽이 가장 마지막으로 죽어 가는 글자
　①죽어 가는 것은 새로운 생명이 탄생하는 것이다.
　②즉 陽이 죽어 가고 陰이 生해지므로 地羅.
　③午는 陰이 시작하는 자리로 陽이 生해지므로 男子는
　　戌, 亥.
⑶사주에 천문성 戌, 亥가 있으면
　①남녀 모두 종교나 철학에 관심이 많고 측은지심이 많아
　　자선 사업으로 주변의 어려운 사람을 잘 돕는다.
　②戌亥 천문성은 하루의 끝에 있는 시간으로 새날을 맞기
　　위해 하늘의 문을 연다는 것이니, 예지력이 있고 직관력이
　　탁월해 수사관·의사·법관·역학자 등에게는 길성
　　이라 할 수 있다.
　③천문성은 하늘의 문으로 사주에 이것이 있으면 하늘의
　　뜻을 다른 사람들보다 잘 파악하는 능력이 있어 감각적

으로 앞으로 일어날 일에 신비로운 예지력을 가지고
있다.

사주팔자를 공부하여 사람들에게 삶과 하늘의 뜻, 운명을
알게 하는 명리학자, 역술인, 심리 상담가, 종교인 등에
탁월한 능력을 보인다.

④사람들에게 위로와 삶의 의미를 주는 특성을 살려서
활인업에 종사하면 본인도 행복하고, 주변도 행복하게
한다.

⑤사람을 살리는 일은 몸과 정신 모두를 포함하기에 의사,
한의사, 간호사, 소방관, 경찰 등도 여기에 해당된다.
이런 능력은 하늘의 문을 통하여 하늘 즉 절대자의 뜻을
잘 파악하기에 가능하다.

⑷천문성의 대표적인 것은 戌, 亥이다.

이것들은 사주의 지지에 한 개만 있어도 그 힘을 발휘한다.

①특히 일지에 있으면 더욱 강한 작용을 한다.

②이렇게 戌, 亥가 天門星인 이유는
八卦에서 하늘을 상징하는 乾卦와
대응하는 地支가 바로 戌과 亥이기
때문이다.

③또한 나무 즉 木은 종교적 성향이 있다.

㈎바로 이러한 특성 때문에 地藏干에 木이 들어 있는
것들도 그 작용을 한다.

㈏즉 亥卯未 木局을 형성하는 三合의 地支들과 寅이 여기에 해당한다.

㈐또한 가을을 상징하는 地支인 酉도 八卦에서는 연못을 상징하는 兌卦로 하늘을 비추고 있다.

㈑따라서 卯, 未, 寅, 酉의 글자가 두 개 이상 地支에 있으면 천문성의 작용이 있는 것으로 본다.

㈒마찬가지로 日支 주위에 있을 수록 그 힘이 강하다 할 것이다.

■열두 간지(干支) 중 戌과 亥는 "천문성"이라고 한다.

⑴ "왜? 戌과 亥를 天門星이라고 할까?"

①별자리로 이 戌, 亥 天門星을 풀어 보자면 戌, 亥를 天羅星 이라고도 한다.

②天羅 하늘의 그물, 동양에서 말하는 天羅星이 西洋의 별자리에서 말하는 시리우스 별이다.

㈎시리우스 별은 우리 인간 육안으로 관측할 수 있는 가장 밝은 별이다. 北極星보다도 더 밝다. 별이 아주 밝다는 것은 뭔가 의미가 있는 것이다.

㈏어떤 사람들은 이 밝은 시리우스 별에 인간 영혼이 산다고도 한다.

㈐인간의 눈으로 발견할 수 있는 가장 밝은 별이 시리 우스별, 천라성(天羅星)인 것이다.

㈑인간의 눈으로 발견할 수 있는 가장 밝은 별이 시리 우스별, 천라성(天羅星)인 것이다.

③그리고 서양 별자리로, 이 시리우스 별은 "큰 개(개 견)
자리"에 있다. 인간의 눈에 보이는 가장 밝은 별이 바로
개 dog 자리에 있다는 것이, 현대인들은 개를 우리가
보는 그런 일반적인 dog이라 생각하지만, 별자리를
만들고 사주 명리학을 만들었던 그 시대에는 개=늑대
시대였다. 늑대?! 하늘의 별자리에서 큰개자리와 작은
개자리는 북극성 앞에 문을 지키는 사냥개들이다.

⑵이 戌亥 천문성을 가진 사람은 千里를 본다는 말이 있다.

①북극성=천리안

②그런데 戌亥 천문성을 자신의 영혼의 힘이 모자라, 부정적
으로 쓰면 늘 신기(귀신 신, 기운 기)에 늘 사로잡혀 사는
사람이 되기도 한다.

③사주에 천문성을 똑같이 가지고도 영혼의 힘이 큰 사람은
앞일을 훤히 내다보는 사람으로 살기도 하고, 영혼의
힘이 약한 사람은 신기에 시달려 사는 이상한 사람으로
살기도 하는 것입니다.

⑶하늘의 문을 연다는 뜻으로 사주 원국의 지지에 戌, 亥,
寅, 卯, 未, 酉가 2개 이상 있을 때를 말한다.

⑷특히 戌과 亥는 天羅地網殺을 겸하여 作用力이 強한 것으로
보고 天門星이 있는 사람은

①예지력과 직관력이 뛰어나다.

②종교나 철학 쪽으로 관심이 많다.

③주변에 어려운 사람을 잘 돕는다.

④타인의 상태(건강, 성격, 특성)를 잘 읽어 낸다.

⑤의사, 한의사, 역학자, 변호사, 판검사, 약사 등 사람을
살리는 직업(활인업)을 가지면 좋다.

⑥하늘의 뜻을 따라, 나의 정신을 무한한 세계로 보낸다.

제19편 천을귀인(天乙貴人)

⑴天乙貴人의 인연을 天上 혹은 전생에서 알던 인연을 이번
생에서 다시 만난 인연이다. 그러므로 무조건 吉緣으로
오해해서는 안 된다.

天乙貴人(천을귀인)

日干基準	甲戊庚	乙己	丙丁	辛	壬癸
天乙貴人	丑, 未	子, 申	亥, 酉	寅, 午	卯, 巳

※천을귀인이 있으면 좋은 사주라고 단정하는 이도 있지만
그것은 잘못이다.

⑵인연법 진여비결 중 "貴人獨行(귀인독행)이면 同伴定配
(동반정배)한다." 하여 천을귀인의 인연을 말한다.

己 癸 庚 乙 乾 ○
卯 卯 辰 丑　　 巳

配星

①癸水 日干이니 巳와 卯가 天乙貴人
인데

②원국에 卯가 홀로 있어 巳가 인연이
된다란 뜻이다.

제20편 공망(空亡)

⑴마음이 志向하는 바를 의미한다(본인은 부족함을 느끼나
실제 그렇지 않다).

　①四柱에 空亡이 있으면 그 空亡에 해당된 것이 잘 안 된다.

　②四柱에 空亡이 없으면 그 空亡에 해당된 것을 추구, 갈망
한다.

⑵空+亡의 두 단어의 결합이다.

⑶空亡+沖 → 더욱 실현 욕구가 強해진다.

⑷子, 丑이 空亡이면 子丑을 추구한다는 것이다.

　①子는 포기할 수 있지만 丑은 포기하지 않는다.

※地支 因字論을 이해해야 한다(해당 六親의 성정 파악).

※秘傳- 지장간과 월율분야도의 구분

구분 / 지지	薛鎭觀의 地藏干		地藏干	月律分野圖 정 중 초
	火土同宮	水土同宮		
子	癸	癸己	癸	壬 癸
丑	己辛癸	己辛癸	己辛癸	己辛癸
寅	甲丙	甲丙	甲丙	甲丙戊
卯	乙	乙	乙	乙 甲
辰	戊癸乙	戊癸乙	戊癸乙	戊癸乙
巳	丙庚戊	丙庚	丙庚戊	丙庚戊
午	丁己	丁	丁己	丁己丙
未	己乙丁	己乙丁	己乙丁	己乙丁
申	庚壬	庚壬	庚壬	庚壬戊
酉	辛	辛	辛	辛 庚
戌	戊丁辛	戊丁辛	戊丁辛	戊丁辛
亥	壬甲	壬甲戊	壬甲	壬甲戊

제 6 강

십이운성 (十二運星), 십이신살 (十二神殺) 응용 사례

제1편 십이운성, 신살의 응용

1 | 응용 사례 - 1

天干 : 甲 乙 丙 丁 戊 己 庚 辛 壬 癸

天干을 변화시킨 것:比, 食, 財, 官, 印 → 알리바바.-

癸 壬 辛 甲 ← 알리바바
↕ ↕ ↕ ↕
巳 申 未 子 ← 양탄자
劫殺 地殺 天殺 將星 ← 十二神殺

■同柱 癸巳, 壬申, 辛未, 甲子가 각각의 기둥이다.

(1)癸는 巳, 壬은 申, 辛은 未, 甲은 子의 영향만 받는다.

(2)알리바바(天干) 4명이 各各 自身들의 양탄자(地支)를 타는 것이지 남의 양탄자에는 손대지 않는다.

(3)日支에 地殺이 있다면

①내 自身이 地殺의 영향을 받는 것이다.

②주변의 알리바바는 地殺의 영향을 받지 않는다.

(4)月支가 天殺이므로

①同柱의 天干인 月干 辛金 알리바바만 天殺의 영향을 받는 것이고

②日干 壬水는 天殺의 영향을 받지 않는다.

(5)사주 내에 地殺이 있다고 해서

①그 日干이 地殺의 영향을 받는다고 보면 안 된다.

②내 자리(地支)에 地殺이 있을 때만 내가 그 영향을 받는
것이다.

③他 地支는 나와 상관없다.

■歲運 基準 神殺

⑴自己가 타고 가던 양탄자가 바뀌는 경우가 있다.

⑵歲運支를 기준으로 神殺을 포국하면 기존의 양탄자가
바뀌게 된다.

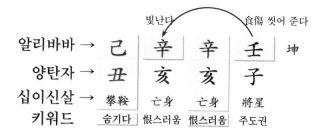

⑴辛 日干이 하는 일 즉 壬 傷官은 씻어주는 일(淘洗珠玉)이
즉 남이 잘못해 놓은 일을 깨끗하게 하는 일이다.

⑵辛 日干이 하는 일(壬)은 하면 할수록 辛 日干이 빛난다.

⑶辛이 하는 일(壬)은 子 將星 위에 있으니 실질적인 주도권을
가지고 있는 일이다.

　항상 주도권을 가지고 일을 추진한다.

⑷辛 本人과 月干 辛 兄弟가 亥 亡身 위에 있어 자리하고 있다.

①둘 다 뭔지 모르지만 恨스러움을 가지고 있다.

②굉장히 일을 잘 할 수 있음에도 불구하고 恨이 있다.

③중요 요직에 뽑히지 못한다. 일(壬)은 아주 잘한다.
④亡身은 결정적 순간에 선택되지 못하는 恨이 서려 있다.

⑸己 모친은 丑 攀鞍 위에 있다.

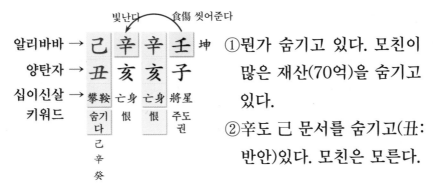

①뭔가 숨기고 있다. 모친이
많은 재산(70억)을 숨기고
있다.
②辛도 己 문서를 숨기고(丑:
반안)있다. 모친은 모른다.

2 | 응용 사례 - 2

癸卯	壬寅	辛巳	乙亥 坤
장성	망신	역마	지살
주도권	恨	이동	대표
乙	甲	丙	壬
	丙	庚	甲
			戊

※天干+地支 神殺이 무엇이냐에 따라서 그 天干이 그대로 神殺 영향을 받는다.
※天干과 地支의 자리는 반드시 同柱(기둥)로 보아야 한다.

⑴ 巳(驛馬)

①키워드:가다, 이동, 변화(움직임), 예술, 창조

②辛 印星이 巳 驛馬라는 공간 위에 자리 잡아 驛馬의 영향을 받는다(辛과 巳가 驛馬).

㉮辛 印星이 움직인다. 모친은 돌아다니는, 예술 감각을 가진, 분주한 모친이다.

㉯同柱로 통변하므로

㉠모친이 분주하게 이동, 변화가 많으신 분이다.

㉡辛 모친은 예술 감각이 있어 발리댄스(巳:뱀)를 하고 있다. - 巳:그림, 색채

⑵ 巳(丙)

①巳中 丙火는 偏財, 부친이 된다.

㉮辛 모친도 분주하게 돌아다니고, 丙 부친도 분주하게 돌아다닌다(巳와 同柱).

②辛 모친과 丙 부친이 여행 가서 만났는가?

㉮객지에서 만났다. 객지 가서 배우자를 만났다.

㉯丙 부친이 경남 사람, 전라 광주 일하러 가서 辛 모친 만나 경상도서 같이 살고 있다.

⑶巳驛馬+寅刑

①巳 驛馬, 이동, 변화하는 가운데 불편함이 발생한다.

→ 교통사고, 고의 없는 사고.

㉮刑:마음이 불편하다, 남이 나를 해한다, 안 해도 될 것을 한다.

㉯巳 驛馬로 이동, 변화하는 중에 寅이 巳를 寅巳刑 하므로 사고 발생 가능.

②寅巳刑 :寅의 영역

㉮허리에서 ㉯장딴지 뒤로 걸쳐 ㉰무릎으로 살짝 나왔다가 다시 ㉱종아리로 간다.

질병 부위:㉮허리 ㉯장딴지 ㉰무릎 ㉱종아리에 질병이 발생한다.

⑷배우자궁 寅 亡身

　①배우자 자리에 恨이 있는 것이다.

　　㈎本人(배우자)이 女子에 비해서 자신감이 없다.

　　㈏恨스러움이 있다.

　②本人이 한 번 실패했거나 女子가 실패한 사람, 재혼의 인연(恨)이 들어온다(寅巳刑).

　③배우자 자리에 아픔이 있는 사람이다(寅巳刑).

※月支亡身

　①모친 재취로 시집왔다(恨이 있는 모친)

　②부모 자리에 恨이 있다. 아픔이 있다.

⑸寅亡身

癸卯	壬寅	辛巳	乙亥	坤
장성 주도권 乙	망신 恨 甲丙	역마 이동 丙庚	지살 대표 壬甲戊	

①寅 中 地藏干(甲丙)에 있는 六親에게 모두 亡身이 작용한다.

　㈎寅 中 甲木 食神인 자식, 활동에 恨이 있다.

②부친 恨 (여자 문제)

　㈎寅 中 丙 편재 부친이 恨이 있거나 문제가 있게 된다.

　㈏모친 자리인 辛巳는 별문제가 없다.

㈐丙 부친이(寅 中 丙, 巳 中 丙) 同氣로서 우리에게 말 못할 恨이 있음을 알 수 있다.

㈑혹은 큰어머니가 있었던지 작은어머니가 있었음을 짐작할 수 있다.

⑹卯(乙)將星

①卯中乙木과 巳中庚金이 乙庚合을 하고 있다. 卯는 將星殺이다.

㈎乙木 傷官은 자식이며 庚金 印星은 모친, 사위(乙木의 남편) 이다.

㈏乙木은 卯 將星의 기운 속에서 잘나가는 주도권을 가진 자식에 해당한다.

②乙 여식과 庚이 乙庚合하니 庚이 사위가 된다.

㈎庚이 地藏干에서 드러나지 않고 있다(숨어 있다, 드러 내지 않는다).

㈏따라서 사내 연애, 사내 결혼, 속도위반을 할 수 있는 것이다.

※地藏干

①공개 안 된 것이다. 꼭 숨겨 둘 의도가 있다고 볼 수는 없다.

②숨길 의도는 없었는데 숨겨진 것 뿐이다.

③진짜 숨겨 둘 의도가 있는 것은 辰戌丑未 속에 있는 것이 숨겨 둔 것이다(庫=倉庫, 金庫).

④辰戌丑未:공개를 꺼려 한다(숨겨 둔 것).

　*地藏干:공개되지 아니한 것(숨길 의도는 없다).

⑤暗合:乙庚暗合

㈎乙과 庚이 暗合을 하고 있는 상황인데 이 暗合으로 숨겨둘 의도가 있었다고는 보지 않는 것이 옳다.

㈏드러나지 아니한 상황으로만 적용한다.

※同柱

①같은 영역, 같은 환경, 같은 곳쪽때.

②同柱로 地藏干이 天干과 相生相剋의 반응을 일으킬 수 있다.

⑺巳 中 庚

①庚 사위는 巳 驛馬의 영역에 있으니 객지에 있는 사위이다.

②외국인 사위일 수도 있다(驛馬:해외 출입).

⑻月干 辛 偏官

①乙 딸 아이에게 辛 偏官이 또 하나 있다.

②문제는 辛과 庚이 同柱에 있기에 곤란한 상황이다. 문제가 생긴다.

㈎한 기둥에 있기에 庚이 辛을 꺾어 버린다. 辛은 庚을 꺾지 못한다.

(나)辛과 庚 둘이 만나게 된다면 庚이 辛을 꺾어 버리는데 옆에 寅巳刑이 되어 있다.

(다)寅巳刑이 발생하므로 사고가 발생할 수 있어 위험하다.

③乙 딸아이가 남자를 만나는데 辛과 庚이 같은 기둥 辛巳에 있다.

　(가)同柱는 같은 영역, 환경, 곳족때에 있다는 것을 의미한다.

　(나)같은 영역에 있다는 것은 辛과 庚이 서로 만날 수 있다는 것을 의미한다.

　(다)즉 庚 사위가 辛을 폭행(寅巳刑)할 수 있다는 것이다. 庚이 辛을 꺾어버린다. 사고 발생을 암시하고 있다.

④庚金 사위의 능력

　(가)十二運星을 적용하여 판단한다.

　(나)庚은 巳 속에 있으므로 庚金에 巳는 生地이다 → 따라서 능력 있다.

　(十二神殺:환경 /十二運星:능력을 나타낸다)

3 | 응용 사례 - 3

甲	丁	己	壬	坤
辰	丑	酉	申	
화개	반안	년살	지살	
꾸준히	은닉	팁,대기	대표	
戊	己	辛	庚	
癸	辛		壬	
乙	癸			

(1) 丁日干 … 丑 반안 위에 있다.

  ① 숨기는 것이 있고 드러내지 않는 사람이다. 잘 표현하지 않는다.

  ② 癸水 偏官

    ㈎ 丑中 癸水 偏官이 들어 있다. 드러내지 않은 男子, 비밀 (속내)이 많은 성격의 남자.

    ㈏ 辰戌丑未 속의 것은 잘 드러내지 않는다. 즉 숨겨둔 남자 癸가 있다.

    ㈐ 辰中에 癸水 偏官이 들어 있다. 숨겨둔 남자이다.

  ③ 壬水 正官

    ㈎ 壬水 正官 남편이 年干에 있어 나이가 많은 사람이다 (年干:나이 많음).

(2) 壬水 남편

  ① 壬申 同柱로 申 地殺 위에 있다. 地殺의 영역에 있다.

    ㈎ 地殺은 대표, 사장, 전문가, 부서장, 주도권(형식적)을 의미한다.

  ② 남편은 대표, 전문가, 부서장, 주도권을 가진 잘나가는 사람이다.

甲	丁	己	壬
辰	丑	酉	申
화개	반안	년살	지살
꾸준히	은닉	팁,대기	대표
戊	己	辛	庚
癸	辛		壬
乙	癸		

坤(3)癸水 偏官 애인

①日支 반안 丑 中 癸水:드러내지 않은 숨겨둔 남자이다.

㉮반안:금전, 금고지기 의미도 있다(집사).

※丑:因字論 → 금고, 은행, 쇠붙이 등.

㉯壬水 남편 회사에 총무나 경리 부서에 일하는 사람(癸)과 애인 관계이다.

②時支 화개 辰 中 癸水

애인이 癸癸로 2명으로 볼 수도 있고, 동기로 1명으로도 볼 수 있다.

③癸水 애인

㉮1명이면

㈀丑 中 癸, 辰 中 癸의 성향을 모두 다 가지고 있는 男子.

㈁日時에 있는 癸水라 친구, 동갑 내지는 어린 사람이다.

㈂華蓋로 오래전부터 알고 있던 사람이고 時는 근래에 애인이 된 관계이다. 오래전부터 알고 있던 사람인데 근래 본격적으로 사귀기 시작한 사람이다.

㉯2명이면

㈀드러나지 않는 사람(丑:攀鞍:숨겨 두다, 은닉),

㈁알고 있은 지 오래된 年下의 사람(辰:華蓋 - 오래된, 再 다시)이다.

4 | 응용 사례 - 4

戊	己	己	己 坤
辰	丑	巳	亥
반안	월살	역마	지살
은닉	감시	이동	대표
	월급	변화	주도권
戊	己	丙	壬
癸	辛	庚	甲
乙	癸		戊

(1)甲 正官 남편

①亥 지살의 영역에 있다.

②지살은 대표, 전문가, 잘나가는 사람, 부서장, 주도권(형식적)을 의미한다.

③甲木 남편은 전문가, 대표, 잘 나가고 주도권을 가진 능력 있는 사람이다.

④年柱에 있고 壬水 正財와 同柱에 있어 본인보다 나이가 많은 삼촌뻘 되는 年上의 남편이다.

⑤年干 己土 比肩과 甲己合을 하고 있어 甲 남편한테도 이미 여자가 있다.

⑥남편과 合하는 己土 여자는

㈎대표로 주도권을 가진 능력 있는 여자이다(지살의 영역에 있다).

㈏甲 남편과 한 공간에 있어 나보다 나이 많은 여자이다 (同柱로 같은 곳쪽때:年은 나이 많음).

㈐남편과 같은 회사 내, 부서 내에 같이 일하는 곳에 있는 여자이다

→同柱에 있으므로 같은 공간(직장, 건물 등)에 있다.

(2)辰 中 乙木

戊	己	己	己 坤
辰	丑	巳	亥
반안	월살	역마	지살
은닉	감시	이동	대표
숨기다	월급	변화	주도권
戊	己	丙	壬
癸	辛	庚	甲
乙	癸		戊

①辰 반안 영역에 있는 乙木 偏官으로 드러내지 않은 연하남 애인이다.

②반안은 은닉, 숨기고 있는 것인데 地藏干 속에 있어 드러내지 않은 남자이다.

③辰戌丑未 속에 있어 숨겨 둔 남자로 연하남인 애인이다 (時柱에 있어 연하남).

㈎문제는 辰中 戊土 劫財가 있어 여자가 있는 남자이다.

㈏辰 中 戊土이므로 乙木 애인이 숨겨둔 여자이므로 유부남이거나 다른 여자가 있는 남자이다.

④乙 남자는 마트, 백화점, 수산업, 시장(辰:물질의 창고)에서 근무하는 남자이다.

※戌(정신의 창고):종교, 철학, 지식, 학교, 도서관 등.

※時:자기만의 국한된 개인적인 공간이다.

비밀 창고, 지갑, 화장대, 서랍장, 가방, 비밀 금고, 안경, 도구와 수단이다.

5 │ 응용 사례 - 5

(水土同宮)

戊 己 壬 丁 乾
辰 丑 子 丑
　　　 合　合

천살　화개　육해　화개
마비　오래　임시　오래
정지　꾸준히　스피드　꾸준히
戊　己　癸　己
癸　辛　　辛
乙　癸　　癸

(1)처의 관계를 본다. 壬水 正財

①月干 壬水 正財가 처이다.

②그런데 양쪽으로 子丑合, 子丑合을 하고 있다.

③丑은 丑方, 子는 子方을 의미한다. 예를 들어 寅亥合의 경우 寅과 亥가 동 시간대에 동 공간에 존재할 수 없다(地支:곳쪽때).

㈎어느 별이 寅이라는 지점에 머물렀다가 亥라는 지점으로 이동할 때를(地支는 만나지 못한다) 의미한 것이다.

㈏寅亥寅이 있다면 寅寅이 동 시간대에 존재하지 못한다.

㈐地支는 시간과 공간이 다 다르다(시간적 개념).

그렇기에 결합이 된다 안 된다 자체가 무의미한 이치이다.

※合:연결을 의미한다(연결, 연동, 공유)

㈎子丑 地合을 하니 丑子丑이 연동해서 3개가 섞이게 된다.

㈏子丑의 動靜으로 地藏干 透出은 歲運에서 動靜이 일어날 때의 일이다.

④壬 처 한 명 두고 주변의 比肩들이 子丑合으로 연결되어 있다.

㈎이것은 친구가 자신의 처를 건드린 것이다. 실제 피해자이다.

㈏친구 두 놈에게 자기 처를 빼앗긴 사람이다.

(2)辰 中 癸水

집뒤	이웃	근거리	원거리
연하	동갑	조금 많음	나이 많음
道具	內室	居室	大門
戊	己	壬	丁 乾
辰	丑	子	丑
천살	화개	육해	화개
마비	오래	임시	오래
정지	꾸준히	스피드	꾸준히
戊	己	癸	己
癸	辛		辛
乙	癸	己	癸

①天殺 辰 中 癸水는 偏財로 부친이나 애인으로 풍이나 소아마비 또는 마비 증세가 올 수 있다.

②天殺은 마비, 정지이므로 소아마비, 중풍, 수족 이상 발생 가능하다.

※月支 子月 기준 격각살은 丑, 辰: 수족 이상.

③時干 戊(比劫, 자식궁)도 辰 천살 영역에 있으니 本人(己) 주변에는 풍, 마비 등 질병이 있는 사람이 있을 것이다.

처도 포함된다.

(3)歲運

①辰 天殺이 動할 때 天殺의 기운이 발동하게 되는 것이다.

－ 合刑沖

6 │ 응용 사례 - 6

```
丁 戊 丁 辛    坤
巳 辰 酉 卯
역마  반안  재살  장성
변화  은닉  수사  주도권
예술  숨기다 뒷조사
丙   戊   辛   乙
庚   癸
     乙
```

(1) 남자관계를 본다. 乙 正官 남편

① 乙 正官 남편이 2명이 될 수 있겠는가?

② 乙 남편의 이중적인 성향으로 읽을 수 있다.

③ 남편은

㉮ 밖에 나가면 장성에 있어 똑똑하고 잘나가는 사람이다.

㉯ 집에 들어오면 반안이 되어 드러내지 못하게 된다.

④ 乙 正官이 연동되는 것을 잘 살펴야 한다.

⑤ 乙 배우자가 일찍 들어왔다.

㉮ 年支 卯(乙)+배우자궁에 辰(乙)으로 연동되어 들어 왔다.

㉯ 따라서 일찍 배우자 인연이 연결되어 들어왔다(年柱이므로 일찍).

(2) 辰 반안

① 반안의 辰 中 乙木은 숨겨 둔 남자로 癸와 같이 있다.

② 癸 正財는 아버지 여형제 즉 고모가 되며 乙木은 고모의 자식 즉 고종사촌 오빠로 고종사촌 오빠와 잘못된 사랑을 하게 되었다(근친상간).

⑶戊辰 同柱

①辰은 地藏干이 戊癸乙이다.
②乙 官星과 癸와의 연동 관계를
　잘살펴라.
㈎乙木의 母親이 癸水이다.
㈏同宮에 있으므로 같은 영역에,
　공간에 같이 있는 것이다.
㈐남편과 시어머니가 같은 공간에
　살고 있어 시어머니 모시고 산다.

7 | 응용 사례 - 7

壬	戊	甲	己	坤
戌	戌	戌	丑	

구분	통변
刑	법적 분쟁 시비, 사고, 건강 문제
沖	정면충돌, 변화, 만남과 헤어짐, 이동
破	무산, 포기
害	예상을 불허할 정도의 피해가 있다.
自刑	크게 흉하지 않지만 우물쭈물하다가 흐지부지, 결국 잘 안 된다. 기대가 크면 실망도 크다. (예:辰辰→뻘밭에 빠진 것처럼 계속 늦어지고 지연된다.)

반안 반안 반안 화개
은닉 은닉 수사 주도권
숨기다 숨기다 뒷조사

戊	戊	戊	己
丁	丁	丁	辛
辛	辛	辛	癸

■刑을 알아본다. 丑戌刑을 이루고 있다.

⑴刑은

　①불만, 불편한 관계가 형성된다.

　②마음이 불편하다, 남이 나를 해한다, 안 해도 될 것을 한다.

　③刑:차 사고(불편), 沖:차 수리(개선)

⑵조상님과 부모님 관계가 불편하다.

　①年柱는 조상궁, 月柱는 부모궁이 刑 관계를 이룬다.

　　㈎조부와 부모님 사이가 불편하다.

　　㈏부모님은 祖業을 이어받지 못한다.

　　㈐부모님은 고향을 떠난다.

　　㈑부모님은 조상 제사를 지내지 않는다.

　②日柱는 나, 배우자궁, 時柱는 자식궁인데 조상궁과 刑이라 불편한 관계를 이룬다(예: 제사 지내지 않는다).

8 | 응용 사례 - 8

道具	內室	居室	大門	
甲	己	己	辛	坤
子	巳	亥	卯	

刑

년살	역마	지살	장성
바쁘다	이동	대표	長
꾸밈	변화	전문가	주도권
癸	丙	壬	乙
	庚	甲	
	戊		

구분	통 변
刑	법적 분쟁 시비, 사고, 건강 문제
冲	정면충돌, 변화, 만남과 헤어짐, 이동
破	무산, 포기
害	예상을 불허할 정도의 피해가 있다.
自刑	크게 흉하지 않지만 우물쭈물하다가 흐지부지, 결국 잘 안된다. 기대가 크면 실망도 크다. (예:辰辰→뻘밭에 빠진 것처럼 계속 늘어지고 지연된다.)

■冲에 대하여 알아본다. 日支 冲:나(我)+배우자

(1)日支와 月支가 冲을 한다.

　①역마 + 지살 + 冲 → 이동, 변화 중의 긍정적 변화 개선.

(2)冲은

　①긍정적 개선(못 받아들이면 상대의 간섭으로 오해하게 된다). 잘하라는 잔소리

　②긍정적, 개선적으로 하는 이야기이지만 상대방은 간섭으로 여길 수 있다.

(3)巳 배우자가 들어와서 亥 부모궁을 冲한다.

　①배우자가 들어와서 부모님께 잘하자는 긍정적으로 하는 이야기를 이해하지 못하고 간섭으로 오해를 할 수 있다.

　②배우자의 잘하라고 하는 일이 부모와 불화, 갈등을 일으키게 된다.

자식	본인 부부	부모 형제	조상
道具	內室	居室	大門
丙	戊	甲	壬
辰	戌	辰	辰

구분	통변
刑	법적 분쟁 시비, 사고, 건강 문제
冲	정면충돌, 변화, 만남과 헤어짐, 이동
破	무산, 포기
害	예상을 불허할 정도의 피해가 있다.
自刑	크게 흉하지 않지만 우물쭈물하다가 흐지부지, 결국 잘 안된다. 기대가 크면 실망도 크다. (예:辰辰→뻘밭에 빠진 것처럼 계속 늘어지고 지연된다.)

화개	월살	화개	화개
再,다시 꾸준히	월급 감시	再,다시 꾸준히	再,다시 꾸준히
戊	戊	戊	戊
癸	丁	癸	癸
乙	辛	乙	乙

■刑과 冲이 혼재되어 있는 경우. 冲, 自刑을 이룬다.

⑴年月 自刑

①辰辰 自刑이 발동하고 있다.

②조상궁과 부모궁이 刑을 이룬다.

③조상과 부친 자리가 불편한 관계에 있다. 서로 마음이
　불편한 관계가 된다.

④사건 발생:歲運에서 合刑冲이 일어나 動할 때 사건이
　발생하게 된다(歲運:스위치, On Off).

⑵月日 冲

①月柱 부모궁과 日柱 나, 배우자궁이 辰戌冲을 하고 있다.

②배우자가 부모님께 잘하시라고 조언을 하게 된다.
　(긍정적 개선).

③긍정적 개선 목적으로 부모님께 조언을 하지만 부모님은

구분	통 변
刑	법적 분쟁 시비, 사고, 건강 문제
冲	정면충돌, 변화, 만남과 헤어짐, 이동
破	무산, 포기
害	예상을 불허할 정도의 피해가 있다.
自刑	크게 흉하지 않지만 우물쭈물하다가 흐지부지, 결국 잘 안된다. 기대가 크면 실망도 크다. (예:辰辰→뻘밭에 빠진 것처럼 계속 늦어지고 지연된다.)

	자식 부부	본인	부모 형제	조상
	丙	戊	甲	壬
	辰	戌	辰	辰
	冲	冲	刑	
	화개	월살	화개	화개
	再,다시 꾸준히	월급 감시	再,다시 꾸준히	再,다시 꾸준히
	戊	戊	戊	戊
	癸	丁	癸	癸
	乙	辛	乙	乙

오해를 하시어 서로 불편한 관계가 되어 있다(간섭하는 것으로 오해받음).

④사건 발생:歲運에서 合刑冲이 일어나 動할 때 사건이 발생하게 된다(歲運:스위치, On Off).

(3)月時刑

①月 부모 형제궁과 時 자식궁이 刑을 이룬다.

②부모 형제과 자식의 자리가 서로 마음이 불편한 관계에 있다.

③자식이 집안의 부모 형제들을 보지 않는다(제사 불참).

※冲:이해를 서로 시켜 주어야 한다. 刑:불편한 관계이다.

(4)日時 冲

①日 본인궁과 時 자식궁이 冲을 이룬다.

②본인과 배우자가 긍정적 개선을 목적으로 자식과 잘해 보자고 이야기한다.

자식	본인 부부	부모 형제	조상
丙	戊	甲	壬
辰	戌	辰	辰
	冲	冲	刑
화개	월살	화개	화개
再,다시 꾸준히	월급 감시	再,다시 꾸준히	再,다시 꾸준히
戊	戊	戊	戊
癸	丁	癸	癸
乙	辛	乙	乙

구분	통변
刑	법적 분쟁 시비, 사고, 건강 문제
冲	정면충돌, 변화, 만남과 헤어짐, 이동
破	무산, 포기
害	예상을 불허할 정도의 피해가 있다.
自刑	크게 흉하지 않지만 우물쭈물하다가 흐지부지, 결국 잘 안 된다. 기대가 크면 실망도 크다. (예:辰辰→뻘밭에 빠진 것처럼 계속 늦어지고 지연된다.)

③자식이 간섭으로 오해하여 못 받아 들여서로 오해하게
된다.

④사건 발생:歲運에서 合刑冲이 일어나 動할 때 사건이
발생하게 된다(歲運:스위치, On Off).

⑸곳쪽때

①地支의 刑冲會合은 모두 다 그대로 읽어 준다.

②地支는 동 시간대에 서로 공존하지 못한다. 辰과 戌은
공존을 못한다.

③그렇기에 동시에 다 존재한다는 개념의 해석은 잘못된
것이다.

⑹動靜

①四柱 命造는 사건의 암시(시한폭탄)만 하고 있다.

②사건 발생은 歲運의 合刑冲의 스위치로써 폭탄이 터지게
되는 것이다.

구분	통 변
刑	법적 분쟁 시비, 사고, 건강 문제
冲	정면충돌, 변화, 만남과 헤어짐, 이동
破	무산, 포기
害	예상을 불허할 정도의 피해가 있다.
自刑	크게 흉하지 않지만 우물주물하다가 흐지부지, 결국 잘 안 된다. 기대가 크면 실망도 크다. (예:辰辰→뻘밭에 빠진 것처럼 계속 늦어지고 지연된다.)

⑺白虎大殺

①승용차, 사고, 수술

②白虎에 걸린 因子가 모두(地藏干 포함) 위험하다.

③

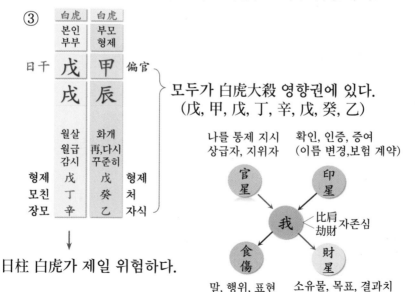

日柱 白虎가 제일 위험하다.

⑼十二運星

알리바바의 양탄자(天干의 역량을 살핀다)

①火土同宮, 水土同宮에 따라 다르게 변한다.

②水土同宮에 의하면 己 偏印이 病地에 앉아 장성의 환경에
있다.

③己 편인이 장성이므로 주도권을 잡는 여자이다.

④己 편인이 病地에 위에 있으니 의료, 복지, 교육과 관련한
업종에 능력 있는 여자이다.

⑤酉(辛)

㈎辛 형제는 酉 祿 위에 장성의 기운을 쓰고 있다.

㈏주도권을 가지고 잘나가는 똑똑한 형제이다.

⑥壬 傷官

㈎壬 자식이 申 長生 위에 앉아 申 망신의 환경에 처해 있다.

㈏壬 자식은

㈎十二運星으로 장생에 있어 항상 새롭게 뭔가 하려
하는데

㈏十二神殺으로 망신의 환경에 있어 제 능력을 피우지
못하는 아쉬움과 恨이 있는 자식이다.

12運星	意 味 (키워드)
長生	출산, 생산, NEW
浴	닦아 준다, 가꾸다, 꾸미다.
冠帶	이론적인 준비 과정(실천력 부족), 실수, 말썽, 구설(송사)
祿	이론과 실천 완성, 능수능란
帝旺	결단력, 냉정함, 大를 위해 小를 희생.
衰	양보, 물러날 준비.
病	후회, 同病相憐(동병상련).
死	죽음, 사색적, 관조적, 철학적
庫	머뭇거리다, 머물고 있다.
絶	이별과 만남의 교차(절처봉생), 윤회 반복
胎	꿈, 이상, 계획(실천력 부족)
養	교육, 태교

9 │ 응용 사례 - 9

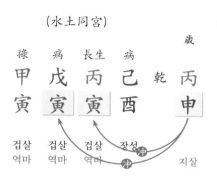

① 偏印星 丙火가 좋다. 易學
  공부가 좋다.
  ㈎丙火는 丙寅으로 寅 장생
    위에 앉아 있다.
  ㈏끊임없이 깨달음이 일어
    난다(생긴다).

② 偏官 甲木이 十二運星으로 祿, 十二神殺로는 겁살에 있어
  ㈎祿:하는 일(官星)에 이론과 실천력 완성되어 일 처리가
    능수능란하며 딱 부러지는 직장(공직)이다.
  ㈏겁살:강제로 밀어부치는 일을 한다.

③ 戊寅은 十二運星의 病地에 있어 남의 아픔을 같이 느끼고
  아는 사람이다.

④ 丙申年
  寅申冲으로 甲木 官星이 역마 위에 앉아 변화 이동이 動
  하므로 부서 이동을 했다.

10 | 응용 사례 - 10

水土同宮(동지중절기기준)

冠帶	浴	養	旺	
己	辛	庚	壬	坤
丑	亥	辰	子	
반안	망신	화개	장성	

地殺	代表, 주도권(形式的)
年殺	용돈, 대기, 꾸미다.
月殺	감시, 한계, 월급
亡身	恨, 아쉬움, 미련, 실패
將星	長, 主導權(實質的)
攀鞍	숨겨두다(은닉)
驛馬	移動, 變化(藝術, 創造)
六害	임시, 스피드(急하다)
華蓋	오래되다(舊), 꾸준히
劫殺	強制, 빼앗다. → 劫奪
災殺	수사, 뒷조사
天殺	마비, 정지, 休業

12 運星	意 味 (키워드)
長生	출산, 생산, NEW
浴	닦아준다, 꾸미다.
冠帶	이론적인 준비과정 (실천력 부족), 실수, 말썽, 구설(송사)
祿	이론과 실천 완성, 능수능란
帝旺	결단력, 냉정, 大를 위해 小를 희생.
衰	양보, 물러날 준비.
病	후회, 동병상련.
死	죽음, 사색적, 관조적, 철학적
庫	머뭇거리다, 머물다.
絶	이별과 만남의 교차 (절처봉생)윤회반복
胎	꿈, 이상, 계획 (실천력 부족)
養	교육, 태교

①丙火가 오면 좋은데
　하지만 구설, 시비 시끄러운 일이
　발생한다.
　丁火 偏官은 힘들어서 못 쓴다.

②庚 오빠
　㈎辰 華蓋와 養地에 앉아 있다.
　㈏오랫동안 꾸준하게(華蓋) 꿈을 키우고 있다(養). - 집에서
　　많은 꿈만 꾸는 사람이다.

③辛 本人
　㈎亥 浴地, 망신에 앉아 浴과 망신의 영향을 받는다.
　㈏浴地 위에 있어 가꾸고 꾸미는 일(각색, 편집)하는 사람이다.
　㈐하는 일 壬水 傷官은 旺地에 있어 남을 害하는 일을 한다.
　　법조계에서 일을 한다.
　　㉠결단력이 있다(旺地).

水土同宮(동지중절기기준)

冠帶	浴	養	旺	
己	辛	庚	壬	坤
丑	亥	辰	子	
반안	망신	화개	장성	

㈜旺地는 大를 위해 小를 희생시키는 일을 한다.

④己 偏印 - 冠帶, 攀鞍

㈎己 偏印은 冠帶地에 있어 工夫는 많이 하는 사람이다.

㈏공부는 완전무결하나 실천력이 떨어지는 공부이다.
　활용도가 떨어진다(반안으로 숨겨 두다, 은닉의 뜻이므로).

㈐박사까지 공부를 하였으나 제대로 못 써 먹는다. 강사로
　일하다가 중단했다.

⑤통변

㈎十干論으로 하는 것이 올바르다.

㈏地支는 刑冲破害 + 十二神殺 + 因字論을 적용한다.

㈐十二運星은 개별적으로 적용한다.

11 응용 사례 - 11

水土同宮(동지중절기기준)

地殺	代表, 주도권(形式的)
年殺	용돈, 대기, 꾸미다.
月殺	감시, 한계, 월급
亡身	恨, 아쉬움, 미련, 실패
將星	長, 主導權(實質的)
攀鞍	숨겨 두다(은닉)
驛馬	移動, 變化(藝術, 創造)
六害	임시, 스피드(急하다)
華蓋	오래되다(舊), 꾸준히
劫殺	強制, 빼앗다. → 劫奪
災殺	수사, 뒷조사
天殺	마비, 정지, 休業

12 運星	意 味 (키워드)
長生	출산, 생산, NEW
浴	닦아 준다, 꾸미다.
冠帶	이론적인 준비 과정 (실천력 부족), 실수, 말썽, 구설(송사)
祿	이론과 실천 완성, 능수능란
帝旺	결단력, 냉정, 大를 위해 小를 희생.
衰	양보, 물러날 준비.
病	후회, 동병상련.
死	죽음, 사색적, 관조적, 철학적
庫	머뭇거리다, 머물다.
絶	이별과 만남의 교차 (절처봉생),윤회 반복
胎	꿈, 이상, 계획 (실천력 부족)
養	교육, 태교

(1)乙 妻

　①乙 마누라는 3가지 모습으로 나타난다.

(2)乙庚合

　①時地 巳 中 庚金이 내 마누라 乙을 공유하고 있다.

　②巳 中 庚金은

　　㈎比肩이라 나와 비슷한 성향을 가진 庚이 내 마누라와
　　　合하고 있다.

　　㈏官星으로 내 직장이 되므로 내 직장 내 나와 잘 아는
　　　사람이 처와 乙庚合하고 있다.

　　㈐時柱에 있으니 집 뒤편에 있는, 집에서 서쪽에 있는,
　　　같은 회사에 다니는 사람이다.

　　㈑만일 아파트라면 같은 라인에 사는 사람이다(공간
　　　개념).

(乙未를 乙申이라 가정하면)

天干:십간 대 십간+육친

地支:곳쪽때+刑冲破害+十二神殺 ⎫
旺相休囚(十二運星)
天干 對 地支

※合하는 글자를 우선시하여 본다(연결, 인연 관계)

水土同宮(동지중절기기준)

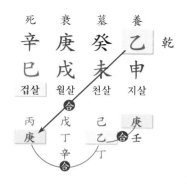

①先合後合관계

㉮巳 中 庚과 申中 庚이 乙庚合을
할 때 先合後合 관계?

㉯歲運의 動靜에 따라서 先合後
合의 상황이 일어난다.

㉰命造 내에서는 巳(庚)와 申(庚)
의 先後合 관계는 없다.

②일반적으로 年月日時로 순서를
배정하기는 하지만

㉮실제 일어나는 현상은 歲運의 動靜 관계로 先後合의
위치는 그때그때 달라진다.

㉯歲運의 動靜은 合은 合대로 冲은 冲대로 刑은 刑대로
모두 발동한다.

③庚金의 이중적 지위 적용

㉮巳의 성향과 申의 성향을 모두 가진 庚 男子와 先合後
刑한다.

㉯年干 乙이 申中 庚과 合을 하고 뒤에서 巳 中 庚과 刑하는
일이 발생한다.

㈐처음에는 좋았다가 나중에는 刑으로 끝날 것이다(巳申合刑破).

④年干 乙

水土同宮(동지중절기기준)

침대	집	인근	집밖
死	衰	墓	養
辛	庚	癸	乙 (乾)
巳	戌	未	申
겁살	월살	천살	지살
丙 庚	戊 丁 辛 合	己 乙 丁	庚 壬 合

㈎동구 밖(문밖)에 나가면 庚男子가 申(車)을 끌고 온다.
　→ 車에서 만나다.

㈏月柱에 庚이 있다면 우리 아파트까지 庚男子가 찾아온다.

㈐日柱에 庚이 있다면 우리 집까지 庚男子가 찾아온다.

㈑時柱에 庚 남자는 내 침대까지 찾아온다.

⑶丙申年 운세 흐름은?

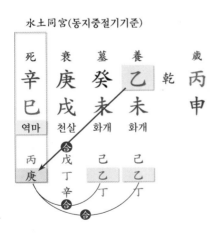

水土同宮(동지중절기기준)

				歲
死	衰	墓	養	
辛	庚	癸	乙 (乾)	丙
巳	戌	未	未	申
역마	천살	화개	화개	
丙 庚	戊 丁 辛 合	己 乙 丁	己 乙 丁	

①己 모친+천살

㈎丙申年을 기준하여 十二神殺을 포국한다.

㈏未가 화개에서 천살로 변한다.

㈐未 中 己土 모친이 화개에서 천살 영향을 받게 된다.

※천살:마비증세(중풍, 수족 이상, 신경통, 저리다. 구안와사 등)

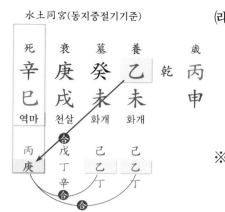

㈐종교 생활을 꾸준히 잘하시던 (화개) 모친에게 천살의 작용으로 신체에 부자연스러운 일들이 발생하게 된다(건강 이상).

※乙 처도 천살 영향으로 건강 이상이 오게 된다.

②乙+巳(庚)+겁살

㈎乙 마누라의 남자관계가 복잡해진다.

㈏巳申合刑으로 巳 中 庚이 乙庚合을 하고 申이 動하여 구설로 이어진다.

㈐辛과 庚의 乙 쟁탈전이 발생하게 된다.

12 | 응용 사례 - 12

水土同宮(동지중절기기준)

旺	庫	長生	絶	坤
丁	戊	丁	辛	
巳	辰	酉	卯	
역마	반안	재살	장성	

	戊		
丙	癸	辛	乙
庚	乙		

(1)乙乙 正官

　①正官星은 하나로 본다(正官만 있으므로).

　②乙 男子의 이중적 모습으로 본다.

　③乙 男子가 癸 正財와 가까이 같이 있다(同柱).

　　㈎乙 男子가 고모와 同柱에 있다.

　㈏乙 男子가 癸 고모와 가깝다(고모 자식).

　㈐乙 男子는 고종 오빠가 된다.

　㈑고종 오빠와 애인 관계이다. - 근친상간 발생

　㈒辰 庫藏地에다 반안이라 숨겨 둔 애인이다.

(2)同柱에 있다는 것은

　①같은 환경, 같은 공간에 있다는 것을 의미한다.

　②한집안, 한 구성원을 의미, 밀접한 관계를 의미한다.

13 | 응용 사례 - 13

水土同宮(동지중절기기준)

衰	庫	病	長生	
甲	丁	己	壬	坤
辰	丑	酉	申	
화개	반안	도화	지살	

戊   己   辛   庚
癸   辛   壬
乙   癸

地殺	代表, 주도권(形式的)
年殺	용돈, 대기, 꾸미다.
月殺	감시, 한계, 월급
亡身	恨, 아쉬움, 미련, 실패
將星	長, 主導權(實質的)
攀鞍	숨겨 두다(은닉)
驛馬	移動, 變化(藝術, 創造)
六害	임시, 스피드(急하다)
華蓋	오래되다(舊), 꾸준히
劫殺	强制, 빼앗다. → 劫奪
災殺	수사, 뒷조사
天殺	마비, 정지, 休業

12 運星	意 味 (키워드)
長生	출산, 생산, NEW
浴	닦아 준다, 꾸미다.
冠帶	이론적인 준비 과정 (실천력 부족), 실수, 말썽, 구설(송사)
祿	이론과 실천 완성, 능수능란
帝旺	결단력, 냉정, 大를 위해 小를 희생.
衰	양보, 물러날 준비.
病	후회, 동병상련.
死	죽음, 사색적, 관조적, 철학적
庫	머뭇거리다, 머물다.
絶	이별과 만남의 교차 (절처봉생),윤회 반복
胎	꿈, 이상, 계획 (실천력 부족)
養	교육, 태교

壬 正官

①壬 正官 남편은 年柱 문 밖(먼 곳)으로
  나가 있다.
  돈(申) 벌러 나가서 집에 잘 들어오지 않는다.

②안방에 癸 애인이 자리 잡고 있다.
  남편인 줄 주위에서 오해할 정도이다.

③時地 癸 애인은 가게(영업장)에까지 같이 있다.
  ㉮실제 직원인 연하남과 사귀거나
  ㉯같은 또래와 사귀고 있다
  ※時:年下, 日:同甲, 같은 또래

제2편 인연법과 신살 및 십이운성의 궁합

1 부부 인연

인연맞이를 볼 때는 상대방의 띠를 내 四柱에 적용한다.

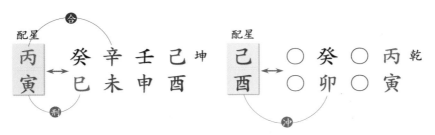

2 궁위 적용

⑴丙寅生 남편을 만나서 자식 자리에 寅巳刑을 한다.

⑵丙寅生 만나서 자식이 잘 안 된다.

⑶　　〃　　〃　　가게(Shop)에 관련된 일이 잘 안 된다.

3 육친 적용

⑴丙寅生 만나서 寅巳刑 발동하니 時地 巳 中 丙火 官星 즉 법인체 관련 일이 잘 안 된다.

⑵寅巳刑을 하니

　①時干의 癸 食傷 자식도 하는 일이 잘 안 되고

　②丙 + 癸로써 자식과 오래 못 간다.

⑶丙과 辛이 만나서 合水가 된다.

　　①丙辛合하는데 처음 만날 때는 주변에서 구설, 시비가 많이 발생하였다.

　　②丙辛合水가 되니 辛 입장에서 水 食傷이 되니

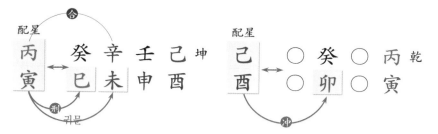

　　　㈎둘이서 일을 하면서 만났거나(食傷: Work)

　　　㈏취미 활동하다가 만났다고 볼 수 있다(食傷:활동, 행위, 행동).

　　③丙辛合 이면에 水가 있음을 염두에 두어야 한다.

⑷寅未 鬼門이 되니 둘 관계에서 鬼門의 작용이 발생한다.

　　※天干과 地支는 같이 영향을 받는다(同柱이므로).

　　①天干은 地支를 만나서 봄에 갔다가 여름에 갔다가 겨울에 갔다가, 因子, 神殺을 만남으로써 그 속에서 같이 사는 것이다.

　　②그래서 영향권을 同柱에서 天干, 地藏干이 똑같이 받게 된다.

4 ｜ 丙寅生에 己酉生 여자 궁합

⑴己酉生 여자가 들어와서 卯酉冲이 된다.

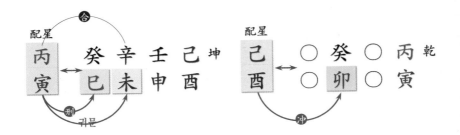

①이 여자가 들어와서 본인에게 간섭을 많이 한다.

(2)冲이라 나쁜 것이 아니라 잘하라고 하는 것인데 간섭으로 오해받아서 불만, 갈등으로 번지게 된다.

(3)남자 입장에서 己酉生 여자가 들어와서 일이 발생함을 느끼게 된다.

---

5 | 세운 판단 시

水土同宮(동지 중절기 기준)

자식	부부	부모	조상		
胎	衰	生	病	養	
癸	辛	壬	己 坤	乙	
巳	未	申	酉	未	
지살	월살	망신	장성		
대표 명함	월급 감시	恨,실패 아쉬움	長 주도권		
역마	화개	겁살	재살	화개	
丙	己	庚	辛	己	
庚	乙	壬		乙	
	丁			丁	

②巳 中 丙 官星은

(1)세운 乙未 未 기준으로 신살을 포국한다.

①亥卯未로 原局을 포국한다

(2)남편의 성향(巳中 丙火)

①宮으로 배우자궁인 日支 未와 육친으로 巳 中 丙火가 남편이므로 未와 巳 영역이 남편의 성향이다(未, 巳 中 丙).

㈎地殺의 성향인 대표를 가지고 있다(대표, 전문가, 주도권, 명함 등).

㈏巳 因字는 도로, 교통이다, 도로를 다니는 대표이다.

㈐트럭 기사로 법인체 등록하여 자기 사업을 하는 사람이다.

㈑女命 辛日干은 공주병으로 주변에 인기가 많다. 남편 巳中 丙과 丙辛合한다.

　㈀남편과 만날 때 주변의 구설 시비 속에서 만났다.

　㈁결혼할 당시 남편은 축구 선수였고, 대학 축구 감독직 그만두고 운수업을 하였다

　　→ 巳+地殺이라 운수업 사장.

③未 月殺(월급, 감시, 경계, 한계, 좌절 등)

㈎日支 未는 배우자궁이라 남편의 영역에 해당된다.

水土同宮(동지 중절기 기준)

자식	부부	부모	조상	
胎	衰	生	病	養
癸	辛	壬	己 坤	乙
巳	未	申	酉	未
지살	월살	망신	장성	화개
역마	화개	겁살	재살	
丙	己	庚	辛	己
庚	乙	壬		乙
	丁			丁

㈏남편은 月殺 영역이라

　㈀월급쟁이 생활을 하였고, 감시, 경계를 많이 하는 사람이다.

　㈁마누라를 너무 감시하고 단속하고 하였다.

(3)申 亡身-地藏干의 六親도 본다.

①月柱 부모(모친)궁이 망신이라 모친 가슴에 恨이 서려 있다.

水土同宮(동지 중절기 기준)

자식	부부	부모	조상		
胎	衰	生	病	坤	養
癸	辛	壬	己		乙
巳	未	申	酉		未
지살	월살	망신	장성		
역마	화개	겁살	재살		화개
丙	己	庚	辛		己
庚	乙	壬			乙
	丁				丁

②모친이 후처에게 밀려 나왔다

※모친 재취: 月支 도화, 망신

③申 中 庚

　㈎申 中 庚은 형제궁에 있고
　　나이 많고 性이 다르므로
　　오빠이다.

　㈏庚 오빠+망신되어 오빠는

㈀자기 하는 일(壬)에 恨이 서려 본인의 뜻하는 바를
　다 이루지 못하고

㈁아쉬워하면서 살아가고 있다.

④申 中 壬

　㈎申中壬은 辛 日干의 傷官으로 자식이다.

　㈏申 망신에 있으므로 壬 자식 또한 恨이 있는 자식,
　　아쉬움이 있는 자식이다.

　㈐壬 자식은 申 장생지에 앉아 능력이 뛰어난데 비해
　　못 커서 아쉬움, 恨을 가지고 있다.

　※時干 食神 癸水도 자식이다.

　　㈎癸水는 地支 巳는 지살의 영역에 있다.

　　㈏癸水 자식은 대표, 전문가로 주도권을 가지는 자식이다.

　　㈐즉, 지살의 기운을 쓰는 자식이다.

⑷日支 월살

　①日支가 월살이라 日干은 월살 영역에 있어 월살 기운의
　　영향을 받는다.

水土同宮(동지 중절기 기준)

자식	부부	부모	조상	
胎	衰	生	病	養
癸	辛	壬	己 坤	乙
巳	未	申	酉	未
지살	월살	망신	장성	화개
역마	화개	겁살	재살	화개

丙	己	庚	辛	己
庚	乙	壬		乙
	丁			丁

②월살은 월급, 감시, 경계, 한계 등을 의미한다.

③辛 日干 자신은 월급쟁이 생활을 한다.

④월살 大運이 들어오면 간혹 상속, 증여 받을 수 있는 일이 생길 수 있다.

⑸乙未年 운세 – 神殺 적용

①申中 壬

㈎망신에서 겁살로 바뀌어 겁살의 영향을 받는다.

㈏壬은 겁살이 되어 학교 내에서 말썽이 발생했다(壬 자식 문제 발생).

②未 배우자궁

㈎월살에서 화개로 변하여 화개의 영향을 받는다.

　　월살:월급, 감시 → 화개:오래된 것, 꾸준히

㈏日支 未에 歲運 未가 와서 伏吟(복음)되었다.

※복음(伏吟):

㈎日柱와 歲運이 同一干支이면 복음, 日支만 동일하면 세미 복음(지지만 같은 것을 自冲이라 한다)

㈏세미 복음:뭔가 오래된 일이 실현되는 것이다. 未未로 日支 세미 복음 되어 남편과 떨어져 있다가 관계가 다시 회복되었다(원상 복귀).

③巳 中 丙

  ㈎乙未 세운에서 巳는 지살에서 역마로 변하여 역마의
    영향을 받는다.

  ㈏지살일 때는 대표로서 뭔가 하려고 하는 것이며, 역마는
    그것에 신경 쓰지 않고 열심히 일하는 것을 의미한다.

제3편 세운과 신살 및 십이운성

1 신살 적용 : 세운 기준 적용

戊辰	己亥	辛巳	庚申	乾	歲運 癸巳
화개 천살 戊癸乙	망신 역마 壬甲戊	겁살 지살 丙庚	지살 망신 庚壬		지살 丙庚

①癸巳 歲運에서 볼 때 亥는 역마가 되니 역마 속의 甲 正官은 직위가 된다.
②즉 부업, 부사장의 직위를 얻어 부업으로 일하게 되는 직위가 생겼다.

戊辰	己亥	辛巳	庚申	乾	歲運 癸巳
화개 천살 戊癸乙	망신 역마 壬甲戊	겁살 지살 丙庚	지살 망신 庚壬		지살 丙庚

※나+正官+財星(地藏干포함)
①직위가 돈 되는 직위이다.
②직위를 얻음으로 돈이 되는 것이다.
③이 경우에는 正官과 財星이 동시에 발동되는 것이다.

戊辰	己亥	辛巳	庚申	乾	歲運 癸巳
천살 戊癸乙	역마 壬甲戊	지살 丙庚	망신 庚壬		지살 丙庚

※나 + 正官 + 歲運
①運에서 오는 財星(癸水) 돈으로 직위를 만드는 것이다.
②돈이 직위를 움직이게 하는 것이다. 돈 주고 승진하는 것을 의미한다.
④이 경우는 財星이 官星을 生해 발동시키는 경우이다.

2 신수 보는 법 : 세운 기준으로 십이신살 적용

■身數 볼 경우 歲運 기준으로 十二神殺 적용

※透出된 地藏干의 六親 合生剋과 회화론으로 살펴라.

	甲	己	辛	甲		大 壬
	戌	丑	未	午		辰
命造	화개	천살	반안	장성		
歲運	월살	반안	천살	재살		화개

※大運은 歲運이 건드려 줄 때만 四柱에 작용한다.
그렇지 않으면 歲運만 四柱 命造에 작용한다.

	甲	己	辛	甲	乙	壬
	戌	丑	未	午	亥	辰
命造	화개	천살	반안	장성	겁살	
歲運	월살	반안	천살	재살		화개

⑴乙亥 大運과 壬辰 歲運 사이에 合刑冲이 없다.
歲運이 大運을 건드려 주지 않는다.

⑵大運 乙亥는 四柱 命造에 작용하지 않는다.
歲運 壬辰만 四柱 命造에 작용한다.

	甲	己	辛	甲	乙	壬
	戌	丑	未	午	亥	辰
命造	화개	천살	반안	장성	겁살	
歲運	월살	반안	천살	재살		화개

①辰戌冲이 일어나 戌이 動한다.
②戌이 動해 午戌合을 하고 合한 午가 動한다.

그리고 戌未刑을 하고
刑한 未가 動한다.

③午가 動해 午未合을 하고
合한 未가 動(움직임)한다.

④未가 動해 丑未沖을 하고
沖한 丑이 動한다.

⑤動한 丑이 움직여 丑戌
刑이 일어난다.

(3)壬辰年에는 辰戌沖, 午戌合, 戌未刑, 午未合, 丑未沖, 丑戌
刑이 일어나 복잡다단한 한 해가 된다.

①이러한 경우 日柱에 발생하는 것을 위주로 하여 통변
한다.

②日柱 己丑에 발생하는 것은 丑未沖, 丑戌刑이므로 이에
투출되는 지장간의 작용을 잘 보아야 한다(干合, 暗合,
회화론적 통변).

※刑, 沖

刑: 丑戌, 戌未, 寅巳, 巳申

沖: 丑未(未丑), 寅申(申寅)

글자(화살표) 순서를 잘 보아야 한다.

제 7 강

속성 특강

제1편 이것도 운명이다.

1	日이 生年을 剋하거나, 年과 日이 冲이나 刑이된 경우는 조상님 제사에는 정성이 없다.
2	年支와 日支에 지살이나 역마를 놓거나, 日月이 冲이나 刑으로 인연되는 경우나, 月支가 空亡된 경우는 이사가 많다.
3	日과 月이 冲 剋 刑 원진된 경우 부모형제 간 불화하다.
4	편인이 刑을 만나거나 백호살에 임한 경우 조부, 외삼촌, 이모, 계모가 수술해보거나 흉사한다.
5	백호 일주는 자신이나 배우자가 수술해보거나 흉사한다.
6	甲辰 일주, 乙未 일주는 자신이나 부친 및 처남이 수술해보거나 흉사한다.
7	정인이 백호에 임하면 모친과 장인이 수술을 해보거나 흉사한다.
8	인수가 많거나 편인과 정인이 일주와 합되어 오는 경우 부친이 재가하거나, 부친의 이성관계가 복잡하다.
9	일지에 재성이 있으면서 다른 곳에 있는 재성과 합을 할 경우 다른 집 부모나 남의 집에서 성장한다.

10	일간이 습하여 化한 것이 비겁에 해당 할 경우 배 다른 형제가 있다.
11	월주에 연살이나 망신살을 놓은 경우 모친이 이별의 아픔을 겪어 보았거나 이혼남과 인연된다.
12	인수와 재성이 모두 지장간에서 습하거나, 둘 중 하나가 지장간에 있으면서 暗合한 경우 어머니와 아버지는 재혼의 인연이다.
13	식상과 재성이 일주와 습하거나, 日이나 時에 인수가 있으면서 연살이 있는 경우 장모를 봉양해본다.
14	남명에서 재성이 인성을 극하거나, 인성이 왕성하여 재성이 인성을 제압하지 못하는 경우 처와 어머니가 (시어머니)가 불화하더라.
15	남명에서, 일지와 월지가 刑沖이면 처와 모친이 불화한다.
16	여명에서, 비겁이 많아 재성을 파극할 경우이거나, 財生官되는 경우에는 결혼한 후 시어머니와 불화한다.
17	비겁에 백호가 있거나 刑이 있는 경우 형제 중에 수술하거나 흉사하는 이가 있다.
18	식신과 상관이 많이 있는 경우 할머니가 두 분이거나 장모가 두 분이다.
19	역마에 刑沖이 있는 경우 교통사고나 노상에서 사건 사고 주의하라.

20	일지에 刑이 있거나 재살이 있는 경우 형사입건에 주의하고, 천라지망이 있는 경우에도 형사 입건되어 본다. 만일 수사기관에 종사하면 그 액을 면할 수 있다.
21	일시에 급각살이나 단교관살이 있으면 수족에 이상이 있다.
22	財生官되는 경우 처의 인연으로 출세한다.
23	巳역마는 비행기 살로 항공계와 인연있다.
24	재성에 역마가 임하면 외국계 여성과 인연있고, 관성에 역마가 임하면 외국 남성과 인연있다. 그렇지 않으면 외국 회사에 인연이 있다.
25	상관이 왕성하면 조강지처가 어려워 부부의 인연이 멀다.
26	남명에서 양인이 중첩하면 이혼의 인연이 많고, 여명은 상관이 왕성하면 남편과 이별을 면치 못한다.
27	壬午, 癸巳일주는 재물복이 넉넉하고, 일주나 재의 綠 인연이면 재물은 상승한다.
28	탕화 인연은 음독이나 약물중독을 유의하라.
29	여명이 일주와 관성 및 식상과 습된 경우나, 남성이 일주와 재성 및 관성이 습된 경우 쉽게 임신한다.
30	여명에 식상이 刑沖되어 있거나, 남명의 관성에 형충되어 있으면 자식 걱정이 많다.

31	일지에 화개살을 놓으면 종교인이거나 역사 철학에 인연 되거나 그대의 배우자가 그에 인연있다.
32	재성이 화개에 놓으면 역시 처나 부친이 종교 철학 역사에 인연있다.
33	인수가 화개에 놓으면 어머니가 종교 철학 역사에 인연 있다.
34	일지에 원진으로 연결되면 부부인연이 멀어진다.
35	재성이 양인에 임하면 부친의 인연이 불길한데 남명은 처의 인연이 불길하다. 만일 관성이 양인에 임하면 남명은 자식의 인연이 불길한데 여명은 남편과의 인연이 불길하다.
36	재관이 剋制되거나 死絶되어 통관되지 않으면 빈천하다.
37	식상이 생재하는데 비겁이 동조하면 사업의 규모가 크다.
38	재성이 관성을 생조하면 여자를 만나 성공하는 행운아다.
39	관인이 상생하면 자영업보다는 직장생활이 인연이고 능력을 인정받는다.
40	남명 사주에 시상에 관성이 있으면서 좌하에 死나 庫에 놓여 있으면 자식과 인연이 멀고, 여명 사주에 시상에 식상이 있으면서 死나 庫에 놓여 있으면 역시 자식과 인연이 멀다.

41	남명의 관살이 지지에서 재성의 생조를 받거나 관살의 록을 만난 경우에는 자신의 명예가 상승한다. 그렇지 않으면 그 자식이 성공한다.
42	여명의 식상이 지지에 비겁의 생조를 받거나 식상의 록을 만난 경우에는 비록 남편과의 인연은 멀어지나 그 자식은 성공한다.
43	연살이 있는 곳에 刑이 있는 경우 성병을 조심하고, 子가 刑이나 破를 맞이할 경우에는 비뇨기과 질환이 있게 된다.
44	인성의 생조를 받아 이에 의지하는 경우 자립심이 부족하여 경제활동이 어렵다.
45	여명 식신상관에 刑을 만나면 자식에게 흉사있으니 때로는 유산이다.
46	재관이 길한데 식상이 생재하면 평생을 부자로 산다.
47	남명에 양인이 자리하고, 여명에 상관이 자리하면 재혼 인연이다.
48	金水상관은 총명하나 호색이 우려된다.
49	丙子辛卯는 음란하기 그지없다.
50	양인 인연 맞이하면 부부 이별 우려된다.
51	역마살과 양인이 함께 있으면 객지에서 객사한다.
52	희신을 헨하는 해는 수명 단절이 두렵다.

53	時支를 刑冲하면 단명이다.
54	인수가 吉한데 재운을 만나 파극되면 면직이고, 반대로 인수 운을 만나면 승진이다.

제2편 명리학 간명대요

1	五陽 甲丙戊庚壬 중에서, 丙火가 太陽火로서 으뜸이다.
2	五陰 乙丁己辛癸 중에서, 癸水가 雨露水로서 가장 지극하다.
3	陽干은 氣를 따르고 勢를 따르지 않는다.
4	陰干은 無情하여 勢를 따른다.
5	陽干은 動적이고 강하여 재화(災禍)와 길상(吉祥)이 빠르다.
6	陰支는 靜적이므로 吉凶禍福이 지나가는 歲運에서 나타난다.
7	天干끼리의 싸움은 절로 해결되나, 地支의 싸움은 급하기로 물불과도 같다.
8	旺者를 沖하면 益發하고 衰者를 沖하면 拔根이라.
9	天地가 순수하여 청하고 有情이면 平生富貴요, 干支가 혼란하여 탁하고 이그러지면 一生이 貧賤이라.
10	地가 天을 生하고, 天이 地와 合되면 당연히 靜되어야 하고 沖이라.
11	甲申 庚寅은 진정한 殺印相生이고, 戊寅 癸丑 庚午는 접속하여 相生하여 귀격이다.

12	上下情和란 天干地支가 서로 화합하여야 하고, 左右氣協은 左右에서 서로 협력해야 하여야 귀하다.
13	眞從과 眞化된 자는 貴하고, 假從과 假化된 자는 賤하다.
14	大運과 歲運이 冲하는 것이 두렵고, 大運과 歲運에 같은 자가 오는 것이 답답하다.
15	正官은 상하지 않아야 하는데, 正官도 많으면 七殺이 된다.
16	殺은 制殺되어야 하나, 制殺이 과하면 오히려 재앙이 생긴다.
17	干이 극되면 干合이면 可救나, 支冲은 干이 생조라도 不解이다.
18	天元은 통근되어야 하고, 人元은 투간되어야 한다.
19	旺者가 入墓하면 太過하여 凶이요, 衰者가 入墓하면 得類하여 吉이라.
20	官殺이 나를 剋함에 傷食이 길하지만 印星으로 통관됨이 더욱 아름답다.
21	財星이 肩劫에 奪財되면 官殺이 吉하지만, 傷食이 견겁을 설기하여 生財하면 더욱 묘하고 吉하다.
22	梟神이 食神을 剋制할 때 比劫이 은인이다.

23	財星이 印星을 극할 때 官殺이 藥神되고, 肩劫은 喜神이 된다.
24	傷官이 官星을 보아 백가지 災禍가 이르게 되는데, 財星이 생조하면 관성이 구원된다.
25	金水傷官에는 火官星을 요하고, 木火傷官도 金官星을 요한다.
26	病藥은 吉凶이 신속하게 일어난다.
27	病이 있으면 藥運에 大發하고, 無病이면 小人이나 凡人이다.
28	病이 重한데 藥이 있으면 가장 귀하고, 病이 중한데 藥이 없으면 하늘의 부름이다.
29	中和는 吉凶이 평탄하다.
30	官殺混雜은 크게 꺼리지만 때로는 필요로 하는 경우도 있다.
31	春夏에 水로써 潤하면 만물이 발생하나 燥하면 만물이 枯한다.
32	秋冬에 火로써 暖하면 만물이 성하나 濕하면 만물은 병든다.
33	천간 庚辛壬癸는 寒冷이고, 천간 甲乙丙丁은 溫暖함이다.

34	지지 辛酉亥子丑辰은 濕이고, 지지 寅卯巳午未戌은 燥이다.
35	陽暖 寅卯巳午未戌 支上에 甲乙丙丁戊가 臨하면 暖하여 燥에 가깝고, 陰寒 申酉亥子丑辰 支上에 庚辛壬癸己가 臨하면 寒하고 流濕하다.
36	寒濕에는 太陽 丙이 최길이요, 暖燥에는 雨露 癸의 潤가 최길이다.
37	濕이 과하면 지체되고 되는 것이 없고, 燥가 과하면 재앙에 이른다.
38	熱火는 濕土 丑辰이 우선이고, 燥土는 申酉로 설기되면 吉하다.
39	吉神은 地支에 有根함이 좋고, 凶神은 天干에 노출되여 無根함이 좋다.
40	지나치게 寒濕이면 暖運을 만나도 不發이요.
41	지나치게 燥熱이면 水運에 오히려 흉하다.
42	日主에 지나치게 집결하고 泄氣가 안 되면 매사가 어렵다.
43	金水로 淸冷한데 溫氣가 없으면 貧寒하다.

부록, 질병 추리

(출처 사주첩경, 이석영 저)

남녀 및 대세운에 따른 질병 추리

1 | 남명의 질병 추리

1	巳午月生 辛未日도 화상파편 부상있고, 夏冬月에 金水多旺 冬傷水厄 있어본다.
	巳午月은 未일은 火가 많아서 日主 金을 녹이니 불에 의한 부상을 있게 되는 것이고, 여름이건 겨울이건 金水가 모두 旺한 경우 수냉이므로 동상이나 수액을 당하게 된다는 의미이다.
2	春生亥子 夏卯未日 秋生寅戌 冬丑辰日 神經痛에 呻吟인데 殺旺하면 다리저네.
	春生亥子, 夏生卯未, 秋生寅戌, 冬生丑辰은 모두 급각살을 말하고 그 급각살이 있는 중에 殺이 旺할 경우 다리를 절게 된다는 것이다.
3	正寅二卯 三申四丑 午戌六亥 七龍八蛇 九馬十羊 至亥臘子 이도또한 脚不具라.
	이것은 모두 사주내에 斷橋關殺이 있을 경우에 수족에 이상이 있거나 불구가 되는 경우를 설명하고 있다.

4	戊午日生 태어난몸 年月辰酉 俱全한자, 戊日生人 三傳三刑 자극자극 절개되네.
	戊午일주가 연월에 辰酉가 있는 경우 자살살(辰午酉亥)에 해당하니 수족에 이상이 있음을 설명하고 있다. 三刑은 丑戌未 寅巳申이고 三傳은 年月日을 말한다. 이는 六爻의 十八問答에서 사용되는 용어이다.
5	子日酉年 丑日午年 寅未申卯 年日對立, 亥怕辰 戌怕巳는 精神異常 걸려보오.
	年日에 鬼門官殺이 구성되는 경우에 精神異常 걸려본다고 하는 것이다.
6	木日主나 火日主가 甚히衰弱 하게되면, 白日青天 昏暗하여 精神衰弱 앓아본다.
	木은 肝膽을 의미하고 火는 精神을 의미하는데 만일 木일주와 火일주가 弱할 경우 심약하여 정신이상이 온다는 것이다.
7	七八九月 木丑戌日 다시財殺 身弱者와 甲日夏月 木枯燥도 失明되어 더듬는다.
	木日主가 가을에 출생하고 다시 土金을 만나 木이 弱할 경우, 木이 여름에 출생하여 水기가 없어 木이 마를 정도이어서 제 기능을 못하게 된다면 시력이 떨어진다는 의미이다.

8	丙申子辰 戌日生인 다시辛壬 하나보고, 四柱財殺 있게되면 三脚行步 하게되네.
	火일주에 水가 旺한 상황에서 다시 辛壬을 만나 丙辛合을 하거나 丙壬冲을 하여 火가 甚弱할 경우에 시력을 잃어 간다는 것을 설명한다. 여기서 三脚行步란 지팡이를 짚고 다니는 것으로 시력장애를 의미한다.
9	亥月生人 戊己日生 다시 財殺 結局하면, 執杖叩地 하게되니 左旺右旺 걸음이다.
	土일주가 亥월에 출생하면서 재살 즉 水木이 태왕할 경우, 시력을 잃게 된다는 설명이다. 결국 土일주와 火일주는 각 財殺이 太旺한 경우 火氣가 빛을 잃어 점차 어두워지니 시력을 잃게 된다는 것이다.
10	四柱中에 丁巳놓고 壬癸日主 太旺하면, 眼昏目暈 하게되니 晴盲될까 염려되네.
	水일주가 태왕할 경우 역시 火기인 丁巳를 보면 水剋火하여 시력을 잃게 되거나 눈에 이상이 온다는 것이다.
11	寅卯夏月 그사람이 日主庚寅 午戌이면, 痔疾맹장 腸窒扶斯 事前注意 必要하오.
	金일주가 지지에 火局을 이룰 경우 火剋金하여 大腸에 탈이 나니 痔疾 및 맹장에 질병 걸려본다는 설명이 된다.

12	辛卯巳未 生日人이 寅卯夏月 出生해도, 亦是痔疾 맹장으로 呻吟함이 있게된다.
	辛卯 辛巳 辛未 日柱가 寅卯巳午未月에 출생할 경우에도 金에 배속되는 大腸에 탈이 나는 것이니 痔疾 및 맹장에 질병 걸려본다는 설명이 된다.
13	戊己日生 多水木金 脾胃弱해 걱정되고, 庚辛日生 多逢火는 喘息血疾 咳嗽氣다.
	土일주가 많은 水木金을 만나면 土가 약해지므로 脾胃에 질병이 있고, 金일주가 많은 火를 만나면 金이 尅을 받으니 金이 상징하는 肺에 질환이 생기게 되는 것이다. 그러므로 천식 혈질 및 기침병을 앓게 된다.
14	壬癸日主 多逢火土 痔疾淋疾 鼻塞氣요, 甲乙日生 多逢金은 筋痛骨痛 呻吟있네.
	水일주가 많은 火土를 만나 尅을 받으면 치질, 임질, 비색기(코막이는 소리, 축농증 등)를 앓게 된다는 것이다. 木일주가 많은 金을 만나면 木이 尅을 받으므로 근통, 골통 등을 앓게 되는 것이다.
15	寅巳午未 戌月生人 甲乙寅午 巳未戌日, 咳嗽喘息 基疾炳에 恒常골골 하게 되오.
	지지에 火국을 놓을 경우 그 火기로 인하여 기관지에 해당하는 金기운이 극을 받으니 해수, 천식 등 질병이 있는 것이다.

16	金木星이 十至月은 酒風中風 滯症있고, 鼻塞氣가 있게되니 恒時過飲 주의하소.
	金木일주가 겨울에 출생한 경우 酒風, 中風, 滯症에 유의하여야 한다. 사주가 겨울에 생하여 火氣가 부족 하므로 냉한 가운데 木이 점차 강성하여 土를 극하는 경우를 말한다.
17	火旺四柱 金日主는 두드러기 腫氣之疾, 木火日主 太弱하면 癎疾風疾 두렵구나.
	火氣가 왕성하여 피부에 해당하는 金氣를 剋하는 경우에, 金氣에 해당하는 피부과 질환이 발생하는 것이다.
18	四柱桃花 逢刑者와 滾浪桃花 만난者는 痔疾淋疾 梅毒膀胱 呻吟함이 있게되오.
	桃花가 三刑殺을 만나는 경우 치질, 임질 및 매독에 유의하여야 하고, 때로는 방광염으로 신음하게 된다.
19	戊己日弱 地支刑은 胃臟手術 있어보고, 四柱中에 金水冷은 小便자주 보게된다.
	土일주는 위장을 의미하는데 지지에 刑을 만났으니 위장질환이 있는 것이고, 사주내 金水가 냉한 경우는 물이 자주 맺히는 것과도 같으니 그것이 소변인 것이다.
20	四柱炎上 水火相戰 水木日主 多水木은 늦게까지 자리에 오줌싸게 된답니다.

	炎上은 火기가 넘쳐 火기로 좇아가야 함을 의미한다. 그러므로 상대적으로 水기는 약하게 되므로 수기에 해당하는 방광 질환이 있는 것이다.
21	三冬春生 壬癸日生 其日主가 甚冷한데, 四柱中에 不見火는 耳聾咳嗽 風疾이요.
	사주구조가 냉기로 가득차 있어 조후가 제대로 가동되지 아니하면서 일점 화기 조차도 없다면, 오행 水에 해당하는 귀에 이상이 있으며 水기가 기관지로까지 침범하여 해수천식 등 기침이 있는 것이다.
22	食神刑冲 財星逢冲 寄生蟲이 많이있고, 水土日主 失道하면 便秘泄瀉 糖尿로다.
	식신형충 재성봉충 기생충이 많이 있고, 水土일주가 왕성하거나 심약하는 등 중화를 이루지 못하면 변비 설사 및 당뇨가 있게 된다는 것이다. 便秘는 火기가 많아 金이 상한 경우, 泄瀉는 金水가 많거나 冷한 경우이다. 糖尿는 土가 많은 경우에 해당한다.
22	火日主가 融融한데 四柱無水 하게되면, 咽乾口燥 唾不足해 消化不良 틀림없다.
	火일주가 강성한 가운데 이를 저지하는 水가 부족하다면 火가 창궐해지니 입안이 건조하고 침이 부족하여 소화불량까지 있게 된다는 것이다.

2 │ 여명의 질병 추리

1	春夏金日 財官殺은 月經乾血 하게되고 四柱中에 水逢多도 鼻塞經調 不順이라.
	春夏金日이라 함은 金일주가 봄, 여름에 출생한 것을 말하는 것이다. 재관살은 木火를 말하는 것이고 월경 건혈이라 함은 피가 말라서 나온다는 설명인데, 金은 生水하여 피를 생성하는데 많은 火로 인하여 건조하여 피가 말라 혈액의 색이 다소 검게 나오게 되는데 이로 인하여 여성은 생리통 등을 격게되는 것임을 말한다.
2	庚辛日生 亥子丑月 너무깔끔 病이되고 己亥卯酉 生日弱은 神들렸다 하기쉽소.
	庚辛일생이란 金가 亥子丑월이나 金水냉이라, 매우 차고 깨끗한 것도 오히려 병이된다. 土일주는 종교 및 철학과 관련이 있는데 그 가운데 신약이라면 신이 들리기도 한다는 것이다.
3	春夏月에 丙丁日生 神經痛에 두렵고요 神經質과 婦人病도 間間起發 하게된다.
	丙丁일주가 春夏월이니 火기가 왕성하고 때로는 염상 격으로 분류하기도 하니 폭발적인 면을 가지고 있는 성품으로 신경질 적인 면이 많아 그것이 질병으로 연결

3	되는 것이고, 특히 여성의 경우 火기가 왕하여 水기가 약해지니 부인병이 자주 나타나게 되는 것이다. 때로는 생리통을 겪어보기도 한다.
4	壬癸日生 春冬月은 經調不順 風冷이요 濕冷甚해 痛症인데 봄겨울에 尤甚이라.
	水일주가 봄, 겨울에 난 것이고, 경조불순이라 함은 여성의 생리불순을 말한다. 風冷이니 추운 겨울 바람이 부는 것과도 같다. 그러므로 나무에 찬바람이 스며드니 나무가 제대로 성장하지 못하게 되는 것이므로 위에서 특히 봄겨울에 우심이라고 한 것이다. 그러므로 화기가 자연스럽게 흘러가지 못하니 혈액순환장애가 있으므로 부인병이 있다고 본 것이다.
5	庚辛日生 夏冬節은 子宮月經 帶下症에 呻吟함이 있게되니 몸調節에 注意하소.
	金일주가 여름을 만나거나 겨울을 만난 경우를 말한다. 金일주가 여름을 만나 화기가 상승하여 金이 녹아내리게 되니 生水를 못 하게되니 水가 메말라 자궁질환이 있게 되는 것이고, 또한 金일주가 겨울을 만난 것이니 사주가 너무 냉하므로 이 역시도 부인병을 말하는 것이다.
6	寅卯夏月 辛日生인 神經衰弱 두렵고요 甲乙日生 火旺格은 천식으로 呻吟한다.

6	金일주가 봄여름을 만난 것이다. 金일주가 木火의 봄여름을 만나 기세를 펼치지 못하니 신경쇠약으로 본 것이고, 木일주가 木火월에 났으니 火기가 왕성하여 반대인 金기가 쇠약하니 폐질활이 있다고 본 것이다. 대개 金기가 힘을 쓰지 못하는 경우 호흡기 계통과 천식으로 고생하는 경우가 많다.
7	傷官太旺 刑沖殺은 喇叭管에 姙娠이요 傷官食神 逢刑穿은 子宮手術 있어본다.
	여명의 경우 식상은 자식에 해당한다. 그런데 그 식상이 태왕이라 함은 자손이 많음을 의미하고 여기에 형충살을 겸하고 있으니 자식의 덕이 없다는 것을 의미한다. 그러므로 자식을 생산하기 힘들뿐만 아니라 자식을 생산하더라도 다소 건강하지 못한 자식을 얻게 됨을 의미하는 것이다.
8	四柱官食 同臨合身 更逢刑殺 하게되면 不意胞胎 流産하다 得病危命 하게되네.
	여성의 사주에서 관식 동임합신이라는 것은 관식은 관과 식상이 일주와 함께 한곳에 합으로 일주와 연결되어 있다는 말인데 다시 말해 남편과 자손이 같이 있으므로 임신이라고 하는 것이고, 여기에 수술을 의미하는 형살을 더하고 있으니 임신 중에 수술을 의미하므로 유산의 가능성을 추리할 수 있으며 그 외에도 자궁질환을 의심할 수 있는 것이다.

9	傷食太旺 身弱者는 애기낳고 得病이요 庚辛丙丁 失中和는 高血壓이 걱정된다.

여성의 사주에서 식약인 경우 자식인 식상을 생산하면 이는 신약에 더욱 신약하게 되는 기운의 변화를 의미한다. 즉 자식을 생산하니 일주가 더욱 약해지는 그림이므로 자식이 나면 질병을 얻게 된다고 말하는 것이다.

庚辛일주는 金이라 金일주가 중화를 잃는다는 것은 金기운이 아주 많거나 적은 경우를 말한다. 만일 金일주가 적어지는 경우는 반대로 火기가 많다는 것인데 그렇다면 그 火기로 인하여 혈압이 상승한다는 것을 추리한다. 반대로 金기가 너무 많다는 것은 음기가 상승하는 것이므로 이는 혈압이 하강할 수 있다는 것을 의미한다.

10	寅卯月에 己亥卯日 秋冬月에 丙丁日弱 七八九月 甲乙日弱 少時視力 弱해진다.

寅卯월이면 봄이며 己亥, 己卯 일은 己토가 봄에 출생한 경우가 되므로 일주는 신약해진다. 그리고 가을 겨울의 火일주 역시 신약의 경우이다.

7,8,9월 역시 가을로서 金왕절이고 木일주이니 일주가 신약이다. 그러므로 시력에 해당하는 화가 자연 약해지는 상황이므로 결국 시력이 약해진다는 것이다.

11	秋月木日 扁桃腺弱 있게되고 夏月木日 태운몸도 扁桃腺弱 亦是있네.
	木일주가 가을에 출생하였으니 木이 약해지는 시기 이므로 木에 해당하는 편도선이 약해지는 것이고, 木 일주가 여름에 출생하여도 화기를 생해주어 목의 힘을 잃어가니 편도선에 문제가 있다고 보는 것이다.
12	春夏月에 庚辛日生 氣管支病 있게되고 壬寅午戌 財殺旺도 氣管支에 病이있소.
	봄,여름의 庚辛이므로 기관지에 해당하는 金기운이 쇠약하므로 기관지에 문제가 있다고 하는 것이고, 이라 함은 金일주이고 春夏월이라 하였으니 木火가 旺한지라 기관지에 해당하는 金기운이 쇠하므로 기관지가 약하게 되는데 이것을 연령에 비유하여 보면 어려서는 천식 백일해이고 차차 자라면서 축농증도 발생할 수가 있다. 치질이나 맹장도 나타날 수가 있고 지지에 화국을 이룰 경우 축농증의 발병확률이 매우 높다.
13	傷官食神 逢刑하면 乳腫丙이 念慮되고 處女時節 발육할때 그乳房이 縮小하다.
	여성에게 있어서 식신 상관은 자녀와 연관이 지어지 는데 봉형이라 함은 刑沖을 의미하는 것으로 유종 즉 유방암이 염려가 되고 그 자체가 발육에 이상이 생기 거나 제대로 그 기능을 발휘하지를 못하는 경우가 많다는 설명이다.

14	火日主에 多逢水나 水日主에 多逢火는 가끔가끔 上氣하여 眩氣症이 일어난다.
	현기증에 대한 설명인데, 水火相戰을 설명하는 것이다. 水火가 상전이란 水기와 火기가 서로 충돌하여 균형을 이루지 못하는 것을 설명하는데 火일주일 경우 水기가 많아 火기가 약할 경우 水일주인데 火기가 많아 水기가 맥을 못 추는 경우를 설명한다.
15	甲乙日生 金土太旺 肝臟弱해 걱정되고 丙丁日生 木火太旺 心臟病에 呻吟이요.
	甲乙일생이면 木일주인데, 土와 金이 태왕하다는 것은 財殺이 많은 것인데 木일주인 木은 간장과 연결이 되니 간장이 약해질 수밖에 없는 것이다. 그리고 財殺이 많으니 일주는 신약해진다. 木일주가 財殺이 많아서 신약하면 간장병으로 연결을 하고 火일주가 木火가 과하면 심장병이다. 항상 病은 과다불급으로 인하여 생기는 것이다.
16	戊己日生 水木太旺 脾胃病이 있게되고 庚辛日生 火土旺은 肺腸血疾 있게된다.
	戊己일생이니 土일주라 水木이 旺하다함은 財와 官이 旺함이라 土인 비장 위장이 힘을 못쓰는 것이라 자연 病이 생기게 되는데 庚辛일생이면 金일주라 木,火가

16	왕하니 자연 財나 官이 旺함이라, 金일주가 이상이 생기는데 金은 폐와 대장이라 각각의 그 기능에 이상이 생기는 것이다. 木火가 旺하니 金은 자연 뜨거운 열기에 견디기가 힘들어진다.
17	壬癸日生 火土旺은 腎臟子宮 身病있고 庚辛日生 木火旺은 장질병도 두렵더라. 壬癸일생이라 水일주가 財와 官인 火土가 旺하니 財殺이 많은 것이다. 土가 많으면 둑에 물이 갇혀지는 형상이라 물의 흐름이 자연 중단이 된다. 水는 신장, 자궁이라 신장결석 내지 자궁 질환으로 볼 수 있다. 庚辛일주 木火旺은 장질병인데, 그것은 장부인 대장이 화기에 의해 극을 받는 형국이므로 그 기능을 제대로 발휘할 수 없게 되는 것이다.
18	丙丁日生 金水太旺 壬癸日生 多逢火旺 眼昏木暈 靑盲이니 補眼注力 하십시오. 丙丁일생이라 火일주인데 金水가 태왕한 것이니, 이는 財殺이 많은 것이 된다. 壬癸일생이 火가 旺하니 水剋火 하여 火가 약해지므로 시력에 이상이 생기는 현상을 말한다.
19	春生亥子 夏卯未日 秋生寅戌 冬丑辰日 神經痛에 腰痛있어 痛症呻吟 많이한다.

19	급각살에 대한 신살의 적용이다.
	급각살의 경우 신경통이나 요통을 관장한다.
	급각살은 다음과 같이 분류된다.
	寅卯辰 - 봄 - 亥子
	巳午未 - 여름 - 卯未
	申酉戌 - 가을 - 寅戌
	亥子丑 - 겨울 - 丑辰

3 | 대세운의 질병 추리

1	四柱身弱 傷食旺格 傷官食神 그해孕胎 애기날때 呻吟많고 人工유산 母厄이다.
	여명에서 식상은 자식에 해당하는데, 식상이 왕한 때에 자식을 생산할 경우 자식을 잘 지킬 수가 없으니 난산이 있거나 유산을 경험하기도 한다는 설명이다.
2	印旺格에 傷食弱女 印綬年을 만나며는 자손지액 있게되고 자궁유종 질액있네.
	여명에서 자녀, 자궁, 유방을 의미하는 상식이 약한 경우, 이 상식을 극해오는 인수운을 만나게 되면 식상이 다치게 되는 것이니, 자궁병과 유종병을 유의하여야 한다.
3	庚申日生 財官旺相 丙丁年을 만난女人 月經量이 乾燥하여 生理痛에 呻吟이요.
	금일주의 여성이 목화가 왕성한 경우 또다시 화운을 만날 경우 화가 수의 근원인 금을 마르게 하니 생리가 건조하고 생리통이 있게 된다는 설명이다.
4	春冬月에 壬癸日女 金木水年 만나며는 月經之色 變黑하고 月經不順 이아니냐.
	水일주가 봄겨울에 생하면 水木이 凝結되는데 다시

4	金木水운을 만나면 생리가 고르지 못하고 생리색이 검게 변하게 된다는 설명이다.
5	春冬月에 甲乙日生 그해오면 手足下元 冷冷하여 帶下症에 經不調라 木일주가 봄 겨울에 생하고, 다시 水木운이 오면 木이 응결되어 수족하원이 냉랭하여 대하증에 경부조라.
6	神經質이 大端함은 庚辛日이 財官해요, 丙丁日弱 西北年은 視力眩暈 발작이라. 金일주에 財官 즉 木火운을 만나는 해에는 뜨거워져 신경질을 부리고, 파일주가 서북운으로 흘러가면 火 기가 약해지므로 시력이 감퇴한다는 설명이다.

■참고문헌

- 진여명리강론 5권/ 신수훈
- 명리강론/ 신수훈
- 사주첩경/ 이석영
- 자강진결/ 이석영
- 삼명통회/ 만민영
- 명리정종 정해/ 譯 심재열
- 연해자평 정해/ 譯 심재열
- 명리요강/ 박재완
- 명리대전 정해/이해형
- 적천수 천미/ 임철초
- 궁통보감/ 譯 최봉수 등
- 궁통보감/ 譯 김기승
- 계의신결/ 譯 최국봉
- 계의신결원본 4종/ 작자미상
- 심명철학1.2.3/ 최봉수
- 심명철학 上.中.下/ 최봉수
- 심명철학강의록1.2.3/ 최봉수
- 만리천명/ 변만리
- 육신활용대전/ 변만리
- 통변대학/ 변만리
- 설진관강의록(上,下)/ 설진관
- 설진관의 사주비결강의/ 김분재
- 팔주법 필사본 2종/ 작자미상
- 사주추명술밀의/ 장요문 등
- 명리진수전서/ 이정래
- 격국용신론전서(上,中,下)/ 엄윤문
- 사주실록/ 류래웅
- 홍연촬요/ 류래웅
- 기문둔갑신수결/ 류래웅
- 기문둔갑비급법/ 제갈공명, 譯한중수
- 기문둔갑비경/ 오택진
- 명리학강론/ 박일우
- 방향을 바꾸면 운이 열린다/ 박일우
- 사계단법 관련자료 6종
- 천고비전 사주감정법비결집/ 신육천
- 사주자해 월령도 야학운명결
- 월령도/ 譯 백동기
- 월령도/ 譯 강태호
- 마야감정록 필사본
- 아부태산전집(사주추명학)/ 아부태산
- 자평진전 번역본(1991~1993년 월간역학 연재)
- 설진관 명리학 야학신결/ 윤경선 김초희 김재근 조소민
- 사주 명리학 통변술 설진관 추명가 해설/ 박상호, 이지선
- 인연법 필사본 5종 및 그 외 필사본 자료 등 30종

현장 역술가들을 위한 실전형 역술 교재

명리학을 공부해서 실질적으로 사주를 보는 것이 목적이라면 통변력을 길러 주는 실전 명리학을 공부해야 합니다. 뭐니뭐니 해도 이제는 통변 실력을 향상시켜야 합니다. 여러분의 명리학 통변 실력을 향상시켜 줄 최적의 교재를 소개합니다.

1. 신수훈 선생님의 진여명리강론 시리즈입니다.

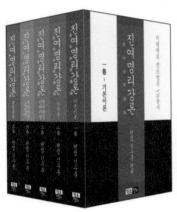

사주 명리학을 기초에서부터 대가에 이르기까지 모든 이에게 필요한 이론들이 총망라되어 있어서 현장 술사, 강사, 교수 등 모든 이들에게 유용한 자료가 될 것입니다. 대학원 동양학과에서 논문 지도하시는 교수님들이나 논문을 쓰려는 석박사 과정에 있는 분들에게는 훌륭한 참고 서적입니다.

판매처: 교보, 알라딘, 예스24, 부산영광도서 등
　　　　창조명리 구매 홈페이지

구입가 각 권 50,000원 (전 5권 25만원) 낱권으로도 판매

2. 사주 명리학과 인연법 진여비결 해설(설진관 저)

명리학자 모두가 궁금해 했던 인연법 공식 46가지에 대하여 해설해 놓은 책입니다.

대학원 동양학과에서 논문 지도하시는 교수님들이나 논문을 쓰시려는 석박사 과정에 있는 분들에게는 훌륭한 참고 서적입니다.

현재 진여비결에 대한 동양학 박사가 배출되었습니다. 이 이론은 석박사 논문을 쓰는 데 좋은 논문거리가 될 것입니다.

이 진여비결은 현정 신수훈 선생님이 수십년간 역술 현장에서 경험하면서 발견한 인연법 이론입니다. **현재 이 진여비결이 부부 인연법, 처자 인연법, 배우자 인연법 등으로 알려진 사주명리학 이론 중 하나이고, 이 교재는 그 진여비결의 이론을 모두 해설한 도서입니다.**

진여비결이 한때, 박도사 인연법이라고 잘못 알려져 있었습니다. 이는 저자 설진관 선생님께서 과거 PC통신 하이텔에 인연법을 연재하면서 박도사 인연법이라고 명명하면서 생긴 실수이었습니다. 그 이후 잘못된 것이라며 오류를 잡았지만 아직도 박도사 인연법이라고 잘못 알고 계시는 분들이 많습니다. 인연법은 신수훈 선생님이 진여비결이었습니다. 이 진여비결은 부부, 연인, 친구, 동업, 형제, 부모자식, 거래처 등 대인 관계 그리고 나라, 지역 등 모든 인연 관계를 들여다볼 수 있는 현존하는 최고의 명리학 이론입니다.

판매처: 교보, 알라딘, 예스24, 부산영광도서 등

창조명리 구매 홈페이지

구입가 38,000원

3. 설진관 명리학 야학신결(윤경선, 김초희, 김재근, 조소민 공저)

이 책은 부산 설진관 선생님이 글로벌사이버대학교 동양학과에서 통변술 이론인 실용 명리 과목으로 강의하던 것을 편저자(윤경선, 김초희, 김재근, 조소민)들이 강의 내용을 워딩한 것을 기본으로 하여 추가할 것은 추가하고 삭제할 것은 삭제하는 등 오류를 바로 잡아 세상에 내놓은 교재입니다.

역술, 역학 실무 현장에서 비밀리에 전수되어 사용되던 이론들이 상당수 수록되어 있으며, 역술의 대가들이 후학들에게 전하지 않고 숨겨 두었던 비술도 상당수 포함되어 있습니다.

완전히 실무가들을 위한 실전 교재이므로 역술 현장에 종사하는 분들에게는 더할 나위 없는 반려자가 될 것입니다.

판매처: 교보, 알라딘, 예스24, 부산영광도서 등
　　　　창조명리 구매 홈페이지
구입가 38,000원

4. 사주명리학 통변술 설진관 추명가 해설 (박상호, 이지선 공저)

이 책은 부산 설진관 선생님이 수십 년간 외우고 **통변에 활용했던 사주명리학 이론이 압축된 통변기법들입니다. 한 구절 한 구절 하나도 빠뜨릴 수 없는 현장에서 꼭 필요한 것들만 모은 것입니다.**

편저자 박상호, 이지선 선생님은 한 구절 한 구절 정성을 다하여 해설하였기에 만세력과 이 추명가 해설서만 호주머니에 넣어 다니면 든든한 스승님을 동행하는 것과 같은 심리적 효과가 있을 것이고, 책자가 소형으로 제작되어 호주머니에 넣어 다니기 좋을 뿐만 아니라 상담 현장 즉석에서 이론을 확인할 수 있는 큰 장점이 있습니다.

판매처: 교보, 알라딘, 예스24, 부산영광도서 등
　　　창조명리 구매 홈페이지
구입가 25,000원

5. 인상12강명요(신수훈 저)

이 책은 현정 신수훈 선생님의 명리학, 관상학, 인문학 이론의 핵심이 정리된 엑기스입니다.

-사주 명리가에게는 통변에 필요한 **사주 명리학 이론**의 핵심이 정리되어 있어서 명리학 핵심 교재로 삼아도 되며,

-관상가에게는 실제 현장에서 꼭 필요한 적중율 높은 **관상학 이론**이 정리되어 있어서 관상학 핵심 교재로 삼아도 되고,

-정치인, 경영자, 학부모, 교직 등에 종사하시는 분들에게는 **대학의 인문학적 지혜**가 정리되어 있어서 인문학 교재로 삼아도 됩니다.

-그중에 가장 최선은 명리학, 관상학,인문학을 **하나로 융합하여 활용하는 것입니다.**

판매처: 교보, 알라딘, 예스24, 부산영광도서 등
　　　　창조명리 구매 홈페이지
구입가 18,000원

6. 실용 육효학(박재범 고윤상 공저,)

역술 대가들의 숨겨 온 필살기는 바로 육효학입니다.

실용 육효학은 역술 현장에서 내방객이 질문하는 그 어떠한 물음에도 막힘 없는 답을 할 수 있는 학문입니다.

초학에서부터 전문가에 이르기까지 누구나가 혼자 공부하여 습득할 수 있도록 내용이 구성되어 있습니다.

사주첩경을 저술한 이석영 선생님도 육효의 대가이셨습니다.

우리나라 역학의 메카라는 부산에서는 대가들이 대부분 육효의 고수라는 것은 공공연한 비밀이었습니다.

역술 대가들의 숨겨 온 필살기 실용 육효학을 익혀서 여러분도 역술 대가의 반열에 오르시기 바랍니다.

판매처: 교보, 알라딘, 예스24, 부산영광도서 등

　　　　창조명리 구매 홈페이지

구입가 33,000원

야단법석 명리학 실무 대강 1권

정가 35,000원

초 판 인 쇄 : 2023. 06. 26.   발   행 : 2023. 06. 26.

편 저 자 : 설 진 관   발 행 인 : 김 초 희

표 지 디 자 인 : 김 분 재   편 집 디 자 인 : 윤 경 선

교   정 : 문 태 식

펴 낸 곳 : 창조명리

주   소 : 대구 남구 명덕로 64길 20, 금융프라임빌 801호

출판신고번호 : 제2016-000010호

전   화 : 053- 767-8788

팩   스 : 053-471-8788

홈 페 이 지 : www.cjmyeonglee.co.kr
            changjomyeonglee.itrocks.kr

이 메 일 : tiger9100@hanmail.net

 ISBN979-11-977894-1-0 (93180)
CIP

명리학[命理學]